FEMMES D'ÉTAT
L'art du pouvoir

世界史を変えた女性指導者たち

クレオパトラからエカチェリーナ二世まで

アンヌ・フュルダ 編
Anne Fulda

神田順子／田辺希久子／清水珠代／松尾真奈美 訳
Junko Kanda *Kikuko Tanabe* *Tamayo Shimizu* *Manami Matsuo*

原書房

世界史を変えた女性指導者たち＊上◆

クレオパトラからエカチェリーナ二世まで＊目次

スクテイク能力を持たない企業でも、国内事業への集中によって競争力を獲得できることを示していると考えられる。

付注　中小機械・金属工業の構造変化に関する実態調査　調査要領

①調査目的

中小機械・金属工業における分業構造等の変化の実態と構造変化の中で中小企業が発展していくための方向性の把握。

②調査時期

1970年の第1回調査以降、1976年（第2回）、1982年（第3回）、1988年（第4回）、1994年（第5回）、2000年（第6回）、2006年（第7回）、2012年（第8回）、2018年（第9回）と6年毎に調査を実施した。なお、第4回までは「下請中小企業実態調査」、第5回は「中小機械・金属工業分業構造実態調査」、第6回以降は「中小機械・金属工業の構造変化に関する実態調査」として調査を実施した。

③調査対象業種と分類

商工中金の取引先中小機械・金属工業のうち以下の業種に属する企業を対象としている。ここで言う「中小企業」とは、いわゆる「中小会社」（会社法第2条6号に規定する大会社以外の企業）または法定中小企業（中小企業基本法第2条に規定する企業）、のいずれかに該当する非上場企業を指す。

構成業種は①鉄鋼業、②非鉄金属製造業、③金属製品製造業、④はん用機械・同部品製造業、⑤生産用機械・同部品製造業、⑥業務用機械・同部品製造業、⑦電子部品・デバイス・電子回路製造業、⑧電気機械・同部品製造業、⑨情報通信機械・同部品製造業、⑩自動車・同部品製造業、⑪その他の輸送用機器・同部品製造業、⑫その他の機械・金属工業である。簡略化のため、以下の説明では業種について言及する際、鉄鋼・非鉄・金属製品（①〜③）、はん用・生産用機械（④〜⑥）、電子部品・電気機械（⑦〜⑨）、自動車部品（⑩）その他輸送用機械部品（⑪）、その他（⑫）の6つに分けて説明する。

アンケート調査では、対象先企業を業態と受注先別にも分類している（前掲図表序―1）。業態では、まず自社で製品を企画し製造する「自社製品型企業」と他社が企画した製品を製造する「受注型企業」に分け、さらに「受注型企業」を下請系列的な生産を行っているか否かによって「独立受注型企業」と「系列受注型企業」にパターン化している。本書では「受注」は同一内容の継続的もしくは断続的なものを指し[6]、発注者の特定目的のために設計・製造される工作機械のように独自性が高く単発的なものは含まないものとして扱う[7]。

受注先では、下請系列的な生産を行っている企業については主力納入先への売上比率に応じ、75%以上の企業を「下請専門型」、50〜75%未満を「下請主力型」、25〜50%未満を「分散型」、

25％未満を「自立志向型」としている。下請系列的な生産を行っていない企業も自立志向型に含めている。

❷ 自社製品型企業の競争力向上

本書では中小機械・金属工業について、その大半を占める受注生産型の企業を念頭に置いて論じてきた。ただ、機械・金属工業には自社で企画した最終製品を中心に製造する企業も一定割合で存在する。これを部品メーカーと同一の視点で論じることは適当でない。以下では自社製品型企業についてその特徴を述べ、目指すべき方向性について考察する。

(1) 自社製品型企業の特徴

中小製造業が自社製品を手掛けるのは、機械工業の場合、最終製品が中心であろう。アンケート調査では自社製品型企業の84・8％が完成品を製造している。[8] また、自社製品型企業の76・5％が多品種少量生産中心の生産形態を採っており、規格化された製品よりも用途に応じ個別注文で対応する製品を中心に生産している。

このことは中小企業金融公庫（現日本政策金融公庫）の調査[9]で、先進的な中小工作機械メーカーの特徴として、①100％自社ブランドの完成品を手掛ける、②顧客はほとんどリピーターである、③生産機種を絞り込んでいる、④NC装置等の購入品は大手部品メーカーから、部材は地元等の中小企業等から調達している、⑤特定の市場で勝負している、⑥大手メーカーとも若干競合していること、⑦価格は大手メーカーより高いケースが多いが、カスタマイズ（仕様変更の柔軟性）、耐久性、機能性（大手が作っていない）等で大手に勝る、といったことが挙げられていることからも理解できよう。

金属工業の自社製品は食器、刃物、容器などが挙げられ、総じて機械工業ほど高付加価値製品ではない。金属工業の代表的な自社製品である建築資材、配管、めっきなどは予め規格が定まっていることが多い。このようなことから、鉄鋼・非鉄・金属製品では自社製品型企業の占める割合は、以下の通りはん用・生産用機械等と比べ低い。

図表補２－１　業種別業態構成比（2018 年）

（%）

	自社製品型	独立受注型	系列受注型	回答企業数
鉄鋼・非鉄・金属製品	8.9	26.8	64.3	750
はん用・生産用機械	32.5	22.3	45.3	400
電子部品・電気機械	21.2	23.6	55.2	259
自動車部品	5.9	16.2	77.9	204
その他輸送用機械部品	19.1	20.6	60.3	63
その他	25.6	32.7	41.7	156

（資料）図表序－１に同じ

アンケート調査で自社製品型企業の割合を業種別にみると（図表補2ー1）、2割を上回るのは、はん用・生産用機械（32・5％）と電子部品・電気機械（21・2％）である。いずれも当該業種の回答企業数全体からみれば多数派ではないが、一定割合の中小企業が自社製品主体で事業を営むことができる業種である。より詳しくみると、はん用・生産用機械では、建設機械や各種の製造用機械からなる生産用機械（35・4％）と事務用機器、娯楽用機械、自動販売機、計量器、理化学機械、医療用機械、光学機械などからなる業務用機械（32・4％）が多い。ボイラ、圧縮機器、動力伝動装置、軸受、エレベータ、物流運搬設備、冷凍機などからなるはん用機械は27・4％を占めている。電子部品・電気機械では、発電・配電用電気機械、電気溶接機、内燃機関電装品、AV以外の家電製品、電気照明、電気機械器具、電池、医療用電子応用装置、医療用計測器からなる電気機械（24・8％）と、携帯電話機、TV受信機、交通信号保安装置、デジタルカメラ、電気音響機械、パソコン、外部記憶装置、プリンタ、ディスプレーなどからなる情報通信機械（25・0％）の割合が高い。

なお、序章付注1でみたように自社製品の平均売上高経常利益率（2015〜2017年度平均）は4・0％と、独立受注型の3・5％や系列受注型の3・1％に比べ高い。これは、受注型企業が納入価格決定の際、価格引き下げ要請により利幅が抑えられやすい[10]一方、自社製品型は技術の自社開発傾向が強く（後述）技術力を自社製品の価格に反映させやすいことが影響していると考えられる[11]。

（2）自社製品型企業の企業行動

①生産技術機能と技術開発

２０１８年のアンケート調査では、自社製品型企業が保有する生産技術機能数は３・２で、独立受注型と系列受注型（それぞれ２・４）よりも多い。なかでも「製品の企画・開発機能」（75・7％）、「設計・デザイン機能」（69・5％）、「試作・試験機能」（60・3％）の３機能は５割を超える。[12] 自社で製品を開発するため、製造過程の川上段階に資源を集中させていることがわかる（**図表補２－２**）。

自社製品型企業の技術開発・新製品の開発手段は「自社単独で実施」が89・１％と独立受注型の74・７％、系列受注型の63・５％を大きく上回り、外部との共同開発への依存度は低い。[13] ただし「大学、研究所等の外部機関と共同で実施」は23・９

図表補２－２　業態別生産技術機能（2018 年、複数回答）

（構成比：%）

	製品の企画・開発機能	設計・デザイン機能	試作・試験機能	生産システム・工程等の改善機能	使用生産機械の内製機能	新技術・加工法の開発機能	多品種生産に応じた柔軟な生産システム機能（FMC，FMSなど）	合計	回答企業数
自社製品型	75.7	69.5	60.3	41.6	21.3	35.4	19.0	100.0	305
独立受注型	39.8	47.0	47.2	41.0	19.3	27.2	21.9	100.0	415
系列受注型	27.2	32.7	51.0	50.1	21.9	24.3	30.6	100.0	987

（資料）図表序－１に同じ

%あり、独立受注型の22・0%、系列受注型の17・6%より若干高い水準にある。

②国際化

国際化についてみると、自社製品型企業は輸出を積極的に行う傾向がみられる一方、海外生産は受注型企業と差はみられない。アンケート調査（2018年）では、輸出について「自社（あるいは自社の販社等）で直接輸出している」とする割合は自社製品型が49・5%とほぼ5割に及び、独立受注型の22・3%、系列受注型の17・6%を大きく上回る。商社を経由して間接的に輸出を行っている割合も同様の傾向を示している。これに対し海外生産は「既に海外生産を行っている」は自社製品型が15・7%、独立受注型が15・1%、系列受注型が17・7%と大きな違いはない。

製品を国内で生産し海外に輸出する傾向が強い背景として、自社製品は個別対応色が強く、独自性があり小回りのきく技術が求められることから海外への技術移転が容易でないうえ、量産型でないため海外生産によるコスト低減メリットが享受しにくく、敢えて海外で生産するよりも国内で生産して輸出するほうがメリットは大きいことが挙げられよう。受注生産型企業に特有の、主力納入先の要請による海外生産拠点設立がないことも一因であろう。

①で示したように自社製品型企業は技術開発を自ら行う志向が強く、そのための経営資源も相対的豊富に有している。海外へも売上を伸ばすインセンティブは強いと考えられるが、製品特性

もあって、輸出志向が相対的に強い。

③ＩＴ活用、新事業展開

２０１８年のアンケート調査によると、ＩＴ活用に関しては、自社製品型企業が回答した利用目的数（最大20）の平均が７・76で、独立受注型企業の６・87、系列受注型企業の７・25よりも多くの目的にＩＴを使用している。特に「設計開発、生産、販売部門のデータ共有・フィードバック」（47・８％）、「製品の設計開発の高度化」（42・４％）、「市場開拓・販路拡大」（38・５％）、「販売後の製品の動作状況に関する情報の収集、分析」（24・８％）は系列受注型や独立受注型よりも10ポイント以上高い。

新事業を展開する企業の割合（「既に新事業分野に進出している」「新事業分野への進出を検討中」の合計）は自社製品型が30・６％、独立受注型企業が33・５％、系列受注型企業が34・８％で業態による差は少ない。

（３）自社製品型企業の競争力確保のために

自社製品型の企業はどのようにして競争力を確保していけばいいのだろうか。規格化されておらず個別の注文対応中心という製品特性のもと、既存顧客の満足と潜在顧客の誘引という競争力向上の目的に立ち返って考えれば、既存顧客及び潜在顧客のニーズや不満をどのように掬い上げて製品に反映させていくかが重要である。

自社開発製品を製造して事業を継続している企業は、受注型企業よりも技術力向上への取り組みや経営戦略の策定を積極的に行っており、生き残りへの条件を整えている。ただ、競争力の総合指標（国内同業者との比較。詳しくは本章第1節参照）の数値は自社製品型企業が1・9で、独立受注型（1・9）、系列受注型企業（1・8）との間に差はみられない。これは企業が業態変更を行わない限り競争が基本的に業態内で行われ、自社製品型企業の競争相手が自社製品型企業であるためと考えられる。

アンケート調査によると、生産管理における競争力の切り口の4つの要素（品質、コスト、納期、保守等アフターサービス）に関し、自社製品型企業は、品質、納期、保守等アフターサービス、特に品質と保守等アフターサービスで同業他社を上回るとする割合が高い。一方、コストは同業他社より若干下回るとしている。[14] 競争力の総合指標からみて調査企業は国内同業者よりも競争力があると自己評価する企業が多い[15]が、その源泉は非価格競争面が主であり、価格競争面ではない。このことは（1）で述べた、先進的な中小工作機械メーカーの7番目の特徴（価格は大手メーカーより高い）と整合している。

自社製品型企業がこうした非価格面の競争力を発揮するためには、多数の最終販売先に直接対応する業態特性上、受注型企業よりも技術開発、生産、販売、アフターサービスの連携が重要である。既存顧客・潜在顧客間や企業内部の組織間で迅速かつ緊密に情報のやり取りを行い、製品対応や顧客対応を的確に実施しなければならない。機能的に連携できる組織体制を整えることが必要であり、ＩＴはそのための不可欠なツールとして積極的な活用が望まれる。技術開発についても絶えざるアップデートが必要であり、その資源を確保するために大学・研究機関等、社外との有効な協力関係構築にも目を向けることが望ましい。

なお、これらのことは、経営資源の制約や製品のライフサイクルの問題もあって、短期間であればまだしも長期間にわたって実行し続けることは容易でない。技術開発やＩＴ対応で高い能力を持つ自社製品型企業は自社製品型のスタイルに拘る必要はなく、受注型企業への転換も一つの選択肢だろう。第１章で示したように、受注型企業においても設計への外部からの貢献の余地は高まっている。自社製品型企業として培った能力を生かしていくという観点に立てば、近年増えている受注型企業への転換にも積極的な意味が見出されよう。

1　人員の採用や人材開発、設備投資を行わない場合、雇用市場における人手不足という構造問題が、設備投資では企業の財務的な制約や後継者難による持続可能性への懸念が影響している可能性がある。
2　ただし個別事例において効果を挙げている取り組みには言及する。
3　レコフ社によると、２０１９年の国内企業同士のＭ＆Ａは約３千件で（全企業規模）、同年の休廃業・解散企業数が４万３千社余り（東京商工リサーチ調べ）の10分の１以下に過ぎない。
4　全有効回答の平均利用目的数は７・16である。
5　製品のライフサイクルについては第３章注10参照。

6　継続的なものは自動車等量産型の製品の部品が、断続的なものは生産量は多くないが毎年ある程度の受注が発生するシリーズ化された工作機械・産業機械や補修用部品が典型的である。

7　商慣習上は単発の製品仕様も「受注」となるが、生産形態の区分上は「受注生産」とい場合1回限りでない断続的もしくは継続的な製品仕様を想定することが多い。

7　部品ユニット・モジュールは17・8％、単一部品は14・3％、一部加工は9・2％である（複数回答）。

8　中小企業金融公庫総合研究所（2008）「中小工作機械メーカーのものづくりとマーケット戦略～特化戦略を支える中小メーカーのものづくり～」。

9　主力納入先からの受注単価の引き下げ要請が「特にない」と回答した企業の割合は独立受注型企業で23・7％、系列受注型企業で11・5％にすぎない。

10　最終製品化前の組立メーカーからの価格引き下げ圧力はないが、最終製品が市場に出る際に需給を通じた価格調整圧力は存在する。

11　「生産システム・工程等の改善機能」は41・6％、「使用生産機械の内製機能」は21・3％、「多品種生産に応じた柔軟な生産システム機能（FMC、FMSなど）」は19・0％である。

12　「親企業からの技術指導」は3・2％、「親企業との相互技術協力」は9・5％、「親企業以外の提携企業との相互技術協力」は10・5％である。

13　国内同業者との比較で「上回る」の割合×1＋「やや上回る」の割合×0・75＋「同水準」の割合×0・5＋「やや下回る」の割合×0・25＋「下回る」の割合×0）÷（「上回る」～「下回る」の割合の合計）×100としてDIを作成すると、50超が「上回る」、50が「同程度」、50未満が「下回る」となる。このとき自社製品型企業では技術水準（品質）が70・6、コスト対応力が48・9、納期への対応力が61・7、保守等アフターサービスが71・0である。

14　「上回る」から「下回る」までの5段階のうち、「上回る」「やや上回る」とする項目の数（4項目中）なので、半分近い項目（1・9）で自社が同業他社を上回ると評価していることになる。

終章 中小製造業の競争力向上のために

第1節でここまでの内容を要約し、第2節でそこから得られる中小製造業の競争力向上に向けての示唆を述べる。

❶ 本書の要約

序章では中小機械・金属工業の長期的な構造変化について述べた。変化の主な特徴としては、①特定の納入先に対する部品を製造する形が増え、納入先を特定せずに受注生産を行う余地は狭まっている、②保有する生産技術機能の数は減少傾向にある、③競争力の背景となる要素に関して、規格品の量産に関連する能力が強みとして意識されにくくなっており、主力納入先の発注理由では納期重視の姿勢が強くなる一方で技術面が評価される度合いが低下している、④技術開発・新製品開発に関しては、親企業からの技術協力や技術指導が減少する一方、産学共同研究が増加している、⑤将来への展望として自社製品生産志向から受注生産志向へのシフトがみられ、複数企業からの受注生産志向が高まっていることが挙げられる。

中小機械・金属工業では自社製品生産志向から受注生産志向へのシフトがみられるが、それは特定の企業系列への帰属ではなく、複数の企業系列とのつながりが意識されている。主力納入先の期待は技術的な貢献から納期対応などサプライチェーン内での機能面での貢献へとシフトしており、中小企業は技術開発など川上の生産技術機能を絞り込んでいる。こうした動きはサプライチェーンの高度化に応じ、中小企業がそのなかの一つのパートとしての機能を研ぎ澄ましていく過程とみることができる反面、個としての中小企業がサプライチェーン外で事業を展開していくうえでの技術的な「基礎体力」が低下することにつながりかねない。

第1章はＩＴ化による競争力向上について述べた。大半の中小企業ではパソコンやインターネットといった基本的なＩＴ手段は普及している。しかし、活用状況は企業の部門内最適化レベルにとどまるところが多く、企業の部門間、或いは企業外との情報伝達・共有には経営資源や技術的な観点から多くの課題を残す。このことはＩｏＴの利用推進の障害ともなっている。

中小機械・金属工業のＩＴ手段は社内システム・社内ＬＡＮを大半の企業が導入済みで、モバイル通信手段やＳＮＳ、クラウドの導入も進みつつある。ＩｏＴの導入は少ないが、将来的な関心は高い。ＩＴの利用目的としては情報共有、作業工程の見える化、生産性や品質の向上、社外との情報交換が多い。ＩｏＴ関連の目的ではモニタリングのレベルが多く、制御・最適化・自動化といった高度な利用は少ない。

ＩＴ化の進展は製造業、特に機械・金属工業において2つの大きな変化をもたらした。一つは製品・部品のデジタル化が一般的になったことであり、もう一つは設計のデジタル化が進んだことである。このことは部品や製品の組み合わせの余地を高め、設計の一元化の可能性を拓くものである。そこでは生産技術において製品の全体構造の俯瞰能力が重要な意味を帯びることになる。しかし、設計のデジタル化は設計者の俯瞰能力低下をもたらすうえ、部品のデジタル化が途上でありすべてが接続されるまでには至っていない現状では、全体設計者にかかる負担は大きく、全体設計者による設計統合は困難さを増している。こうした状況においては中小製造業による「設計への外部からの貢献」が重要性を増す。

第2章では国際化による競争力向上について述べた。中小製造業の国際化の手段は輸出と海外生産が中心で、近年では海外生産が特に重要である。輸出を行う中小機械・金属工業の割合は低下している。海外生産を行う企業の割合も横ばいで、かつ進出を検討する割合も縮小している。進出国ではこれまで大半を占めていた中国での生産に一部見直しの動きがみられる。これまで拡大傾向にあった中小製造業の国際化は２０１０年代以降、頭打ちの傾向にある。

中小製造業の海外生産は変質している。低コストのメリットは進出当初に比べ薄れると同時に、主力納入先の海外拠点からの発注に依存しにくくなっていることから現地での販売先開拓が重要となっている。部品・材料調達は現地依存の傾向が強まっている。このように、現在では海外生産拠点は調達から生産、販売に至る経営管理を現地の事情に応じ自立的に行わねばならなくなっており、経営面でのハードルが高くなっている。このことが生産拠点の見直しや進出の見送りにつながっていると考えられる。

第3章では新事業展開による競争力向上について述べた。企業の新事業展開は、既存事業を主力事業として継続しつつ、新市場で新製品・サービスを展開する多角化と、既存の事業を縮小・廃止して、新市場で新製品・サービスを展開する事業転換とに大別される。多角化は事業リスクが抑えられる反面経営資源への負荷が大きくなり、事業転換はその反対である。

中小製造業の新事業展開の動向をみると、進出済みや進出を検討中の割合が低下する一方、進出予定なしが上昇しており、新事業分野への進出意欲はやや弱まっている。新事業分野への進出状況と自社の事業の発展可能性をどのようにみているかの関係をみると、将来に明るい展望を持つ企業ほど新事業分野への進出に積極的であるが、一方で将来に対する危機意識があることも、新事業分野進出を促す要因となっている。新たに進出する事業分野は、本業でのものづくりを応用した関連分野への進出志向が強い。航空機やEVなど先端分野に進出している企業は、本業の業種がその分野に近くかつ技術力に優れていることが多く、素材産業からの新規参入や業種を跨いだ進出はロボット関連への進出を除きそれほどみられない。

補章1は中小機械・金属工業の競争力の源泉について述べた。競争力と生産技術機能の保有状況についてみると、新技術や加工法、多品種少量生産に関する機能など継続的な生産活動と密接に繋がった機能が競争力につながりやすい。自社の強みとの関係をみると、技術管理・生産管理・

販売促進というカテゴリのどこかで強みを持っていれば競争力に結び付けることができる。主力納入先の評価ポイントである発注理由との関係をみると、技術管理・生産管理面での評価が競争力に結びつく傾向が強い。海外生産、新事業展開、ＩＴの利用度との関係では新事業展開、ＩＴの利用度との間に有意な関係がある。ＩＴ利用目的のうちどのような項目が競争力と関係しているかをみると、生産技術面、内部管理面、販売面など多方面で競争力の向上に繋がっている。

補章2は自社製品型企業の競争力向上について述べた。規格化されていない個別製品中心という製品特性のもとでは、既存顧客及び潜在顧客のニーズや不満をどのように掬い上げて製品に反映させていくかが重要となる。製品の性質上、受注型企業よりも技術開発、生産、販売、アフターサービスの連携が重要であろう。顧客と企業間、企業の内部組織間で情報のやり取りを通じ、製品対応を的確に実施させなければならない。機能的に連携できる組織体制を整えることが必要であり、ＩＴはそのために不可欠なツールであるため積極的な活用が望まれる。研究開発面で大学・研究機関等社外と有効な協力関係を築くことも望ましい。

❷ 中小製造業における競争力の将来像

これまで述べてきたことを踏まえ、中小製造業における競争力の将来像を考えてみよう。機械製造業の現在の技術革新はＩＴをキーテクノロジーとして進んでいる。そして受注型企業では主力納入先との関係性をＩｏＴとどのように結び付けて考えるかが重要となるだろう。

　序章でみたとおり、受注型企業と主力納入先との人的関係や資本・資金上の関係、技術指導等が希薄化する一方、中小製造業の受注生産志向は高まっており複線的で緩やかな系列取引を志向する傾向にある。この傾向にＩｏＴはどうかかわってくるのだろうか。ＩｏＴの進展により、企業同士の生産システムがインターネットで接続されることで、製造業のサプライチェーンはネットワーク化され、効率的に運営されることが想定される。ネットワーク化のメリットはサプライチェーンの上層ほど大きいと考えられ、接続は大企業主導となろう。

　この接続が複線的で緩やかな系列それぞれに適用されるのか、相対的に強固な取引関係で結ばれた系列に限られるのかは、接続システムの構築コストと接続効果との比較の問題となろう。第1章でみた通り、現状では設計仕様の異なる機械類をデジタル結合することは技術的に容易でない。しかもサプライチェーンのネットワーク内で情報セキュリティの安全性が確保されることは必要不可欠である。このようにサプライチェーンへのＩｏＴの導入はコストのかかるプロセスである以上、取引関係の濃淡や受け渡しされる情報量の多寡、機密性の大小により接続するかしないかが選択されることとなろう。

　従ってサプライチェーンへのＩｏＴの導入は、強固な継続的取引関係を有する受注企業に対して優先的に行われ、補完的な受注企業に対しては劣後すると考えられる。また情報の機密性が高まるほど他系列への接続がセキュリティ面で好まれなくなり一系列への帰属が求められよう。これは、ＩｏＴで結ばれた特定サプライチェーンに「囲い込まれ」、一つの系列への依存関係を強めるタイプがある一方で、主力納入先との関係を緩やかな系列関係にとどめ、ＩｏＴとの接続も限定的とし複線的系列取引を志向する正反対のタイプが併存することを意味する。

この２つのタイプに求められる競争力はどのような点で異なるのだろうか。前者は定型的・継続的な取引が中心で納入量や納期は頻繁に調整され、生産管理にきめ細かなモニタリングが必要となろう。ネットワークを通じ設計指示も随時行われよう。そこではサプライチェーンのなかで指示を迅速・的確に実行する能力が納入先を満足させよう。後者は非定形・断続的な取引が中心で発注条件の振れ（特殊な仕様・急な大量発注等）に対応する機動性によって納入先の期待に応えることになろう。

アンケート調査の結果からは、中小製造業は複数系列志向に傾斜しているが、主力納入先はＩｏＴネットワークの成熟に先んじて納期等へのきめ細かい対応を重視する姿勢を強めている。今後は、ＩｏＴの進展に伴って、複数の緩やかな系列との関係を維持する企業と、特定系列に選択的に「囲い込まれる」企業とに二極分化すると考えられる。そして後者の場合は、中小製造業の納入先に対する技術的従属性が強まることを単純に意味するものではなく、むしろ第１章で述べた中小製造業の「設計への外部からの貢献」による新たな共存関係が模索されることとなろう。

あとがき

本書は、江口政宏主任研究員が執筆した。各章と既発表論文・調査資料との関係は以下の通りである。

序　章　「中小機械・金属工業の長期的な構造変化」
(https://www.shokosoken.or.jp/paper/theme/2019/201904.html)

第1章　書き下ろし

第2章　「2018年度　第9回中小機械・金属工業の構造変化に関する実態調査」本編
(https://www.shokosoken.or.jp/paper/theme/2018/201807.html)

第3章　第2章に同じ

補　章　「中小機械・金属工業の競争力の源泉に関する計量分析―『第9回中小機械・金属工業の構造変化に関する実態調査』より―」『商工金融』2019年12月号

終　章　書き下ろし

なお、本書の作成にあたり、新たなインタビュー調査と大幅な加筆・修正を行った。

執筆者紹介

江口　政宏（えぐち　まさひろ）

一般財団法人商工総合研究所主任研究員

東京大学経済学部卒業後、商工中金を経て商工総合研究所に入所。

商工中金では18年間調査部に所属し、中小企業に関する調査を中心に、マクロ経済・金融に関する調査分析及び一橋大学寄附講義等の業務に従事。また、同社在籍時に公益財団法人国際金融情報センターに2年間出向。

商工総合研究所入所後は中小企業の産業構造等に関する調査研究及び情報提供活動に従事。

中小製造業の競争力向上戦略
－IT化・国際化・新事業展開による競争力向上－

2021年１月18日　初版発行
定価：本体1,500円＋税
編集・発行　一般財団法人　商工総合研究所
〒103－0025
東京都中央区日本橋茅場町２丁目８番４号
全国中小企業会館３階
ＴＥＬ　03（6810）9361（代表）
ＦＡＸ　03（5644）1867
ＵＲＬ　https://www.shokosoken.or.jp/
発　売　所　官報販売所
印　刷　所　三晃印刷株式会社

＊頁の「欠落」や「順序違い」などがありましたら、お取替えいたしますので、商工総合研究所までお送りください。（送料研究所負担）
ISBN978-4-901731-36-2　C2034　￥1,500E

世界史を変えた女性指導者たち＊下◆目次

まえがき――女性による権力行使

アンヌ・フュルダ

古代から現代にいたるまで、女王、女帝、首相や大統領といった女性国家指導者は存在したし、今でも存在している。多くの場合――少なくとも女性君主の場合――、彼女たちは進んで権力をえたのではなく、めぐりあわせによって引き受けることになった。時代も国もさまざまな彼女たちは多くの場合、権威と才能を発揮して権力を行使した。まれな例外はあるものの、征服欲もしくは途方もない虚栄心を満たすために権力に幻想をいだいたり理想化したりすることはなかった。

クレオパトラに始まり、アリエノール・ダキテーヌ、マリア・テレジアなどをへてヴィクトリア女王、西太后、インディラ・ガンディー、ゴルダ・メイア、マーガレット・サッチャー、アウンサンスーチー、エリザベス二世、アンゲラ・メルケルにいたるまで、これらの女性は――人々が思っているよりもその数はずっと多い――、自国（王国、帝国、共和制の国…）をたくみに統治する手腕を発揮した。そして、権力の頂点に立つと、彼女たちも男性国家元首とおなじように、国のかじとりになみなみならぬ関心を示すようになった。

本書は、さまざまな時代や国をカバーすることを念頭に、こうした女性たちの権力行使の実像に迫るという前例のないテーマに挑んだ。そのためにわたしが協力を要請した著名な歴史研究者やジャーナリストは、合わせて二〇人の女性権力者の人物像を描き、彼女たちの事績に肉薄した。ゴシップに近いエピソードがつまった稗史（はいし）の岸辺から離れ、男性優位論に染まった多くの紋切り型のイメージの波に洗われないようにする、という方針を掲げての航海であった。

一部の人々が女性の社会進出を妨げるものとして問題視している「ガラスの天井」の打破は不可能ではないと証明したい、との思いもあった。そのために、打破した先例に注目してみよう、と考えたのだ。だが、そうした例は頻繁（ひんぱん）とは言いがたく、まれである。人々の考え方や生き方、社会が変化した現代であっても、一九六八年五月「フランスの五月革命」から「ミー・トゥー」運動にいたるまでの女性の権利をめぐる革命や進化にもかかわらず、多くの国において権力の座につくのは男性であり、権力征服はいわゆる男らしさの代名詞である。身体的に女性よりも屈強であることが、知的にも優れているかのような錯覚をあたえているのだ。

君主の権力は、とくに絶対君主制においては、長い歳月にわたって男性がこれを掌握していた。このことは、共和政となった以降のフランスにも影響を残している。わが国では君主制の名残りが根強く残っているだけに。

シモーヌ・ベルティエールやエリサベート・バダンテール等が指摘するように、長年の間、女性であることは大きなハンディキャップだと見なされていた。「女は子宮がすべてである」（Tota mulier in utero）という考えにもとづき、君主の配偶者の第一のつとめは子どもを、できれば男児を産むこと、とされていた。マリア・テレジアは、妻であり、一六人の子どもの母親である、という二つの役目を果たしつつ、四〇年間もヨーロッパ一の帝国に君臨することで、こうした旧来の図式をひっくりかえした。彼女は男性的な面と女性的な面を交互に発揮し、それまでの線引きを打破した。ある意味で、現代の女性政治家たちよりも先進的であった。現代の女性政治家の多くは、ほぼ中性的な服装を採用することである種の身体的中立性をみずからに課している。こうした服装は一種の鎧(よろい)である。何世紀も前から、伝統的に男性の独占物とされてきた機能を女性がになうときにかならずつきまとう多くの非難や疑惑からまもってくれる、とされる鎧だ。歴史が始まって以来、権力をもった女性がこうした非難や疑惑にさらされてきた。権力の座にある女性は、手練手管(てれんてくだ)で人をあやつっている、もしくはだれかにあやつられて統治している、男の影が見える、と指さされてきたのだ（たとえば、アンヌ・ドートリッシュは宰相マザランにあやつられているといわれたし、ジャック・シラクはフランス初の女性首相エディット・クレッソン［一九九一～九二］を顧問のアベル・ファルヌーのあやつり人形とみなし、ファルヌーを「（クレッソンの）ラスプーチン」とよんだ［シラクは後に仏大統領となる。クレッソンはシラクのライバルである左派大統領ミッテランに指名されて首相となった。クレッソンはまた、ルイ一五世の外交に口を出したポンパドゥール夫人にもたとえられた］。国政に関与する女性は、浪費家、軽薄、少々愚かで贅沢好きと形容されがちで、マリー・アントワネットはこうした糾弾の集中砲火をあびた。例外のない規則はないと証明するためであろうか、クレオパトラ、カトリーヌ・ド・メディシス、エリザベス一世、もっと近いところではマーガレット・サッチャーやアンゲラ・メルケルの知性もしくは政治センスは例外として認められているものの、彼女たちは一般に、外見にかんする意地の悪いコメントの対象となっている（クレオパトラの知性を認めない向きもある）。ステレオタイプのイメージは根強く残っているのだ！　女性の高学歴化、さまざまな職業への進出、経済界や科学や研究の分野での活躍については否定することができない大きな進化があったものの、政治はそうした変化が及ばない特異な世界、男の世界でありつづけている。とくにその傾向が強いのは、頂点に立つ第一人者が象徴としての最高の権威と、君主に似つかわしいきらびやかなアトリビュートにいまだにつつまれている大統領制の国家においてである。

大西洋をはさんだ二つの国、フランスとアメリカで、大統領にまつわるその他のタブーは破られたというのに、女性が大統領に選出されたことがないのは驚きである。米国では、カトリック教徒の大統領（ケネディ）と黒人の大統領（オバマ）が誕生し、フランスでは同棲相手とともにフランス大統領府エリゼ宮に入ってその後に浮気騒ぎを起こして同棲相手に出て行かれて一人住まいとなった大統領（オランド）がおり、その次には、自分よりも二四歳も年上の妻をもつ三九歳の大統領（マクロン）が大統領府の主となったというのに。

「フランスとアメリカの国民の集団心理の奥にある禁忌が、女性が大統領になることを妨げてきた」とマルク・フュマロリは分析する。

フュマロリがその原因としてあげるのは、アメリカについては、独立戦争と憲法制定を成功させ、一七八九年にジョージ・ワシントン将軍を誕生したばかりの議会制共和国の初代大統領に選出した立法府エリートたちの「男らしさ」である。フランスにかんしては、フランス王家の女性には玉座の継承権を認めず、男子から男子への継承を「合法」とするサリカ法の名残りだ。ゆえに、例外のない規則はないことを証明するもう一つの例外であるカトリーヌ・ド・メディシス以降、フランスの王太后が最高権力を行使できたのは、摂政として幼い息子の名においてのみであり、臨時的に認められたにすぎない。さもなければ、ずっと後になってマリー・アントワネットが実践したように、夫への影響力を行使して間接的に国のかじとりを試みるほかなかった。鬱状態におちいり、一七八九年の激震の予兆に対してなにも手を打てないルイ一六世を動かそうと、マリー・アントワネットがつとめたことを知っている人はほぼ皆無だろう。

フランス革命は、アンシアン・レジームにおいて女性の影響力は——当の女性が正妻であろうと寵妾であろうと——フランスに害悪をもたらした、という考えに凝りかたまったままで、女性に権力への道を拓こうとは少しも考えなかった。それどころではない。革命勢力は、前例のないほど攻撃的で卑猥な中傷文書でマリー・アントワネットを辱めて誹謗した。彼女は、男性と比べおとっていてあらゆる悪徳のもち主と考えられていた女性に対する男たちの憎しみの象徴となり、ついにはすべての女性の罪をつぐなうべく、犠牲の祭壇に捧げられた。

ゆえに、フランス女性が権力の座につく可能性をあたえられるには、第二次世界大戦が終わるまで待たねばならなかった。一九三六年、政権を獲得したフランス人民戦線は女性を入閣させたが、女性に選挙権も被選挙権もあたえなかった！　ド・ゴールが政令によってフランス女性に選挙権を認めたのは一九四四年四月二一日であり、男性の普通選挙権が成立した一八四八年からはほぼ一世紀もたっていた（フランス女性が選挙権を初めて行使したのは、一九四五年の地方自治体選挙においてだった）。そして、フランソワ・ミッテラン大統領が初の女性首相としてエディット・クレッソンを任命したのは一九九一年であったが、首相の座にとどまった一一か月間、クレッソンはメディアから一斉攻撃され、あからさまな男尊女卑の侮蔑的なコメントを浴びせられた。クレッソン以前にも政界で活躍した女性は存在した。たとえば、中絶を合法化するのに尽力したシモーヌ・ヴェイユは、欧州議会の初めての女性議長に就任し（一九七九）、女性として初めて国務大臣に任命された（一九九三）。その後、二人の女性（セゴレーヌ・ロワイヤルとマリーヌ・ル・ペン）が大統領選挙の決選投票まで進んだ（二〇〇七年、二〇一七年、二〇二二年）ものの、そして二〇二二年四月二四日に二回目の大統領選挙を制したエマニュエル・マクロンがエリザベート・ボルヌを首相に任命したものの、クリスティーヌ・ラガルドが女性として初めて財務大臣（G8の国々のなかでも前例がなかった）、IMF総裁、欧州中央銀行総裁をつとめたにもかかわらず、フランスの大統領府エリゼ宮は以前より一貫して男性が死守する砦（とりで）である。

フランスの二つの隣国と比較すると、この状況はなおのこと驚きに値する。ドイツは、アンゲラ・メルケルによって一六年間（二〇〇五〜二〇二一）も統治され、「ムッティ」（お母さん）とよばれたメルケルは世界で最も影響力の大きな女性の一人となった。そしてイギリスは、本書がとりあげる四人が示すように、女性統治者輩出国家のお手本となっている。エリザベス一世は、スペインの無敵艦隊を破ってイングランドが帝国となる礎をきずいた偉大な君主である。ヴィクトリアは、イギリスの政治や慣習やイメージの進化を体現する君主であり、まずは政党間の対立を超越する存在となり、その君臨の末期にはイギリスのアイコンとなった。エリザベス二世は、現在の王室の権威の第一の源泉はイメージであることを理解し、これを巧みにコントロールする知恵を発揮したため、王室をたびたび襲った危機をのりこえることができた。そしてマーガレット・サッチャーは、真の意味でのフェミニストではなかったが、「ビロードの手袋につつまれた鉄の手」で保守党によるイギリスの大改革を断行し——ただし、女王の特権にふみこむことは決してなかった——、何年も後のことになるがダウニング通り一〇番地がテリーザ・メイ（在任二〇一六～二〇一九）を主人として迎える道を切りひらいた。

全員がそれぞれの国に消えない痕跡——当然ながら、そこには汚点や過誤もふくまれる——を残した二〇人の女性権力者がくりひろげる驚くべき絵巻、先駆者としてのあり方を前にすると、戯画的で男性に対する遺恨に満ちたフェミニズムを排しつつも、なぜ権力はもっと女性に開かれたものとならないのだろうか、と自問せざるをえない。政治体制のいかんを問わず、何世紀もの時間の流れの中で、権力の座にあった女性たちが、多くの男たちのように傲慢や支配欲におちいることはまれだった。この点は強調しておきたい。彼女たちの大多数にとって自国の統治は果たすべき使命であり、ナルシスト的な喜び、卑屈ゆえの逸脱、制圧の意図とは無縁であった。二〇〇八年の金融危機にかんしてクリスティーヌ・ラガルドが述べた有名な言葉——「もしリーマン・ブラザーズがリーマン・シスターズという名前だったら、金融界がおかれている状況はかなり違ったものとなったろう」——をもじり、もっと多くの女性が権力を行使したのであれば、多くの戦争が回避されたかもしれない、といってもまちがいではなかろう。

1 クレオパトラ（前六九〜三〇）
古代のスーパースター

ロベール・ソレ

紀元前の五一年から三〇年にかけてエジプトに君臨したクレオパトラ七世の生涯は、神話、伝説となっている。二人のローマ人将軍を魅惑したこのエジプト女王についてはあまりも多くの書物が著され、あまりにも多くの芸術家の創作意欲をかきたてたので、かえって輪郭が曖昧となったという印象はいなめない。ギリシア人であると同時にエジプト人であり、危機に瀕した王朝の最後の君主となったクレオパトラは、地政学的な大転換期にあった地中海沿岸における大女優であった。同盟関係、暗殺、一目ぼれ、裏切りに彩られた彼女の生涯は、平穏なものではなかった。いや、平穏どころではなかった。波乱万丈そのものだった！　急転直下の展開が何度もあった！　彼女は一八歳のときに、プトレマイオス朝の王妃となった。同王朝はかつてないほど内部分裂が進み、すでにローマの保護領も同然であった。二〇年後、カエサル、次にアントニウス――どちらも、ならびない権勢を誇ったローマ人——を誘惑したあげくの果てにクレオパトラは自害し、これによって三世紀続いたプトレマイオス朝の幕は閉じた。ギリシア系王朝によって支配されていたエジプトはローマ領となる。

物語は、アレクサンドロス大王がエジプトを支配していたペルシア人を追い払い、自分の名前を冠した都市［アレクサンドリア］をきずいた前三三一年に始まった。自分はエジプトの神々の息子であると認めさせたのち、アレクサンドロスは東征を再開し、八年後にバビロンで亡くなる。そこで、彼の主たる幕僚が、故王がうちたてた大帝国を分割統治することになった。エジプトを手に入れたのが、マケドニアの貴族ラゴスの息子であるプトレマイオスであり、彼が新王朝を開いた。アレクサンドロス大王および古（いにしえ）のファラオの後継者というふれこみで、プトレマイオス家はそれから三世紀にわたって、ヘレニズム文化圏のなかでもっとも豊かでもっとも強大な王国を統治することになる。

この王家の歴史では、近親結婚、宮廷内の勢力争い、ありとあらゆる暗殺が定期的に起こった。そして古代ではめずらしく、この王朝では女性が特異な役割を演じていた。前二七六年ごろ、プトレマイオス二世はじつの姉、アルシノエと結婚する。ギリシアの慣習に反する近親相姦として顰蹙（ひんしゅく）を買ったこの結婚は、ファラオとその妻は神性を帯びている、とエジプトの臣民にアピールする手段だった。アルシノエはピラデルフォイ（弟を愛する者）とよばれて神格化され、エジプトの神々とのつながりが強調された。エジプトでは大昔から、女神イシスはオシリス神の妻かつ妹として崇（あが）められていたではないか？ エジプト人たちは、自分たちの宗教に歩みよるこの近親結婚を好意的に受けとめた。これが先例となり、その後のプトレマイオス朝のファラオたちも同じことをくりかえした。歴史研究者のミシェル・ショヴォーは次のように述べている。

こうして、近親結婚があいつぎ、神格化された君主カップルの数はふえつづけ、聖なる家系図に新たな神がくわわるにつれてプトレマイオス王朝はエジプトの地にますます深く根を下ろした。

一世紀後の前一八〇年、クレオパトラ一世が夫の死後に短期間だが摂政として国を統治した。エジプトの歴史で初めて、女性が一人で君臨したのだ。しかし、クレオパトラ七世は――前にも後にもこれっきりである――ほんとうの意味で権力を掌握することになる。

いくつもの言葉をあやつる王妃

クレオパトラは前六九年に新首都アレクサンドリアで誕生した。エジプトにありながらも地中海文明圏に属する都市である。人口は三〇万。ヒエラルキーでくっきりと色わけされた多民族都市である。ギリシア人（市民権をもつ者と、「ヘレネス」とよばれる者の区別があった）は中央部に、ユダヤ人は西の街区に、エジプト人は西の貧しい街区に住んでいた。ギリシアの歴史家ストラボンが「世界の商館」とよんだアレクサンドリアは、複数の通商路の交差点であった。地中海で最も大量の穀物が出荷される港でもあった。旅人たちは、世界の七不思議の一つとして有名な白亜の大灯台に目を見張った。高さ一三五メートルのこの灯台は、それが建設された小さな島の名にちなんで「ファロス」とよばれ、巨大なゼウス像を戴(いただ)いていた。

アレクサンドリアはまた、「世界のすべての知識を結集」することを使命とする図書館の威光により、地中海で一番の知的中枢であった。広範な知識の集積という夢は、エラトステネス、アリストファネス、カリマコス等々の綺羅星（きらぼし）のごとき館長や館員の手によって現実となった。アレクサンドリアに入港する船舶は、船内にどのような書物があるのかを申告せねばならなかった。そうした書物は図書館の写本係にいったん預けられ、複写が終わったのちに持ち主に返却された。ときとして、原本は図書館に残され、写本が持ち主に渡された。こうして「船舶由来蔵書」がふえていった…

図書館と一体となっていた研究機関のムセイオン（アテナイの伝統による、文芸をつかさどる九人の女神ムサの聖所）には、天体観測の器機、解剖室、異国の植物の標本にあてられた部屋等々がそなわっていた。図書館とムセイオンは、地中海沿岸の国々からやってきた著名な哲学者、医師、数学者たちが一定期間、寝食をともにして研究する学者のコミュニティーを形成していた。こうして、膨大な蔵書を背景に、比類なき知のコスモポリタニズムが花開いた。

クレオパトラはこうした学者たちと接する機会に恵まれ、彼らの博識を多く吸収することができた。ホメロスやエウリピデスをはじめとする偉大な詩人や著作家の作品を読破し、デモステネスの演説集を通して弁論術を学び、医学や天文学といったさまざまな学問に興味を示した。いくつもの言葉をマスターした。先祖のほぼ全員とは異なり、エジプト語も話すことができた。

彼女が前五一年に王妃となったときの状況はこのうえもなく悪かった。落日を迎えていた王朝のあらゆる宿痾（しゅくあ）（策略や陰謀、軍事での敗北、高官の腐敗、エジプト人の反乱等々）に、作物の不作がくわわって国の一部は飢饉にみまわれた。そのうえ、国庫は空だった。「アウレテス」（笛吹き）の綽名（あだな）

をつけられるほど道楽者だった父親のプトレマイオス一二世が、反乱で王座から追われたのち、ローマの支援で権力を奪還するために莫大な財宝を使いはたしたためである。

クレオパトラは弟のプトレマイオス一三世と名目上の夫婦となり、共同統治するほかなかった。プトレマイオス朝では、男性と連帯せずに女性が権力を行使することは許されなかったからだ。若き王妃は、肥大化した官僚機構が障害になっていたにもかかわらず、エジプトに秩序を回復させようとつとめた。そのため、約四〇のノモス（県に相当する行政単位）を管轄するストラテゴス（長官）たちの力を借りた。彼らのおもな役割の一つは徴税であった。

クレオパトラは一年以上のあいだ、策をめぐらして一人で統治したが、自分の肖像だけが刻まれたコインを鋳造させたことで、弟の後見人たちの反感をかってしまった。彼らはほどなくして、クレオパトラを補佐役の地位に引きずり下ろした。公文書には、弟の名が先に記載され、姉よりも上位に立っていることが明らかにされた。クレオパトラの名前は、ローマ元老院の決議から完全に消え、弟のプトレマイオス一三世のみに「ローマ市民の友かつ同盟者」の肩書があたえられた。王妃となってから三年後、ないがしろにされたクレオパトラがみずからの意思でアレクサンドリアから去ったのか、彼女を排除しようとする暴動に追われて逃げ出したのかは分からない。どちらにせよ、上エジプトに滞在したのち、彼女はシリアに亡命し、王国奪還を願いながら臥薪嘗胆（がしんしょうたん）の日々を送った。

同じころ、超大国であったローマの内部で、ユリウス・カエサルとポンペイウスがぶつかりあう大がかりな内戦が起きた。ギリシアのファルサロスでの戦いで敗れたポンペイウスはエジプトへと逃れた。クレオパトラとプトレマイオス一三世の父親［プトレマイオス一二世］の復位を助けた、という経緯があるのでプトレマイオス朝は自分の味方だと信じていた。しかし、前四八年一〇月にエジプトに上陸するやいなや、少年王プトレマイオス一三世のとりまきによって殺された。カエサルに喜んでもらえると考えてのこのポンペイウス殺害に、クレオパトラはいっさいかかわっていない。やがて、エジプトに上陸したカエサルは、内戦で荒廃したこの国に今すぐ手をつけることになんの意義も見いだせず、プトレマイオス一三世とクレオパトラの仲をとりもとう、と考えた。

カエサルの征服にのりだすクレオパトラ

弟プトレマイオス一三世をかついでいる一派に暗殺されることを恐れていたクレオパトラが、どのようにしてアレクサンドリアに戻り、カエサルに面会したのか、詳しいことは不明である。船中に隠れて、夜陰に乗じて上陸したのだろうか？　伝説が語るように、丸めた絨毯の中に身を潜めて？　いずれにせよ、誕生しつつあったローマ帝国の第一人者であったカエサルは、自分よりも三〇歳ほど年下のクレオパトラの誘惑に負けた。

古代の著作家の一部は、クレオパトラは神々しいばかりの美貌の持ち主であった、と伝えている。しかし、信用にたるクレオパトラの肖像は一つも残っていない。彼女の肖像を刻んだコインを見ると、顔は肉厚で、鼻はやや高すぎる。だが、さまざまな証言は異口同音に、彼女の知性、高い教養、心地よい声等々をたたえている。プルタルコスは次のように記している。

彼女の容貌それだけをとると、比類なき美貌でも、見る者を魅了するような容色ではなかったが、彼女の人をそらさない応対はなんとも魅力的であった。彼女の外見は、巧みな会話術と、立ち居ふるまいのすべてに反映されるもちまえの性格とあいまって、心をとらえてはなさなかった。

些事（さじ）がなみはずれた結果を生み出す可能性を語るさいに、パスカルがクレオパトラの鼻をひきあいに出したことはよく知られている。

クレオパトラの鼻がもう少し低かったら、世界の様相はまったく異なるものとなっただろう。

パスカルがここで焦点としているのは、鼻という目鼻だちの一つではなく、恋である。恋という、なんとも定義しがたい感情がもたらす結果は、パスカルに言わせると「恐るべき」ものとなりえるのだ。

しかしながら、クレオパトラとカエサルの関係において、感情と政治がどれほどの割合でミックスされていたのかを知ることはむずかしい。後年、彼女はアントニウスの愛人、ついで妻となるが、この結びつきについても、同じ疑問が浮かんでくる。どちらの場合も、クレオパトフが第一にめざしたのは、自分の地位を守るだけでなく、プトレマイオス朝に二世紀前の栄耀栄華をふたたびもたらすために、ローマ一の権力者とできるだけ良い関係を結ぶことであった。

カエサルはエジプトを植民地にする意図をもってやってきたと思われるが、考えを変えた。これほど豊かな国をローマの属州としたら、総督として管理をまかされた者は、一国一城の主を気どって勝手なふるまいに出るかもしれない。保護領としていたほうが都合がよい…そう考えたカエサルは、プトレマイオス朝の君主とその妻に――実際は、クレオパトラ一人に――共同統治させて自分のコントロール下におくことを選んだ。この決定は、プトレマイオス一三世の側近で財政をとり仕切っていた宦官ポティノスを首謀者とする反乱を引き起こした。ポティノスは、エジプト軍司令官に、女の指示を受けることは軍にとって屈辱であると説き、仲間に引き入れることに成功した。こうして始まった「アレクサンドリア戦争」において、ローマ側の軍勢は人数が少なかったためにカエサルはかなりの劣勢に立たされた。自分の艦隊が敵の手に落ちることを望まなかったカエサルは、これを焼きはらわせた。火は港と、図書館の付属施設にも広がった…。なんとかもちこたえたローマ軍は、シリアから援軍が到着したことで反撃に転じることができた…

エジプト全土の女王

先頭に立ってカエサルのローマ軍と戦っていたプトレマイオス一三世は、敗走の最中に、ナイル支流が流れこむマレオティス湖［アレクサンドリアの南に位置している］で溺死した。弟の死により、クレオパトラは自由にふるまえるようになった。同盟者かつ愛人であるカエサルの求めに応じ、彼女はまだ一三歳という末弟（プトレマイオス一四世）と名目上の夫婦となった。カッシウス・ディオは次のように書いている。

彼［プトレマイオス一四世］との共同統治は完全なフィクションであった。彼女は、一人で君臨し、カエサルと同棲していたので、このフィクションをやすやすと受け入れた。

カエサルとクレオパトラは、数十隻の船を従えてナイル川クルーズに出発した。これはたんなる新婚旅行ではなかった。カエサルにとっては、征服したエジプトを発見する視察であり、クレオパトラにとってはローマという強力な後ろ盾をえた自分の勝利を見せつける巡行であった。

その後、カエサルはシリアとキリキア［現トルコ南部］へと戦闘のためにおもむいた。この時、クレオパトラはどうやら妊娠していたようだ。やがて生まれるこどもは、父親がだれかという疑念をふりはらうために、カエサリオンと名づけられる。やがて古代エジプトの主都メンフィスに、カエサリオンの栄光を称える神殿が建立される。

母親は復讐の美酒を味わっていたに違いない！　権威を否定されて亡命を余儀なくされた自分は、またたくまに復権し、今や一人で君臨している。カエサルが残したローマ軍団三個に護（まも）られているのでなんの心配もない。代々のプトレマイオス朝君主と同じく、彼女は政令、勅令、通達によって統治した。先祖と同じく、飢饉となると、首都アレクサンドリアを優遇して地方の疲弊を無視した。すべての商人は、買い求めた小麦や野菜をアレクサンドリアに輸送することを義務づけられた。不服従は死刑によって罰せられた…。クレオパトラが権力の座についたとき、国庫はほぼ空であった。くわえて、クレオパトラ統治時代の初期に起きたアレクサンドリア戦争によってエジプト経済は痛めつけられた。これでもたりないとばかりに、ナイルの氾濫不足が農民反乱の引き金を引いた。こうした難題に直面したクレオパトラは、エジプト通貨の価値を三分の一ほど引き下げ、輸出増進をはかった。以上の問題はあっても、通商の要衝、小麦の大生産国であり続けたエジプトは前四七年以降、それなりの繁栄を享受することになる。

統治者となってからのクレオパトラは一貫して、直近の先祖たちがなおざりにしていたファラオ時代の儀式や慣習を重んじた。大神殿の聖職者たちを優遇し、土地やさまざまな税制上の特権をあたえた。高位聖職者たちと、非常に信仰心の篤いエジプト民衆の支持をえるために、神殿内の建設工事に資金を提供した。ギリシアの神々だけでなく、ファラオたちが自分を重ね合わせていた土着の神々――たとえば、夫につくす妻で模範的な母親である女神イシスや、喜びや踊りや音楽をつかさどる女神ハトホル――に自分をなぞらえようとクレオパトラがつとめたのは、ギリシア系市民が支配するアレクサンドリアだけでなく、エジプト全土の女王となろうとしたからだった。

一年後、カエサルはクレオパトラをローマに招いた。彼女はローマに複数回滞在し、テヴェレ川右岸のジャニコロ［ラテン語ではヤニクルム］の丘にあるカエサル所有の邸宅に滞在した。カエサルは既婚者であった――三度目の結婚でカルプルニアを妻としていた――ため、クレオパトラのローマ滞在はスキャンダルとなった。しかし、カエサルの意向に従わざるを得ない元老院は、クレオパトラと、同行した弟プトレマイオス一四世に、「ローマ市民の友人かつ同盟者」の肩書を進呈した。それだけでない。ローマ人たちが軽蔑をこめて「エジプト女」と呼んだクレオパトラをモデルにした黄金の彫像が制作され、カエサルが属するユリウス一族の守護神であるウェヌス・ゲネトリクス［母なるウェヌス」の神殿内に置かれた。これはやりすぎであった。あの「女魔術師」、「魔女」は首都をローマからアレクサンドリアに移そうとたくらんでいる、といったとほうもない噂が流れた…

前四四年三月、数週間前に終身独裁官に任命されたばかりのカエサルが元老院におもむいたところ、二一回も刺されて殺された。共謀してカエサル暗殺を実行した者たちは、君主になろうとしていたカエサルからローマの共和政を護るためだった、と主張した。自分の身が危ないと悟ったクレオパトラはカエサリオンをつれてすぐさまローマを後にした。アレクサンドリアに帰ると、カエサルから押しつけられた名目上の夫、プトレマイオス一四世を始末させた（フラウィウス・ヨセフスによると、彼女の指図で毒殺された）。そして、カエサリオンを共同統治者に選び、プトレマイオス一五世と名のらせた。一九九九年、フランス文学院での発表においてジャン・バンジャンは次のように述べている。

この大罪［弟殺し］は、王朝内での骨肉の争いと粛清、というマケドニアの伝統に従っている。クレオパトラは、弟をかつぎだそうとする廷臣による陰謀もしくは軍部の反乱が計画されている、と確信していたのであろう。しかし、彼女にはもう一つの動機があり、これが彼女の以降の統治にも強い影響をあたえる。息子の将来を安泰とし、これによってプトレマイオス王朝を決定的に再興することである。

宮廷によって決められた神々の呼び名において、クレオパトラはこれまでどおりに「父を愛する女神」であり、カエサリオンは「プトレマイオス、またの名はカエサリオン、父と母を愛する神」となった。クレオパトラ時代の大規模建築として知られるデンデラ神殿のレリーフには、供物を奉納するクレオパトラと息子が描かれている。

今やだれの指図も受けずに権力をふるうことができるようになったクレオパトラだったが、ギリシアとシリアを掌握しているカエサルの暗殺者たち（ブルトゥスとカッシウス）と、カエサルの後継者たち（忠実な副官であったアントニウス、カエサルの姪の息子でカエサルの養子であるオクタウィアヌス）のどちらも敵にまわさぬよう、うまく立ちまわる必要があった。やがて、アントニウスとオクタウィアヌスがローマを二分した内戦で勝利をおさめ、形成途上にあったローマ帝国を分割統治することになった。前者が東方の、後者が西方の支配者となった。

帝国の玉座にのぼりつめる

前四一年、パルティア大遠征を計画していたアントニウスはタルソス（現トルコ南部）に、自分の支配下にある東方の王侯たちを招集した。主要な目的の一つが、パルティア遠征を成功させるためにクレオパトラからの物的支援および資金提供をえることであった。クレオパトラはきらびやかな演出でタルソスに到着し、センセーションをまきおこした。プルタルコスは次のように描写している。

彼女は、黄金作りの船尾をもち、貝紫色の帆をいっぱいに張った船に乗り、キュドノス川をさかのぼった。銀製の櫂は、アウロス［二本管の木管楽器］とシュリンクス［パンフルート］とキタラ［撥弦楽器］の音色に合わせて水をかいていた。クレオパトラは金糸の刺繍を施した天蓋の下に横たわり、画家たちが描くアフロディーテさながらに着飾っていた。絵画に登場するエロースに似た少年たちが両側に立ち、扇で彼女に風を送っていた。ネレイデス［水の女神、ニンフ］やカリス［美神］の扮装をした若い侍女たちが、舵やロープをあやつっていた…

それまで、自分の権力をこれほど絢爛豪華に、これほど巧みに演出して見せた女性は一人もいなかった。クレオパトラはある意味で、歴史上初めてイメージ戦略を実践した女だった。主客転倒となり、クレオパトラはアントニウスを贅沢な宴会に招待し、完全に心を虜にした。彼女はこの機会に、自分を追い落とそうとたくらんでいるかもしれない妹アルシノエを殺してほしい、とアントニウスに頼み込み、受け入れられた。それだけでない。アントニウスは、アレクサンドリアで自分と一緒に冬をすごそうではないか、という誘いにものった。一〇年以上にも及ぶ二人の関係はこうして始まった。

二人は、特別なとりまきをまじえ、アレクサンドリアで高価なワインがなみなみとそそがれる豪勢な饗宴に明け暮れた。陽気な仲間たちはこうして「比類なき暮らし」を楽しんだ。こういった宴会騒ぎの噂はローマにもとどき、「エジプト女」に対する憎悪はますますふくらんだ。プルタルコスに言わせると、クレオパトラがアントニウスの「それまでは隠され、眠っていた多くの熱情」を「目覚めさせ、解き放ち」、「かれの内にまだ残っていたかもしれない善良で健全な部分を押しつぶして破壊した」ことは明白である。

クレオパトラの伝記を著したモーリス・サルトルは次のように説明する。

（実際のところ）、「比類なき暮らし」とは、死をまぬがれない人間には無縁の、神々のみに許される生活以外のなにものでもない。

クレオパトラがイシスおよびアフロディーテとしてアントニウスの前に登場したのに合わせるように、アントニウスは自分をオシリスおよびディオニューソスになぞらえることになった。二人は、神となった者にふさわしいとされる暮らしを送っていたのであった。アレクサンドロス大王の時代より、君主の神格化に慣れていたアレクサンドリア市民はこのことを少しも不思議に思わなかった。モーリス・サルトルは次のようにつけくわえている。

こうした暮らしぶりは、アントニウスとクレオパトラが冷静沈着に実行してかなりの成功をおさめた宗教政策の基盤であった。だが、二人を敵視する者たちの目には、滑稽で愚かしいふるまいとしか映らなかった。

前四〇年の終わり、アントニウスはシリアとユダヤ地方を占領しているパルティアを討つために出陣した。六か月後、クレオパトラは女児と男児の双子を産み落とした。アントニウスとオクタウィアヌスはカエサルの後継者になろうと争っていた。二人のどちらも、われこそは後継者なり、と考える理由があった。それでも妥協が成立し、結婚によって和解を固めることになった。東方の諸州を支配しているアントニウスが、ライバルであるオクタウィアヌスの姉、オクタウィアを妻に迎えたのだ。クレオパトラがこの結婚を喜ぶ理由など一つもなかった。新婚夫婦が、アレクサンドリアから離れたアテナイで約二年間を過ごすことになるのでなおさらだった。しかし、アントニウスとオクタウィアヌスのあいだの凪（なぎ）状態は一過性であり、ライバル二人の関係はふたたび緊張化する。前三七年秋、オクタウィアを離縁したアントニウスはシリアのアンティオキアに居をかまえた。クレオパトラはアントニウスに合流し、結婚した。二人の間には三人目のこどもが生まれ、プトレマイオス王家の血を引いていることを強調するためにプトレマイオス・ピラデルポスと命名された。アントニウスはクレオパトラに、シリアの海岸地方と、プトレマイオス王朝がかつて領有していたが失ってしまったクレタ島、キリキア、ユダヤ地方等の複数の領土をあたえた。クレオパトラの権勢は、前例がないほど強大となった。アレクサンドリアに戻ったクレオパトラは、自分と新たな夫の肖像が刻まれたコインを鋳造させた。

前三四年春、アントニウスはアルメニアを侵略し、夏にはアレクサンドリアで凱旋を実行し、盛大な祭典を開催した。ローマでなくアレクサンドリアで凱旋をおこなったことはローマ市民を憤慨させた。プルタルコスはこの祭典を次のように描写している。

アントニウスは、ギュムナシオン［古代ギリシアで肉体と知性の鍛錬に使われた施設］に膨大な数の群衆を集め、銀製の演壇の上に二つの黄金作りの玉座——一つは自分のため、もう一つはクレオパトラのため——と、こどもたち用のより小さな玉座を置かせた。彼はまず、クレオパトラと、彼女とカエサルの息子とされるカエサリオンが、エジプト、キプロス、アフリカ、シリアの女王と王である、と宣言した。次に、自分がクレオパトラに産ませた子どもたちに「王のなかの王」の称号をあたえた。すなわち、アレクサンドロスには、アルメニアとメディア、そして将来的に征服されるはずのパルティアを、プトレマイオスにはフェニキア、シリア、キリキアをあたえた。(…)クレオパトラはこの日、イシスの聖衣をまとっていた。彼女は公衆の前に出るときはいつもこの衣装をまとい、引見のさいは新たなイシスとしてふるまうようになった。

プルタルコスはここに、「劇場的で傲慢な」、そしてなによりも「反ローマ的」な意図の「誇示」を読みとった。

クレオパトラにとっては新たな時代が始まった。このことを強調するため、もう一つの暦を並行採用することを決め——統治を始めてから一七年目になる前三五年は、新たな暦ではⅡ年となった——、さらには外交活動を活発化させた。アルメニア王と条約を締結した。パルティアと対抗するためにメディア王とも協定を結んだ。さらには、エジプトの隣国であるユダヤ王国のヘロデ王——彼女はヘロデを懐柔しようと試みたが失敗したうえ、いくつかの土地の領有権を争っていた——の敵に肩入れした。プトレマイオス朝の栄光を復活させたいと願うクレオパトラはあらゆる手段にうったえて、自分の先祖が支配していた地方をとりもどそうと画策した。

アントニウスとオクタウィアヌスの決裂は決定的となった。非難の応酬にかわり、武器がものをいうことになった。東方と西方の対決を象徴するかのように、二つの大軍勢が前三一年九月二日にエペイロス南部で向き合った。オクタウィアヌスは七万人の歩兵と一二〇〇〇人の騎兵、四〇〇の船舶を引きつれていたが、妻クレオパトラの気前のよい資金援助を受けたアントニウスの軍勢はさらに大規模だった。クレオパトラも雌雄を決する海戦に立ち会うことを望み、自身の艦隊を率いてアクティウム岬の近くまでやってきた。

アントニウスの艦隊はあっというまに、敵の艦隊に囲まれてしまった。まだ勝負は決まっていなかったのに、自分が乗っている貝紫色の帆を張った旗艦に詰め込まれた宝物（黄金、宝石類、高価な家具調度等々）が失われることを恐れたクレオパトラは唐突（とうとつ）に逃げ出すことを決め、敵艦隊の包囲網を破って安全な沖合に出た。妻の戦線離脱をまのあたりにしたアントニウスは、海戦を継続する代わりに彼女の後を追った。プルタルコスの言葉を信じるのであれば、二人は三日間言葉を交わさず、互いに他方が臆病だと言って非難しあった。クレオパトラのあらさがしに熱心な著作者たちは、彼女がアントニウスにとって不吉な女であることがまたも明らかになったと、したり顔で批評することになる。ホラティウスは次のように記している。

> 彼女は恐れおののきながら、イタリアから遠くに逃げ出した。オクタウィアヌスは全速力で櫂を操（あやつ）らせ、ハイタカがおとなしい鳩に襲いかかるように、雪に覆われたハエモニアの平原で野兎（のうさぎ）を追いつめる俊足の猟師のごとく、彼女を追った。運命が送ってよこしたこの怪物を鎖につなぐ必要があったからだ。

エジプトに戻ったクレオパトラは、まるで大勝利をあげたかのように、艦船に花輪を飾って堂々と入港した。しかし、アントニウス陣営では離脱があいついでいることを彼女は承知していたし、遅かれ早かれ、オクタウィアヌスが海路を渡ってアレクサンドリアにやってくることも覚悟していた。アクティウム海戦の勝者であるオクタウィアヌスに対して防戦を試みても無駄だとしたら、どうしたら彼の毒牙を逃れることができるのか、とクレオパトラは自問しつつ、国内の騒擾を防止することに力をつくした。

予想に反して、オクタウィアヌスはエジプトに直行せず、ローマに戻った。アントニウスとクレオパトラはつかのまの平和を楽しむことができた。クレオパトラはアレクサンドリアで、夫の誕生日を祝って盛大な宴会を催した。アントニウスと何人かの友人とともに、共に死ぬことを約束する新たな結社を作った。しかし、夫婦の連帯にはすでにひびが入っていた。それぞれが、他方に相談することなくオクタウィアヌスを懐柔しようと試み、恭順する姿勢を見せ、友好的なメッセージや高価な贈り物によって自分だけでも助けてもらおうとした。

毒？　それとも蛇？

その後の顚末を伝える史料としては、カッシウス・ディオやプルタルコスといった露骨にローマ寄りの著作者が残した記録しか残っていない。そのほぼすべては、クレオパトラを否定的に描いている。

前三〇年七月、オクタウィアヌスはついにアレクサンドリアに上陸した。アントニウスは戦うことを望んだが、クレオパトラは交渉の道を探った。だがクレオパトラの努力は実を結ばなかった。そこで彼女は以前から建設を命じていた巨大な霊廟に大量の宝物とともに逃げこみ、交渉に応じないのであれば火をつけてしまう、とオクタウィアヌスにゆさぶりをかけた。

クレオパトラが自殺した、という誤報を誰がアントニウスに伝えたのだろう？　絶望したアントニウスは剣を自分の体につきたて、自害をはかった。瀕死となったアントニウスは、妻のところに自分を運ぶよう求め、クレオパトラの腕の中で息をひきとったと思われる。

この悲劇の終章は、それから何世紀ものあいだ、さまざまなバージョンで語られることになる。プルタルコス自身も複数の説を紹介し、何が起こったのかを正確に知ることはできない、と認めている。第一のシナリオによると、クレオパトラは、自分が壺の中に隠していた、もしくはイチジクの籠の中に隠して運ばせたコブラに腕を噛ませた。第二のシナリオによると、針を使って毒を体内に注入した。第三のシナリオによると、彼女に死を与えたのは蛇であるが、噛まれたのは腕ではなく胸である。文学および絵画が好んで採用してきたのは、クレオパトラが裸の上半身を晒（さら）す場面を描くことができる第三のシナリオである。

いずれにしても、クレオパトラはオクタウィアヌスの捕虜となる屈辱をのがれるために自害した。生け捕りにされたら、ローマまで運ばれ、戦利品として見世物にされたあげくに殺されただろう。プルタルコスは次のように記している。

オクタウィアヌスは、彼女を捕らえて生きたままローマにつれ帰るならば、自分の凱旋に花をそえ、華々しいものとなる、と考えた。

カッシウス・ディオは、悪女は三九歳という年齢にもかかわらず少しも懲りておらず、勝者オクタウィアヌスと面会したさいに「秋波を送り、甘い言葉をかけて」誘惑しようと試みた、と読者に信じ込ませようとつとめている。カッシウス・ディオは次のように言葉を重ねている。

放埒と富をあくことなく追求するクレオパトラは、ある時は高貴な志をいだいて、さもなければ傲慢にも人を見下して、エジプト王国を愛欲という手段で征服した。同じ手段をもちいてローマ帝国もわがものにしようと試みたあげく、みずからの帝国を失った。

悪意にあふれた以上の文章とは異なり、次の文章は正鵠を射ている。

彼女は自分が生きた時代のこのうえもなく偉大な二人のローマ人を誘惑するのに成功し、三人目の偉大なローマ人のために自害することになった。

クレオパトラは、息子カエサリオンが自分の後継者となることを期待した。しかし、カエサリオンは数日後にオクタウィアヌスの命令によって殺された。これに対して、クレオパトラとアントニウスのあいだに生まれた三人のこどもは命を奪われることなくローマに送られた「オクタウィアが育てることになる」。だれもが知るように、オクタウィアヌスはアウグストゥスの名でローマ帝国の初代皇帝、およびエジプトの新ファラオとなる。エジプトは、その戦略的重要性とあいかわらずの豊かさゆえに皇帝直轄領となり、ローマにとって貴重な穀倉の一つとなる。

シェイクスピアからエリザベス・テイラーまで

オクタウィアヌスの権力と影響力により、クレオパトラをありとあらゆる悪徳の持ち主として描くことで彼女を貶(おとし)める多くのプロパガンダテキストが流布した。富を追求して満足することを知らない「野心家で吝嗇な貴人」(カッシウス・ディオ)、放埒(ほうらつ)で官能的な「冠をかぶった娼婦」(プリニウス)、限度を知らぬ残忍性の持ち主で、「同じ血が流れている者たちを残忍に迫害し、だれ一人として生かしておかなかった」女(フラウィウス・ヨセフス)といった具合である。

権力を行使したすべての女性の例にたがわず、男性優位主義の犠牲となったクレオパトラは、外国人であることの代償も支払わされた。ルカヌスに「近親相姦を実践するプトレマイオス一族の娘」とよばれたクレオパトラはギリシア人であっただけでなく、エジプト人でもあった。彼女が体現しているオリエント風の品行は退廃的だと決めつけられ、「徳高き」共和政ローマの価値観(実際は、たいして誇れるものでもなかったのだが…)に対する脅威だと見なされた。

古代の著作者たちがこうして伝える話は何世紀にもわたって後世の多数の著作者たちを触発し、

一六〇六年にはシェイクスピアがクレオパトラ伝説を題材として、傑作戯曲『アントニーとクレオパトラ』を書いた。アントニウスとクレオパトラの二人を破滅させる熱烈な恋愛の物語である。オペラも負けていない。ヘンデルが『エジプトのジュリアス・シーザー』（一七二四）を作曲し、その後に二つの『クレオパトラ』が作曲された。一つ目はベルリオーズ作（一八二九）で、二番目はマスネの作品（一九一四）である。演劇界もふたたびクレオパトラに関心をよせた。一八九〇年、ヴィクトリアン・サルドゥーが書いた『クレオパトラ』の主役——男の運命を狂わす女——を名女優サラ・ベルナールが演じた。その八年後、バーナード・ショウがクレオパトラを軽薄で気まぐれな断髪の若い娘として描いたコメディ『ジュリアス・シーザーとクレオパトラ』が上演され、やがて映画化される。

クレオパトラを題材とする映画の先陣を切ったのは、ジョルジュ・メリエスの『クレオパトラ』（一八九九）であり、セシル・B・デミルがこれに続く（一九三四）が、いちばん有名なのはジョーゼフ・マンキーウィッツがメガホンをとった『クレオパトラ』（一九六三）である。クローデット・コルベール、ヴィヴィアン・リー、ソフィア・ローレン、エリザベス・テイラーといった人気女優たちは、打診されると喜んでクレオパトラを演じた。こうなると、クレオパトラはまちがいなく美女、というイメージは不動のものとなった。

画家たちも、この古代の大スターをあらゆる解釈で描くことを遠慮しなかった。ティエポロは、白い胸をさらけ出す妖艶なブロンド女として描いた。彼女の自害は、蛇が美しい女性の乳房の上でとぐろをまいている、というきわめて劇的で官能的な場面を描く口実となった。

広告界も、クレオパトラというアイコンを活用しない手はない、とのりだした。彼女の名前は煙草、香水、石鹸、イワシの缶詰、スティック糊、タイル洗浄剤だけでなく、あろうことか、尿漏れ対策製品にも使われた…

エジプトの最後の女性君主を、男をたぶらかすのが上手な女、と単純化するのは幼稚すぎる。彼女は自分の女としての魅力を利用したかもしれないが、それは明確な政治的目的があってのことだった。すなわち、エジプトの植民地化を避けつつローマと同盟関係を結ぶこと、国外勢力の助けをえながら自国民の支持を探ること、プトレマイオス朝が失った領土をすべてとりもどすことである。こうしたたくらみを、一時的とはいえ、クレオパトラは成功させたが、最後にはすべてを失い、自害に追い込まれた。

有名なファラオは後世にさまざまな建造物や宝物を残した。ピラミッド（クフ王）、寺院（ラムセス二世）、豪華な埋葬品（ツタンカーメン）等々だ。これに対して、クレオパトラが実現したものは、大多数が彼女を誹謗中傷する意図をもって書かれた伝承以外、ほとんどなにも残っていない。しかし、彼女の伝説は歴史に刻まれてとどまり、時間の経過とともに変容した。クレオパトラは、権力があるだけでなく、異性の心をとらえて離さない女性君主のイメージを後世に残した。

＊参考文献

Benoist-Méchin, Jacques, *Cléopâtre ou le rêve évanoui*, Paris, Tempus, 2010.

Cassius, Dion, *Histoire romaine*, Paris, Les Belles Lettres, s.d.

Chauveau, Michel, *L'Égypte au temps de Cléopâtre*, Paris, Hachette, « La Vie quotidienne », 1997.

Flammarion, Édith, *Cléopâtre, vie et mort d'un pharaon*, Paris, Gallimard, « Découvertes », 1993.

Plutarque, *Les Vies des hommes illustres*, tome II, Paris, Gallimard, « Bibliothèque de la Pléiade », 1937.

Sartre, Maurice, *Cléopâtre, Un rêve de puissance*, Paris, Tallandier, 2018.

2 ブルンヒルド（五四三〜六一三）

呪われた王妃

ブリュノ・デュメジル

ブルンヒルドの名前は、これをまだ記憶している人にとって、きめつきの悪評と結びついている。この名を耳にすると、野蛮な風習、愚かさ、飽くなき復讐心が西欧を支配していたとされるメロヴィング朝時代のどす黒いイメージがたちまち脳裏に浮かぶ。くわえて、王妃ブルンヒルドといえば、フレデグンドというもう一人の女性を連想せざるをえない。この二人の邪悪な女が引き起こした内戦は、六世紀の終わりから七世紀の初めにかけての時代を血で染めた、と言われる。彼女たちが生きていた時代から長い時間がたってから作られたこの黒い伝説を掘り起こし、盛んに吹聴したのはジュール・フェリー［共和主義、反教権を信念とした政治家。ナポレオン三世による第二帝政が普仏戦争でのフランス敗北で瓦解したのを受けて成立した第三共和制で活躍］の一派である。ブルンヒルドとフレデグンドは、第三共和制が恐れていたこと、すなわち女による公権力掌握と、フランス領土の「ゲルマン人」

による支配［普仏戦争の結果、アルザス・ロレーヌ地方はドイツに割譲された］の象徴であった。ゆえに、ドイツ風の名前をもつこの王妃を、暴力のみを手段として統治した外国人女だと糾弾するのは、フェリーたちにとって好都合だったのだ。

スペインの王女

ブルンヒルドは五四三年ごろに誕生した。両親は、スペイン南部に暮らすゴート族の高位貴族カップルであった。五世紀なかばから、西ゴート族はイベリア半島を支配して王国を築き、繁栄を謳歌していた。両親であるアタナギルドとゴイスヴィンタは、二人にとって二番目の娘である赤子にブルンヒルドという名前をつけた。古ドイツ語で「甲冑」を意味するBrunと、「闘い」を意味するHildeを組み合わせた名前とされるが、当時の西ゴート族が遠い先祖の言葉であるゲルマン系言語をまだ流暢に話していたかは定かではない。ブルンヒルド［フランスではブリュヌオーとよばれる］は地中海文化が浸透した貴族社会で暮らし、ローマ文明を受け継ぐ高い教育を受けることができた。彼女が書簡をやり取りした相手はだれひとりとして、ブルンヒルドを無知で野蛮な女と見なしていなかったし、まして や「ゲルマン女」扱いすることなど考えもしなかった。そもそも、ゲルマン人という呼称は六世紀にはほぼ忘れられていた。今日まで伝わっている手紙類は、非常にレベルが高いラテン語で書かれている。おそらく、彼女が意向を伝えるのに使っていたおもな言葉はラテン語だったのだろう。

五三一年より、スペインの西ゴート王国にはもはや安定した王家が存在せず、王座を狙うクーデターが頻発していた。ピレネー以北に住むフランク族は、そうした状況を嘲笑し、「ゴート病」ゆえに、イベリアの住民は自分たちの国王の首をときどきすげかえざるをえない、と噂していた。五五四年、ブルンヒルドの父親もこの「ゴート病」に罹患した。アタナギルドは東ローマ帝国のユスティニアヌス一世帝の支援を受け、アギラ王を倒し、自分が王座に就いた。ただし、その代償は重いものであった。カルタヘナからマラガにかけての長い沿岸地帯に東ローマ帝国の軍隊が駐留するのを認めざるを得なかったのだ。五六〇年の初め、アタナギルドは、この駐留は東ローマ帝国によるイベリア半島全体の再征服のための第一段階かもしれない、と気付いたようだ。東ローマ帝国に対抗するための同盟関係を求めたアタナギルドは、ピレネーの向こうのフランク人王国と接触した。五六六年頃、彼は娘のブルンヒルドをシギベルト一世のもとに嫁(とつ)がせることを受け入れた。

王女ブルンヒルドを迎えに首都トレドにおもむいたシギベルト一世の大使が書いた何通かの手紙が残っている。凝りに凝ったラテン語をあやつるこの大使は、手紙に「Gogo」と署名している。ゴゴとはおそらく偽名であろう。ブルンヒルドは、その後一五年ほど側近として自分を支えることになるゴゴを通してヨーロッパの地政学を学んだ。当時のフランク人の王国は広大で、ピレネーからザクセン、ブルターニュ、さらにはヴェネト地方までに及んでいた。権力を掌握しているのはたった一つの一族だった。クロヴィス王の子孫であるこの一族の王朝はやがてメロヴィングとよばれる。[1] このように王朝は安定していたが、国土の分割は避けられず、分割相続や地政学上の必要性にこたえて分王国が発生した。五六六年、ブルンヒルドは東方のフランク人の王、シギベルト一世と結婚することになった。この分王国は、シャンパーニュ、オーヴェルニュ、ラインラント、アレマニア［現ドイツの南西部」、テューリンゲン、バイエルンをふくんでおり、この頃にはアウストラシア（「東方の土地」を意味する）とよばれはじめていた。だが、シギベルトの兄と弟も分王国を統治していた。兄のグントラムはローヌ川とソーヌ川の流域を中心とするブルグンドを、弟のキルペリクはパリ盆地に相応するネウストリアを支配していたのだ。

シギベルト一世は、メロヴィング王家の兄弟のなかで自分が最強である、と自負していた。五六六年春、ブルンヒルドとの婚礼が盛大に祝われた。シギベルトの宮廷はこの祝典にイタリアの詩人、ウェナンティウス・フォルトゥナトゥスを招き、ギリシア・ローマ時代にさかのぼる祝婚歌の長い伝統に従い、新郎新婦を称える詩を作らせた。フォルトゥナトゥスは、花嫁の輝くばかりの美しさをたたえた…立場上、ほめたたえる以外の選択肢は考えられない！　ブルンヒルドのどのような容貌の持ち主であったのか、わたしたちには知るよしもない。中世初期には、肖像画を描く習慣はなかったからだ。結婚にあたり、ブルンヒルドはフランク人の宗教に帰依した。西ゴート人は、イエス・キリストは三位のうちで父なる神よりも下位にある、と考えていた「アウリス派の教義」のに対して、メロヴィング朝にとっては、父なる神とイエス・キリストは同等であった「ニカイア派の教義」。穏健なアリウス派の教義の中で育ったブルンヒルドは、ニカイア派のカトリックとなったのだ。夫シギベルトは大満足で、これを記念して新たな詩を作らせた。それからというもの王妃ブルンヒルドは、ガリアで信仰されている聖人たち、なかでも四世紀末に亡くなった偉大な修道僧でトゥール司教となったマルティヌスを篤くうやまった。信仰面で西ゴート族の伝統から離れたブルンヒルドは母親のゴイスヴィンタと手紙のやり取りは続けたものの、彼女とイベリア半島との絆は弱いものとなった。

フランク人の国王の妻

婚礼の翌日、ブルンヒルドは夫シギベルト一世から多くの贈り物を受け取った。これは、万が一未亡人になっても暮らしに困らないための一種の寡婦資産、モルゲンガーベであった。高価な宝石も衣装もふくまれていたが、主体は、ランス、ケルン、メスを中心とする、アウストラシア各地に散らばる数多くの領地であった。こうした資産をブルンヒルドは直接所有し、管理をまかせる行政官は自身で選ぶことができた。その後、ブルンヒルドが領地の交換や取得を実行したことが分かっている。彼女は領地管理に関心をいだき、どうすべきかを心得ていたのだ。

シギベルトは妻を大いに尊重していたようだ。多分、兄や弟がこれまで娶ったのが身分の低い女であったのに対して、ブルンヒルドは外国の姫君だったからだろう。ただし、分かっているかぎり、シギベルトは妻に政治的な責任を一つも託さなかった。そもそも、メロヴィング朝の王妃に求められる主要な「資質」は多産であった。もしブルンヒルドがこどもを産まなければ、簡単に離縁されていただろう。しかし、彼女はこどもを三人産むことができた。二人の女児、イングンドとクロドスヴィントと、五七〇年に生まれた男児、キルデベルト二世である。男子の後継者を生んだことで、ブルンヒルドの重みはぐんとました。宮廷における彼女の影響力は高まり、それなりの数の者に恩義を売って支持者集団を構築できるようになった。彼女が五七三年に、威光あるトゥール司教にオーヴェルニュ地方出身の聖職者を指名したことは知られている。トゥールのグレゴリウスと呼ばれることになるこの司教は、ブルンヒルドの忠実なプロパガンディストとなる。[2] 彼女はまた、年老いたパリ司教のゲルマヌスといった、ガリアの聖職者複数とも親交を結んだ。

シギベルト一世とイベリアの王女との結婚は、フランク人たちの小さな世界にとって挑発であった。悔しさに地団太（じだんだ）を踏んだ弟、ネウストリア王キルペリクは、ブルンヒルドの姉、ガルスヴィントとの結婚を望み、アタナギルド王と交渉した。承諾してもらう代償として、キルペリクは、ボルドー、リモージュ、カオール、ベアルン、ビゴールの都市からなる莫大（ばくだい）な価値のモルゲンガーベをガルスヴィントにあたえること、妾たちと縁を切ることを約束せねばならなかった。キルペリクはおそらく、その見返りとして、西ゴート王国を引き継ぐことを期待していたのだろう。というのも、アタナギルド王には男児の後継者がいなかったからだ。しかし、キルペリクの思惑はあっさりとはずれた。アタナギルドが五六八年に亡くなると、未亡人となったゴイスヴィンタは同年のうちにレオヴィギルドという貴族と再婚し、亡夫の王座は新たな夫の手に渡った。その一方で、ガルスヴィントは夫にないがしろにされたと感じて離婚を求め、モルゲンガーベとして贈られたアキテーヌ地方の五都市が自分の所領であり続けるのは当然のことである、と主張した。やがて、ガルスヴィントが寝台で死亡しているのが発見された。キルペリクに命じられた部下が絞殺したと思われる。キルペリクは葬儀で盛んに涙を流したが、以前より関係があった妾の一人、フレデグンドとさっさと再婚した。

亡くなったガルスヴィントのモルゲンガーベはどうなるのだろうか？　五都市はキルペリクが回収するのだろうか？　ガルスヴィントを殺したのはキルペリクだと思われるのに…。ふたたび西ゴート王国の王妃となった母親ゴイスヴィンタが相続するのだろうか？　妹のブルンヒルド、すなわちアウストラシアの王妃が引き継ぐのだろうか？　ネウストリア王妃ガルスヴィントの非業の死に動揺することなく、アウストラシアの宮廷はじっくり時間をかけてプロパガンダを展開し、ガルスヴィントの仇を討つべきだ、と貴族たちを説得した。例えば、ブルンヒルドの取り巻きは、ガンスヴィントの死を悼む哀歌を作った。一見したところ何の他意もなさそうだが、古典文学の知識がある者が読めばその政治的意図は明らかだった。クラウディアヌス［ホノリウス帝に仕えた四世紀の詩人］の叙事詩『プロセルピナの誘拐（ゆうかい）』を下敷きにし、地母神ケレスの娘プロセルピナを誘拐した冥界の神ハデスをキルペリクに重ね合わせていたのだ！　ブルンヒルドには姉の仇をうち、彼女のモルゲンガーベを引き継ぐ権利がある、と有力貴族たちが納得したので、行動に出ることが可能となった。ガルスヴィントの死から約五年後、シギベルトは、義理の姉の仇を討たねばならないと確信した、と宣言した。兄であるブルグンド王グントラムの支持をとりつけたシギベルトは、弟キルペリクに対して容赦ない戦いを始めた。ブルンヒルドもひかえめな形で夫の企て（くわだ）にくわわった。略奪されるよりはアウストラシアに併合されることを願う都市からの嘆願を受けつける役を演じたのだ。要するに、国王が戦争を指揮する一方で、和平のために尽力する、という王妃に求められる役割を果たしたことになる。

未亡人かつ王太后

二五歳になるまでブルンヒルドは、子どもを産む、公（おおやけ）の行事等に姿を現して王権を代表する、仲介役を演じる、というフランク人王妃の通常の役割を果たすことで満足していた。ところが、例外的な状況が出立(しゅったつ)して、メロヴィング朝政治の舞台にのぼることになる。五七五年秋、トゥルネ攻囲戦で窮地に立たされたキルペリクはひそかに刺客を送ってシギベルト一世を暗殺した。このような事態が起こるとはだれも予測していなかった。勝利が確実と思われていたアウストラシアは国王不在となって混乱し、アウストラシアが構築した軍事同盟は数週間で瓦解した。数人の大貴族が五歳のキルデベルト二世をなんとか救出し、東部に避難させた。だが母親のブルンヒルドは潰走(かいそう)の混乱の中で見捨てられた。彼女はパリで義弟キルペリクの捕虜となり、財宝を奪われ、ルーアン司教プラエテクスタトゥスの監視下におかれた。

　プラエテクスタトゥスは、キルペリクの息子の一人、メロヴィクの代父でもあった。キルペリクの初婚の妻を母とするメロヴィク王子は、ガルスヴィント殺害後に妾から王妃になりあがったフレデグンドが男児を産めば自分は廃嫡(はいちゃく)されるのではと恐れていた。ブルンヒルドは戦術家としての才能を発揮し、メロヴィクの求婚を受け入れ、プラエテクスタトゥスはこの結婚を祝福した。この電撃的結婚はクーデターの様相を呈しだした。事態を知らされたキルペリクはただちに介入した。軍隊を引き連れてルーアンに到着すると、メロヴィクを修道院に閉じ込め、プラエテクスタトゥスを司教の座から解任した。他方、ブルンヒルドは短期間だが自由の身になっていた時期に、息子キルデベルト二世を養育していたゴゴをはじめとする、アウストラシアの有力者たちと連絡を取ることができた。ブルンヒルドはもはやアウストラシアの国内でも国外でもなんの影響力もない、と判断したキルペリクは面倒をさけるためにも彼女を解放した。

　五七六年にアウストラシアに戻るやいなやブルンヒルドは、心ならずも引き受けたメロヴィクの妻の役割を放棄した。だから、幽閉されていた修道院から脱走したメロヴィクに手を差し伸べることはなかった。だれからも見捨てられ、父親の軍勢に追いつめられたメロヴィクは五七七年に自害した。ふたたび寡婦となったブルンヒルドは、幼いキルデベルト二世の王太后として政治にかかわる、と決めた。そこで、友人のゴゴ、シャンパーニュ公ルプス、ランス司教アエギディウス、および何名かの重要人物をメンバーとする摂政会議に出席するようになった。だが、摂政会議に自分の権威を認めさせることはできなかったので、国外の文通相手のネットワークを活用して自分の有用性をアピールした。たとえば、五七六年に、彼女は長女イングンドをスペインの西ゴート国王レオヴィギルドの公認後継者であるヘルメネギルド王子に嫁がせることに成功し、外交上の大金星をあげた。この結婚は教会法に抵触していた。父王レオヴィギルドが再婚した相手は、ブルンヒルドの母ゴイスヴィンタであるから、教会の観点からすればイングンドとヘルメネギルドは結婚するには近親すぎた。くわえて、イングンドがカトリック教徒であるのに対して、ヘルメネギルド王子は異端のアリウス派であった。批判の声を黙らせるため、ブルンヒルドはこの婚礼の栄誉を称える賛辞を作らせた。その後、ヘルメネギルドはカトリックに改宗するが、その裏にはブルンヒルドの働きかけがあったようだ。次いで、ヘルメネギルドが父王に対して反乱を起こしたときも、娘婿を陰から支援した。イングンドが男児を産むと、ある詩人がブルンヒルドを「ヨーロッパの祖母」とたたえた。

だが、アウストラシア国内ではブルンヒルドをとりまく状況はむずしさをました。ゴゴが五八一年に亡くなると、ブルンヒルド派の力は非常に弱まった。ランス司教アエギディウスに率いられた有力者グループがこの機をとらえ、摂政会議の支配権を奪おうとした。そこでブルンヒルドは自分の同盟者たちに加勢しようとのりだした。戦闘の場にも姿を現し、退却を余儀なくされたシャンパーニュ公ルプスを掩護した。そのおかげで、同公はぶじ、ブルグンド王のグントラムのところまで逃げのびることができた。その後も困難な年月が続き、ブルンヒルドは政務から遠ざけられた。しかし五八三年、ランス司教アエギディウスがあいついで失策を犯したのを好機とみて、彼女はアウストラシアの有力者複数を味方とし、彼らの忠誠心のおかげで摂政会議に復帰できた。ほんの数か月間で、彼女は摂政会議の支配権をにぎった。アエギディウスは政権から遠ざけられたが、司教座から追われることはなかった。どうやら、ブルンヒルドは派閥間の融和をはかり、無駄な暴力は避けようとしたようだ。この際に彼女はアエギディウスに外交上の使命をいくつか託している…きわめて困難な使命であったために――ブルンヒルドの思惑どおりに――失敗は避けられず、まだわずかに残っていたアエギディウスの威信はこなごなにくだけた。

アウストラシア王国の女主人

五八四年、ネウストリア王のキルペリクは、シェルの森で狩りをしている最中に暗殺された。その状況は謎につつまれている。誰が暗殺を命じたのかは不明である。ブルンヒルドはパリ近辺まで急行し、この町を占拠しようと試みた。数週間前にフレデグンド妃が産んだとされる、キルペリクの息子を確保することが目的だった。この赤子はまだ命名もされず、そもそもだれひとり、この児を見たことがなかった。ブルンヒルドは、フレデグンドが故王の忘れ形見と主張する乳児は、赤の他人のこどもである、と断じた。そうであるなら、ネウストリア王家にはもはや継承人がいないことになる。自分たちの王国の存続がおびやかされていると理解したネウストリアの有力者たちは、ブルンヒルドがパリに入城することを拒絶し、キルペリクの死を知ってやはり駆けつけたブルグンド王グントラムを頼った。グントラムは、弟キルペリクの遺児として紹介された赤子の後見人となることを承諾した。ただし、この児が成年に達するまで、ブルグンド王国がネウストリアを管理することが条件である。フレデグンドは、ルーアンに軟禁された。彼女の監視役は…亡夫キルペリクとひと悶着あったプラエテクスタトゥスであった。

こうしてブルンヒルドは、ネウストリア全土を掌握することはできなかったものの、ネウストリアの王権継承のゴタゴタを利用して、以前よりアウストラシアが領有権を主張していた複数の都市を併合することができた。くわえて、寝返ったネウストリアの有力者たちにアウストラシア宮廷のだれもうらやむ高位をあたえることと引きかえに、ソワソン地方も手に入れた。息子のキルデベルト二世は、フランク人の法に従えば成人となっていたが、政治への関心を失ったように思われた。ブルンヒルドは遠征軍の指揮を息子に託したが、それよりも期待したのは後継者を作ることだった。キルデベルト二世はこの使命を見事に果たし、テウデベルト二世が五八五年に、テウデリク二世が五八七年に生まれた。ネウストリアのフレデグンドから次々と送り込まれる刺客に命を狙われたブルンヒルドとブルグンド王グントラムは、五八七年にアンデロで公式に条約を結んだ。その結果、相続人がいないグントラムが、彼にとっては甥にあたるキルデベルト二世を正式に養子に迎えることが決まった。フレデグンドの息子には何の権利も認められなかった。

ブルンヒルドの権勢はさらに高まった。王国の女主人という彼女の地位を否定する声が貴族のあいだから上がることはなくなった。五八〇年代より、アウストラシアの外交書簡は一般的に、二部作成された。一部は王の名で、もう一部は王太后の名で作成されたのだ。アウストラシアと外交関係をもっている国々も、書簡を二部送って寄越した。一般的に、王太后宛ての書簡のほうが詳細な内容をふくんでいた。他国の王室や皇室も、実権をにぎっているのはブルンヒルドである、と承知していたのだ。

こうした書簡のおもなテーマはイタリアであった。東ローマ帝国は六世紀なかばに、昔からイタリアに居ついていた東ゴート族が作った王国を滅ぼし、イタリア半島に再び地歩を築いていた。しかし五六八年以降、おそらくはシギベルト一世の支援をえて、ゲルマン系のランゴバルド族が半島北部に進出した。ランゴバルド族のこの定着の結果として生まれた国家は、東ローマ帝国が支配するイタリアと、プロヴァンスからバイエルンにいたるまで円弧状に広がっているフランク族の領土の緩衝地帯となった。ブルンヒルドは現状維持を望んでいたようだ。弱体化したとはいえ、東ローマ帝国は直接的な介入や間接的な策動によって西欧での存在感を維持していた。たとえば、クロタール一世［グントラム、シギベルト一世、キルペリクの父親］の落し胤（だね）を自称するグンドヴァルドという策士がプロヴァンス地方で暴れまわり、ブルグンド王国に大きな被害をあたえたが、東ローマ帝国はこの詐称者に資金を与えて援助した。帝国の東部国境を脅かすサーサーン朝ペルシアとの戦いに手いっぱいだった東ローマ皇帝には、大規模な軍隊を送ってランゴバルド族を打ち破ることは不可能だった。そこで、フランク族が代わりにランゴバルト族を討ってくれることを望んだが、これはフランク族の利益に反していた。ブルンヒルドを意のままに従わせようとして、東ローマのマウリキウス帝（在位五八二～六〇二）はおどしという手段に出た。五八二年、皇帝の命をうけた者たちが、ブルンヒルドの長女イングンドとその息子アタナギルド二世を誘拐した。これら人質の価値は高かった。アタナギルド二世はトレドを主都とする西ゴート王国の後継者とみなされていたからだ。人質解放の条件としてマウリキウス帝は、軍隊を派遣してランゴバルド族を討つことをブルンヒルドに求めた。ブルンヒルドは自分の立場を弁明し、抵抗したが、従わざるをえなかった。しかしながら、彼女がイタリアに送り込んだ軍の規模は予定されていたよりも小さいうえ、先遣隊の将軍たちが待つ援軍の到着は理不尽なほど遅れた。これと並行して、ブルンヒルドの外交要員は秘密裏に敵と講和を結んだ。五九〇年、アウストラシア軍は主都パヴィーアにたてこもったランゴバルド国王を攻囲したが、攻囲はすぐさま解かれた。なぜ攻囲を解いたのかについてアウストラシアは弁明したが、怒った東ローマ帝国はそんな言い訳は信用に値しない、と一蹴した。

　外交面では、どちらつかずのブルンヒルドの巧妙な戦略は成果を上げた。東ローマ帝国にあからさまに背を向けることはしないものの、ランゴバルド王国の存続を助けることで、東ローマ支配下のイタリアと国境を接する、という面倒な事態は避けることができた。その成果としてやがて、ランゴバルド王国はフランク王国の朝貢（ちょうこう）国となることを受け入れた。これによってブルンヒルドが受け取ることになった貢物（みつぎもの）の価値は大きかった［毎年、ソリドゥス金貨一二〇〇〇枚］。その反面、ブルンヒルドが望んだ再会がかなわぬまま、娘は囚われの身で亡くなった。そこでブルンヒルドは、残った孫息子のぶじを願い、手紙を送ることでビザンティンの皇帝夫妻に慈悲を請うた。次のような一節がふくまれるこの手紙は、今日まで伝わっている。

わたしはすでに、娘を失いました。彼女がわたしに残したかわいい忘れ形見を失うことは耐えられません。わたしはすでに、わが子の死によって塗炭(とたん)の苦しみを味わっています。皇帝陛下、皇后陛下がわたしを憐れんでくださいますように。お二人の捕虜であるわたしの息子が早く戻ってきますように。わたしの苦しみをお察しください。あの子にはなん何の罪もないことをご理解ください。

残念ながら、コンスタンティノープルに留めおかれていたアタナギルド二世も亡くなる。五九〇年ごろだと思われる。この悲劇にもかかわらず、ブルンヒルドは同盟関係強化のために自分の家族を使いつづけた。たとえば六〇四年、ブルンヒルドの曾孫娘はランゴバルド王国の王太子と結婚するために故国を後にした。

アウストラシア国内でも、ブルンヒルドの狡猾に近い巧みな手腕はよく知られていたようだ。たと例えば五八五年、クラムネジンドという名の貴族がブルンヒルドによって裁かれることになった。アルコールが大量に消費された宴席で、この貴族は同じテーブルを囲んでいた者の一人の頭を鋸(のこぎり)で斬り落とした。シケールという名の犠牲者は賢くもなければ清廉(せいれん)でもなく、彼の死を心から悔やむ者はいなかったものの、この殺人事件はフランク人がなによりも恐れる、双方の血族が血で血を洗う復讐のサイクル、フェーデに発展する恐れがあった。ブルンヒルドは、被告クラムネジンドは素面(しらふ)のときは有能であることを知っていた。裁判において、彼女はクラムネジンドに、判決はきびしいものとなるだろう、と告げたのち、口実を設けて休廷とした。被告に逃走するチャンスをあたえるためだった。その結果、ブルンヒルドは被告欠席のままで有罪判決を言い渡すことができた。被害者シケールの家族はこの判決に満足した。クラムネジンドの財産は没収されたので国庫はうるおった。公爵一人の俸給を支払うのに十分なほどの金額だった。クラムネジンドはブルグンド王国に身を落ちつけた。数年後、彼はアウストラシアの宮廷に戻り、恩赦を受けた。くわえて、彼は王太后の忠臣となった。

この種のお目こぼしや融通は、六世紀の人々にとってなんの問題もなかった。真の意味で人を裁く権利があるのは神のみ、と考えていたからだ。現世において肝心なのは、社会の平和を維持することだ。クラムネジンド事件の扱いにおいて、ブルンヒルドはフェーデを未然に防いで公序を維持し、貴族階級に属する二つの血族の名誉を守り、有益な人物の命を救った。これ以上、何を望めよう？

ネウストリアでは、彼女の義理の妹であるフレデグンドが五八〇年代の終わりに小規模な自治王国を構築したが、ブルンヒルドと比べて粗暴であることで有名だった。ある日のこと、彼女はライバル関係にある二つの家族の仲裁を試みたが結果を出せなかった。それでは仕方ない、と考えた彼女は両家を自分の宮殿に招待した。全員が酔いつぶれるまで酒をふるまい、面倒を起こしている両家の首領の首を斧ではねた…。これとは反対に、ブルンヒルドは暴力を排しての統治につとめ、賞賛された。彼女も必要に応じていかがわしい人物を手先として使ったが、彼らは決して不手際をしでかさなかった。フレデグンドが送り込む間抜けな刺客とは大ちがいであった！　ただし、二人の王妃のこうしたちがいを額面通りに受けとめることは自重すべきだ。これを語っているのはトゥールのグレゴリウスだからだ。グレゴリウスが、ブルンヒルドのおかげでトゥール司教に任命され、五八〇年にはフレデグンドの怒りを買って解任されそうになった。こうした背景を考えると、グレゴリウスが公正な証人である、とは必ずしも言えないからだ。

栄光の頂点

五九二年、年老いたグントラムが（やっと）死んでくれた。彼はキルデベルト二世にブルグンド王国の全土を遺贈した。これによりブルンヒルドは、ロワール川の南をふくむ、北海から地中海にいたるまでの広大な領土に君臨することになった。ただし、老グントラムは生前に、代父となることでフレデグンドの息子をメロヴィング朝の嫡子だと認知していた。この児はクロタール二世と名づけられた。ブルンヒルドは、クロタール二世を物理的に排除しようとはせず、パリ盆地の東部やノルマンディーに留めおいた。この子とその母親フレデグンドは、有力貴族たちをおどすのに役立つからだ。五九二年、アウストラシアとブルグンドの有力者たちの連帯の必要性を説くのに、この母子の危険性が強調された。

五九五年、またもブルンヒルドの統治は家族の不幸でゆすぶられた。息子のキルデベルト二世が亡くなったのだ。公式には幼い遺児二人、すなわちブルンヒルドの孫が王国を分割統治することになった。テウデベルト二世がアウストラシアを、テウデリク二世がブルグンドを受け継いだ。しかしながら史料が示すところによると、ブルンヒルドは試練をのりこえた。七年間、彼女は幼い孫たちの名で二つの王国の摂政をつとめたのだ。メロヴィングの世界は一人の王太后の指揮下におかれたのだ。これは、メロヴィング朝の初代国王クロヴィスの寡婦で、やがて教会によって列聖されるクロティルドが五二〇年代に試みたが、果たせなかった偉業である。

自身の権力を正当化するため、ブルンヒルドは、盗み、殺人、強姦を罰する法律を公布させた。これらの法文には、安息日として日曜に仕事を休む義務、近親相姦の罪を犯した者の宮廷からの追放といった革新的な規定もふくまれている。こうした法律は、適用されることを前提としていたのか、美しい言辞にすぎなかったのかは分からない。いずれにしても、ブルンヒルドはローマ時代の伝統にもとづく公職制度の維持に腐心（ふしん）していたようだ。しかし、そのためには俸給を支払わねばならない。国庫が安定した税収を確保するために、彼女は地租台帳の見直しを命じた。内戦に乗じて富裕となった者たちに、資産の実額に比例した税金が課せられた。彼女はまた、部分的な納税免除や贈与といった形での一定の優遇措置を提案しつつも、例外なくだれもが税を負担する制度の利点を聖職者たちに説いた。いずれにせよ、フランク王国の教会はブルンヒルドの監督下におかれていた。クロヴィス以来のすべてのフランク人君主と同様に、自分の王国の司教を新たに指名する権限をもつのはブルンヒルドだった。

教皇との関係はどうなっていたのか。ローマ司教［教皇］は当初、ビザンティンのコントロール下にあったが、グレゴリウス一世（教皇在位五九〇～六〇四）以降、自律性を高め、西欧の国々における教会の統一に力を入れるようになってきた。ブルンヒルドとグレゴリウス一世が初めて接触をもったのは五九二年のことであり、一見したところ凡庸な事柄（ことがら）について交渉するためだった。教皇庁はプロヴァンス地方の複数個所に土地を所有していたのだが、地代がいっとき横どりされていた。教皇と良好な関係をとり結ぶため、ブルンヒルドは、行政長官やアルル司教による徴収を排して、地代は教皇庁に納入されるようにとりはかる、と約束した。それ以来、グレゴリウス一世との間に定期的に書簡が往き来するようになった。ブルンヒルドの宮廷の庇護のもと、教皇特使たちはフランク人の世界を自由に動きまわるようになった。グレゴリウス一世はさらに、大がかりな教会改革計画にのりだしてはどうか、とブルンヒルドに提案した。教皇庁は、司祭たちの事実上の妻帯、聖職の売買を禁じたいと思っていた[3]。これにかんしてブルンヒルドは、王権による裁判ですでに示したのと同様に、慎重な姿勢をみせた。多くの場合、彼女は強制よりは交渉を、断罪よりは許しを優先した。ソワソン司教が度を超えた酒好きであると知らされたときも、あえて目をつぶった。ただし、重罪を犯した聖職者は躊躇なく断罪した。たとえば、ヴィエンヌ司教のデシデリウスが女性信者から強姦で告発されると、解任した［一般に流布している説によると、同司教はブルンヒルドの言動を批判したために六〇三年に解任、追放され、六〇八年にブルンヒルドの命令によって殺された］。五九〇年にフランク王国にやって来たアイルランドの修道僧コルンバヌスも、不敬罪を問われて追放された。デシデリウスもコルンバヌスも政治的にブルンヒルドと対立していたために、ことさらにきびしい措置を受けたことはいなめない。

教皇グレゴリウス一世は、ブルンヒルドの宗教政策の成果に全体として満足していた。教皇はまた、アングロサクソンへのキリスト教布教という大事業を遂行するためにブルンヒルドの力を借りた。ケント国王のキリスト教帰依はカトリック教会だけでなく、メロヴィング朝にとっても大きな成果であった。これによりフランク王国は、地中海地域［イベリア、イタリア、東ローマ帝国等々］だけに限定された外交から脱して、イングランドにも目を向けることができるようになったからだ［ケント王国は五世紀から九世紀にかけて存続し、現在のケント州に相当する地域を支配していた］。最終的に、グレゴリウス一世は文通相手であるブルンヒルドの偉大なる栄光を躊躇することなくたたえた。

フランク王国の民は、その他のあらゆる国の民草よりも幸福だといえる。これ以上ないほどの恩恵をもたしてくれる、あのような王妃をいただくことができたのだから。

フレデグンドは五九七年に亡くなるが、その死は賛辞も批判もまきおこさなかった。ブルンヒルドとフレデグンドが実際に会ったことは一度もなかったと思われる。二人がライバルとして敵対していたことはほんとうであろうが、これを誇張すべきではない。二人は政治的に生きのびるために、こどもや孫を利用して敵対せざるをえなかったが、一九世紀の歴史家たちが唱えたように、「王家のフェーデ」だと決めつけることは事実に反する。個人的な激情は、人前で披露する言辞のモチーフの一つとなることがあるが、行動を引き起こす動機となることはまれだ。フレデグンドの息子、クロタール二世はブルンヒルドに対して個人的恨みをいだいていなかったようだ。両者が歩みよった時期に、ブルンヒルドの曾孫の一人の代父になることを引き受けているくらいだ。

六〇〇年の前後、ブルンヒルドはオータンとオセールにはさまれた地方――アウストラシアとブルグンドを統治するために地の利のよいこの地方に彼女は暮らしていた――の教会や修道院に多くの寄進をおこなった。おそらく、いつの日か、自身が創建した修道院の一つに隠棲して、メロヴィング朝の聖女の一人として人生を終えるつもりだったのだろう。

失墜

六〇二年から六〇四年にかけて、ブルンヒルドの波乱万丈の運命はまたも大きく動いた。アウストラシアとブルグンドの有力貴族たちは、一人の女性が二王国を同時に摂政として統治する、という体制への不満を高めていた。アウストラシアの貴族たちは、テウデベルト二世の若い王妃を味方につけて、王国の自主独立を求めた。危険を察知したブルンヒルドは、テウデベルト二世の弟、テウデリク二世に結婚せずに側女(そばめ)を置くほうが良い、と説得した。側女ならば妃とは違い、ブルンヒルドの影響力をそぐおそれがないからだ。側女との同棲を孫息子にすすめたことで、信仰篤いキリスト教徒として知られていたブルンヒルドに不道徳の疑いがかかった。自分の権力を安泰にするためにブルグンド王国の宮宰を愛人にした、とさえいわれた。じつのところ、フランク王国の宮宰たちはしだいに野心を強め、各地域の貴族階級の代表となっていた。名目上、彼らはたんなる公務員であったが、メロヴィング朝も彼らと妥協せざるをえなかったのだ。

二人の孫息子のどちらかを選ぶことを余儀なくされたブルンヒルドは、ブルグンド国王のテウデリク二世の宮廷に身をよせた。六〇四年ごろだと思われる。彼女はブルグンドの行政組織を改革し、税収増加を実現したが、その代償は臣民の不満の高まりであった。くわえて、彼女の側近や人脈を構成する修辞学者や法律家たちは年老いて時代遅れとみなされるようになってきた。この人脈に若く野心的な貴族をくわえようとしなかったのは悪手だった。彼らはそこで、テウデベルト二世もしくはクロタール二世のもとに走った。アルヌルフと、カロリング朝の始祖となるピピン一世もまさに、ブルンヒルドを見放して寝返った組である。とは言え、外交は年老いたブルンヒルドが才覚を発揮する分野でありつづけ、あらゆる手をつくしてブルグンド王国の強化につとめた。六一〇年ごろ、彼女はアウストラシア国王テウデベルト二世を孤立させることに成功し、敵を挟み撃ちするために、ドナウ流域の草原を本拠地とする遊牧民族のアヴァール人と同盟を結ぶことさえやってのけた。このような同盟締結にあっけにとられ、おぞましいと感じた、ブルガラヌスという名の西ゴート人王国伯爵が書いた手紙が残っている。三つのフランク王国の間の内戦に異教徒を引きずり込むことは、前代未聞の事態だったからだ。それでも、アヴァール人の支援を受けたテウデリク二世は六一二年にテウデベルト二世を打ち破り、アウストラシアとブルグンドはふたたび統一された。

六一三年、テウデリク二世は赤痢に罹患して急死する。そこで、ブルンヒルドは一番年上の曾孫、シギベルト二世を王位につけ、摂政としてふたたび権力をにぎる、という人生最後の賭けに出た。しかし、今回は、フランク王国の貴族の大半は、既成事実をつきつけられて事後承認することを拒絶した。テウデリク二世には四人の息子がいるというのに、たった一人を王位につけることは、長子相続の原則を採用したことを意味し、各地の貴族たちが好む分割相続の伝統の否定につながる。アウストラシアと、ブルグンド東部の有力者たちは、クロタール二世のほうがブルンヒルドよりも権威的でないと考え、前者の懐に飛び込んだ。そうした有力者の代表例がアルノルフとピピン一世である。ほんの数週間でシギベルト二世は敗北をきっした。だれからも見捨てられたブルンヒルドは自分に仕えた貴族たちの手で捕縛され、ネウストリア国王クロタール二世に引き渡された。
それまではセーヌ川下流域ののみを支配下に置いていたクロタール二世が、フランク王国を統一した。彼は、自分の側についた有力者たちの要望にこたえ、ソーヌ川右岸の村、ルネーヴ［ブルゴーニュ地方］で、年老いたブルンヒルドの裁判を開催した。死刑が宣告され、異例中の異例とよべるその執行は消えない記憶として歴史に刻まれた。愚かしい動物の代表とされる駱駝の背に乗せられ、列をなす兵士たちの間を引きまわされた挙句、ブルンヒルドが馬に縄で結びつけられると、馬は老王妃を引きずったまま全速力で疾走した。約七〇歳のブルンヒルドの殺され方は、東ローマ帝国の失墜した元皇帝や、西ゴート王国のクーデターに失敗した貴族を待っていた処刑に似ている。そのうえ、クロタール二世はブルンヒルドの遺骸を焼くことを命じた。おそらくは、彼女が聖女と見なされ遺骸が聖遺物として崇敬の対象となることを恐れたのだろう。ブルンヒルドと親しかった聖職者は数多くいただけに。

ブルンヒルド処刑後にクロタール二世と有力貴族にとって残っている仕事といえば、五六〇年代以降にフランク王国を襲ったトラブルの大部分について、責任を彼女に押しつける事だった。彼女に追放された聖コルンバヌスの弟子であるアイルランド出身修道僧たちと、ヴィエンヌを中心とするローヌ川流域地方の聖職者数名が、この仕事を引き受けた。西ゴート王のシセブト（六一二〜六二一）もブルンヒルドの記憶を汚すことに加担した。ブルンヒルドの母親ゴイスヴィンタとそのとりまき［アリウス派］を西ゴート王国から駆逐したのは、シセブトのような熱心なカトリック派だったからだろう。六六〇年代、フレデガリウスと称する年代記作者は、呪わしい女と見なされるようになったブルンヒルドの統治を罵倒し、国王たる者は女の意見に耳を貸してはならないと断じた…。この非難は、その当時、息子クロタール三世［在位六五七〜六七六］の名で長期にわたって摂政をつとめていたクロヴィス二世の寡婦、バティルド王太后に対する間接的な批判、という性格もおびていた。しかしながら、フランク王国における女性による権力行使はバティルドで終わらず、最後の試みが七一〇年代にみられた。宮宰ピピン二世の寡婦、プレクトルードが主要な国務を差配しようとのりだしたのだ［メロヴィング朝の実権はすでに、国王から宮宰の手に移っていた］。八〇〇年のキリスト生誕祭の朝、カール大帝［ピピン二世の庶子であるカール・マルテルの孫］が、ローマ皇帝として戴冠する。皇帝の称号をもつ者は不在である、それならば自分が帝位につく、という主張だった。東ローマ帝国の皇帝は？当時の東ローマ帝国を治めていたのは女帝エイレーネーであった。フランク人や西欧の人間にとって、女が王国や帝国の頂点に立つことなど問題外であり、バシリウス（東ローマ帝国における皇帝の呼び名）は不在だったのだ。

八三〇年ごろ、カロリング朝のある聖職者がブルンヒルド宛ての書簡を筆写したが、「王妃」を「王」に書き換えた。これほどの権力をもち、これほど明敏に権力を行使する人物は男性君主に違いない、それ以外はありえない、と考えたからだ。それが当時の共通認識だった。

◆原注

1　五世紀半ばに登場したこの王朝は、七五一年まで続く。
2　トゥールのグレゴリウス（五三九頃～五九三頃）は、六世紀のもっとも多作な著作者であった。とくに『フランク史』で名高いが、数多くの聖人伝や奇跡物語集も著し、星の動きにかんする論文も執筆している。
3　グレゴリウス一世以降、こうした逸脱は異端の一種だと考えられるようになった。やがてニコライ主義［聖職者独身制に反対する考え］や聖職売買として問題視される。

＊参考文献

Buhrer-Thierry, Geneviève, et Mériaux, Charles, *La France avant la France*, Paris, Belin, 2010.
Dumézil, Bruno, *La Reine Brunehaut*, Paris, Fayard, 2008.
Feffer, Laure-Charlotte, et Perin, Patrick, *Les Francs*, 2 volumes, Paris, Armand Colin, 1987.
Lebecq, Stéphane, *Les Origines franques*, V^{e}-IXe siècles, Paris, Seuil, 1990.
Le Jan, Régine, *Les Mérovingiens*, Paris, PUF, 2006.
Wood, Ian, *The Merovingian Kingdoms*, 450-751, Londres, Longman, 1994.

3 アリエノール・ダキテーヌ（一一二四～一二〇四）

権力と伝説

マルタン・オレル

アリエノール・ダキテーヌ（一一二四～一二〇四）が、中世のもっとも名高い王妃であることに異論の余地はない。これほどまでに有名なのは、凡庸とはほど遠い生涯を送ったからであると同時に、人々の集団的想像力が彼女をめぐって――時代によって、どす黒い、もしくは金色の――伝説を練り上げたためである。女性ながら権力者であった彼女は一生を通じて、父親から相続したアキテーヌ公領をみずから統治しようとつとめた。ときとして、再婚相手であるイングランド国王や初婚相手のフランス国王と対立しながらも。こうした強い意志と彼女が引き起こした緊張が、今日までアリエノール・ダキテーヌが人々の関心を引いてやまない大きな理由である。

彼女の八〇年という長い生涯と権力は、解きほぐすことができないほど錯綜した糸で結ばれている。女性であることは、二人の夫（ルイ七世とヘンリー二世）と二人の息子（獅子心王リチャードと欠地王ジョン）の国政への介入の妨げとなることは一切なかったうえ、妻および母であることがすべての王妃にあたえる影響力を行使し、夫や息子の決定の方向を変えようとした。彼女が手にしていた権力は、成文法の裏づけがほぼない、非公式なものであったと思われる。ただし、アリエノールが父親からアキテーヌ公領を相続することに法的な問題はなかった。そして未亡人になったことは彼女の権威をさらに高めた。

彼女は周囲に影響力を及ぼすことによって権力をえていたが、これは、彼女の個人としての魅力が大きかったということだろうか？　中世の専門家である筆者にとっても、この問いに答えることはむずかしい。一二世紀の年代記作者たちによる彼女の身体的特徴や心理の描写が型にはまったステレオタイプであり、実像に迫ることができないためだ。しかしながら、二人の同時代人が彼女の美貌をたたえている。一人目はヨークシャーの聖アウグスティヌス律修参事会員であったウィリアム・オヴ・ニューバラであり、「（奥手[おくて]であったルイ七世は）彼女のヴィーナスのような美しさ」ゆえに正気を失ってしまった」と嘆いている。二人目は、フランドル人で、やはりアウグスチヌス会修道士であったランベール・ド・ワトルローであり、彼女をperpulchra（「きわめて美しい」を意味するラテン語）と形容している。一方、ベネディクト会修道士のリチャード・オヴ・ディヴァイジスは彼女にあらゆる美徳を認め、「美しいが貞潔で、権勢がありながら慎み深く、謙虚でいて雄弁という、比類なき女性。女性がこれほどの美質をそなえているのは非常にまれである」と述べている。

いずれも型どおりのほめ言葉であるが、彼女の生涯を掘り下げた研究からわれわれがえる確信を裏づけてくれる。アリエノール・ダキテーヌには人々の心をとらえ、説得する能力があったことはまちがいなく、この能力は彼女が独自の政治を展開するのに役立ったのだ。

フランスの王権と十字軍遠征

一二世紀、結婚適齢期のアリエノールは、権力も権威も自己決定権ももっていなかった。父親が後見人として何もかも強制し、顧問団の意見をいれて娘の結婚相手を選ぶことになっていた。以上が、フランス国王と結婚するまでアリエノールがおかれていた状況であった。娘時代は、王侯の配偶者に求められる責任に見合った教養を身につけるため、文芸を中心とした教育を受けた。幼年時に、文字に親しむための手ほどきを授けてくれたのは母親のアエノール・ド・シャテルローであった。だが、母親は一一三〇年ごろに亡くなってしまう。ほぼ同時期に、唯一の男児であったギヨーム・エグレ［アリエノールの弟］も夭折する。そこで、女官や家庭教師が亡き母に替わって知識を授けた。弟の死によってアキテーヌ公領の相続人となった少女はラテン語を習得した。これにより、ラテン語が使われていたミサを理解し、聖務日課を唱えることができるようになった［カトリック教会のミサでは、一九六〇年代までラテン語が使われていた］。なお、当時は、すべての公文書、判決文、帳簿はラテン語で記されていた。

一一三七年四月九日——聖金曜日［キリストの復活日前の金曜日］であった——、父親のアキテーヌ公ギヨーム一〇世が、巡礼で訪れていたサンティアゴ・デ・コンポステーラで死去した。三八歳という若さでの父の死により、下には妹一人というアリエノールは一三歳［もしくは一四歳］でアキテーヌ公領を相続した。ピレネーからロワール川流域まで、大西洋から中央山脈まで、というアキテーヌは、キリスト教世界でもっとも広大でもっとも豊かな公領のひとつであった。父親は死の床で、長女をフランス国王ルイ六世の若い王子ルイに嫁がせることを提案した。王子は、次期国王に「指定」されていた。一一三一年一〇月二五日に教皇インノケンティウス二世によって父王の共同統治者として聖別され、戴冠していたのだ。

ルイ六世は、王家の支配をロワール川南部にまで広げることを可能とするこの縁談を受け入れた。ルイ王子は、騎士たちを従えた国王直臣や高位聖職者からなる大規模な隊列を引きつれて婚約者のもとを訪れた。騎士の数の多さはアキテーヌの領主たちに強烈な印象をあたえ、反逆に傾いていた彼らの熱気は一時的に鎮まった。インノケンティウス二世ではなく、ライバルであったアナクレトゥス二世（対立教皇）を支持したために、故ギヨーム一〇世がいっとき教会から破門されたことを理由として、ポワトゥー地方、ガスコーニュ地方、リムーザン地方の貴族たちは同公の権威を否定し、不穏な動きを見せていたのだ。

結婚式は一一三七年七月二五日の日曜、ボルドーのサン＝タンドレ大聖堂であげられた。この日は、キリストの一二使徒のひとり、聖ヤコブの記念日であった。なお、花嫁の父の遺骸はコンポステーラの教会内陣に葬られたばかりであった［サンティアゴ・デ・コンポステーラは聖ヤコブをまつる巡礼地］。婚礼行事のさなかに、アリエノールは王太子妃として戴冠した。一週間後の八月一日、五〇代だったルイ六世が死去した。その結果、ルイ王子は国王ルイ七世に、その妻はフランス王妃となった。次の日曜日、国王夫妻はポワティエにおもむき、おごそかな儀式によってルイ七世はアキテーヌ公の称号をえた。

パリの王宮でアリエノールが同居することになった義母、アデライード・ド・モーリエンヌは息子への影響力を行使していた。若いルイ七世が顧問として重用したサン＝ドゥニ修道院長のシュジェは自著『ルイ七世伝』のなかで、息子と母親の間に起こった確執（かくしつ）に言及している。この親子げんかの主たる原因は、夫を懐柔（かいじゅう）して国政に介入しようとしていたアリエノールだったと思われる。いずれにしても、アキテーヌ公領に駐留する国王軍の増強は、王妃に影響力があったことを示している。とくに興味深いのは、シュジェが伝える一一三八年春のポワティエ反乱鎮圧軍事作戦である。市民が、ポワティエは伯領から離脱して自由都市となった、と宣言していたからだ「アキテーヌ公はポワティエ伯でもあった」。ルイ七世はこの機に乗じて、自分に逆らって軍事行動を起こした領主が住む、ポワトゥー南部のタルモン城を奪取した。国王夫妻は次に、代々のアキテーヌ公の支配が名目上だけにとどまっていたオーヴェルニュ地方に向かい、国王は同地の伯爵、副伯、城主たちから臣従礼を受けた。一一四一年、国王は、ポワティエ大聖堂参事会とアキテーヌ司教団の反対にもかかわらず、自分が推す候補者がポワティエ司教に指名されるよう強制した。さらに、リモージュ副伯領の相続をめぐる争いにも介入した。次に、妻アリエノールが父親の故アキテーヌ公に続いて「フェリパ（一〇七三～一一一八、アリエノールの祖母）から都市トゥールーズの所有権を相続している」と主張していることを背景に、トゥールーズ伯に戦闘を仕掛けたが、これは失敗に終わる。

遠征から戻った国王夫妻は、アリエノールの妹であり、姉に何か起こればアキテーヌ公領を相続する可能性があるアリックス＝ペトロニーユの結婚相手を決めた。国王の血縁で、王家家令（もしくは国王軍指揮官）のラウル・ド・ヴェルマンドワである。この縁組は、政治的に二つの利点があった。第一に、アリックス＝ペトロニーユがアキテーヌの大領主と結婚し、新郎がアキテーヌ公領の所有権を主張するような事態を避けることができるからだ。第二に、アリエノールがこどもを産まずに死去した場合、アリックス＝ペトロニーユがアキテーヌ公領を相続するが、夫が国王の忠臣であれば王家はアキテーヌをコントロール下に置き続けることができるからだ。問題は、ラウールには約二〇年前からアリエノール・ド・ブロワという妻がいることだった。この障害をとり除くため、ラン、ノワイヨン、サンリスの司教が、ラウールとアリエノール・ド・ブロワが近親である、という理由で二人の結婚は無効、と認めた。

婚家を追われたアリエノール・ド・ブロワの兄である、強大なブロワ・シャンパーニュ伯ティボー四世は、この離縁は自分の家門の名誉を傷つけるものだとして憤慨した。そこで、数か月前から司教の指名に口を出しているルイ七世に腹を立てていた教皇インノケンティウス二世に働きかけ、ルイ七世を破門してもらった。一一四二年に、王家とブロワ・シャンパーニュ伯家は熾烈な戦いを展開した。この戦争の有名なエピソードは、ルイ七世とその配下が火を放ったことにより、ヴィトリ＝アン＝ペルトワの教会内に避難していた数多くの住民が焼死した悲劇である。一一四三年九月にインノケンティウス二世が死去したことで、ようやく和平交渉が可能となった。宗教界を超える威信と影響力をもっていたクレルヴォーのベルナール（聖ベルナルドゥス）[1]は、この和平に大きな役割を果たす。聖ベルナルドゥス伝の一つによると、アリエノールはこの折に、わたくしが国王のこどもを授かることができるよう神に祈ってください、とベルナールに頼んだ。数か月後、長女マリーが誕生する。

同時代人であり、名前が明かされていない一人のプレモントレ会律修司祭が、前述のヴィトリ＝アン＝ペルトワの住民多数を死にいたらしめたことにルイ七世は激しく動揺し、エルサレム巡礼によって罪を贖いたいと思った、と伝えている。一一四四年一二月二四日、エデッサとその広い伯領［エデッサ伯国］――一〇九八年に建国された、最初の十字軍国家の一つ――がムスリム勢の攻撃によって陥落したことを受け、一一四五年二月に教皇に選出されたエウゲニウス三世は十字軍遠征を呼びかける決意を固めた。かつてシトー会クレルヴォー修道院で修練士としてベルナール［聖ベルナルドゥス］の指導を受けた教皇は、ベルナールに十字軍遠征を唱道するよう依頼した。比類ない説教家であったベルナールは、一一四六年の復活祭の日、ヴェズレーにおいて、ルイ七世が先導する大勢の信徒を前にして十字軍の必要性を説いた。ルイ七世はただちに、十字軍遠征に出ることを誓約した。アリエノールも夫に同行することになる。

フランス国王ルイ七世と神聖ローマ皇帝コンラート三世の軍隊がハンガリーを通過した。一一四七年一〇月初頭、フランス国王夫妻はコンスタンティノープルで、東ローマ帝国皇帝マヌエル一世コムネノスと面会したが、後者は前者が期待していたほど協力的ではなかった。東ローマ帝国は、聖地に十字軍公国をいくつも誕生させた西欧に不信感をつのらせていた。なにしろ、これらの公国は東ローマ帝国に帰順するどころか、競争相手のようにふるまっていたからだ。ルイ七世の軍隊はアナトリアに進出したが、一一四八年一月にカドモス山の戦いでムスリム勢に大敗をきっした。国王の側近たちはこの敗北の責任を、王妃と近い関係にあるポワトゥーの大領主、ジョフロワ・ド・ランコンに負わせた。生き延びた者たちはアリエノールの父方の叔父、レイモンが一五年ほど前から統治している都市、アンティオキアに逃げのびた。アンティオキア滞在中、ルイ七世とレイモンはどのような戦略をとるべきかで意見が合わず口論となった。前者は、ダマスカスを攻略すべきだ、と主張した。現地の事情に詳しい後者は、ダマスカスはしばしば十字軍国家側についているので敵対するのは得策ではない、むしろ、シリア北部に防衛圏を築くためにアレッポを征服すべきだと反駁(はんばく)した。アリエノールが叔父の味方をしたので、夫婦の関係は悪くなった。ダマスカス攻囲戦が短期間で失敗したことが、レイモンが正しかったことを証明しただけになおさらだった。今回の十字軍遠征は領土拡張を一切もたらすことなく、大きな物的損害と多くの死者を出した。サヴォワ伯とトゥールーズ伯も戦死した。自前の兵力だけで戦うことを余儀なくされたレイモンは数か月後、ヌールッディーン・マフムードが率いるムスリム勢と戦って捕らえられ、処刑される…

一一四九年一〇月、帰還の旅の途中でルイ七世とアリエノールはローマの近くで、教皇エウゲニウス三世と会った。教皇は二人の仲を修復しようとつとめた。数か月後、王妃は次女のアリックスを産んだ。当時イングランドで起こっていたような王権をめぐる内戦[2]を避けるためにも、王家の存続に必要な男児が誕生することを期待していたルイ七世は、妻を離縁することを決意した（そしてコンスタンス・ド・カスティーユと再婚するが、彼女も二人の女児を産んだのちに一一六〇年死去する）。一一五二年三月二一日、王領の司教たちがボージャンシーに集まって公会議を開き、ルイ七世とアリエノールが近親であるゆえに結婚は無効である、と宣言した。約三〇年後、イングランドの年代記作者たちが強調するところによると、アリエノールはルイ七世を面白味のない夫だと感じ、「国王というよりも修道僧と結婚した」と思っていた。アリエノールは娘二人の養育権を失い、ルイ七世は手もとに置いた彼女たちを、敵対していたブロワ・シャンパーニュ伯ティボー四世の二人の息子に嫁がせることで積年の不和を過去のものとする。すなわち、長女マリーはアンリ一世・ド・シャンパーニュと、次女アリックスはティボー五世・ド・ブロワと結婚する。ルイ七世自身は、二番目の妻と死別後、ティボー四世の娘であるアデール・ド・シャンパーニュと結婚する。アデールはやがて、ルイ七世の跡継ぎとなるフィリップ（尊厳王フィリップ）を産む。むろんのこと、アリエノールはこうした政略結婚にいっさいかかわることができなかった。だが、国王に離縁され、娘たちと生き別れになり、失意の底にいたと思われていたアリエノールは、再浮上して人々をあっと言わせることになる。

出産と反逆

一一五二年五月一八日、フランス国王との離婚からたった二か月後、アリエノールはポワティエ大聖堂で、フランスのノルマンディー公およびアンジュー伯でもある、イングランドのプランタジネット朝ヘンリー二世と結婚した。花婿は花嫁よりも九歳年下だった。二人が初めて出会ったのは前年の夏であり、場所はパリだったと思われる。ヘンリーはその時、ノルマンディーとポワトゥーにおける戦闘に終止符を打つための交渉のために上京した父ジョフロワ五世（美男公）に同行にしていた「ヘンリーのフランスでの呼び名はアンリ。美男公の妻、すなわちヘンリー二世の母親は、イングランド国王へンリー一世の長女マティルダ」。ヘンリーとアリエノールの結婚により、ノルマンディーとアンジューにアキテーヌがくわわり、複数の公領と伯領からなる、プランタジネット朝に属する広大な領地がフランス王国内に成立した。この「プランタジネット帝国」にはやがて、イングランドとアイルランドの大部分がくわわることになる［プランタジネットはヘンリー二世の父親、ジョフロワ五世の綽名。帽子にジェネ（エニシダ）の枝を挿して（プラント）していたことによる。ヘンリー二世が、母親の従兄であるイングランド国王スティーヴンの後継者となって始まる王朝はプランタジネット朝とよばれる。ヘンリー二世はイングランド国王でありながら、フランスではフランス国王に臣従する形となる］。
一一五三年一一月六日、イングランド国王スティーヴンとヘンリー二世とのあいだに結ばれたウォリングフォード協定により、王位をめぐっての内戦に終止符が打たれ、ヘンリー二世の母親であるマティルダ［元神聖ローマ帝国皇后で、ジョフロワ五世と再婚してヘンリー二世を生んだ。スティーヴン王はマティルダの従兄］のイングランドにかんする権利が認められた。スティーヴン王の死からまもない一一五四年一二月一九日、ヘンリー二世はウェストミンスター寺院で戴冠した。妻のアリエノールはふたたび王妃の称号をえた…

一一五三年から、彼女が四二歳になる一一六六年にかけて、アリエノールは六人の男児と三人の女児を産む。彼女はこどもたちの教育に目を配り、しばしば旅行に同行させた。むろんのこと、乳母たちが授乳や育児を手伝った。男児は家庭教師に託され、文武両道を学んだ。こうした家庭教師のうちでもっとも有名なのが、同時代のもっとも優れた碩学たちと交流のあったトマス・ベケット、および、「世界一の騎士」との名声をほしいままにし、やがてイングランド摂政となるウィリアム・マーシャルである。最後の二人のこども、ジョーンとジョン〔仏名はそれぞれ、ジャンヌとジャン〕は、フランスのトゥレーヌ地方、アンジュー地方、ポワトゥー地方の境にあるフォントヴロー修道院に預けられ、教育は修道女たちにまかされた。三人の娘は威光ならびなき夫を得て遠くに嫁いだが、母娘の強い絆は途切れることがなかった。ザクセン・バイエルン公のハインリヒ獅子公に嫁いだ長女マティルダは一一八二年から一一八五年にかけて、神聖ローマ皇帝フリードリヒ一世（バルバロッサ）に追放された夫とともにノルマンディーおよびイングランドで亡命生活を送る。より悲劇的な運命をたどったのは末娘ジョーンである。シチリア国王に嫁いだが寡婦となり、トゥールーズ伯と再婚したが、夫の不在中に領主の反乱に直面して命からがら逃げ延びて母と再会する。だが妊娠中の身での逃避行で衰弱したため、一一九九年九月にお産の床で死去し、フォントヴローに葬られる。一二〇〇年、アリエノールはカスティーリャまで足を運び、アルフォンソ八世の妃となった次女エレノア〔仏語での呼び名は母と同じアリエノール〕と再会した。アルフォンソ八世とエレノアの娘の一人、ブランカ〔仏語での呼び名はブランシュ〕はやがてフランス国王ルイ八世の妃となる。フィリップ尊厳王〔ルイ七世の息子〕の側近の一人であるアンドレアヌス・カペラヌスには『愛について』という韻文による著作があり、そのなかで、アリエノール、アリエノールとルイ七世の間に生まれたマリー（シャンパーニュ伯アンリ一世妃）、ルイ七世の三番目の妃アデール・ド・シャンパーニュ等の高貴な女性たちが「愛を維持するにはどうすべきか」という疑問に答える、との設定で宮廷風恋愛論を展開した。フィクションであるものの、アリエノールとマリーが「愛の法廷」で審判官をつとめ、無作法な恋人たちを罰する、という描写は、母と長女の絆が途切れなかったこと、二人とも詩歌を愛好していた、という事実を反映している。

同時代人は、アリエノールは文学や芸術に傾倒していた、と伝えている。これは、彼女と二番目の夫ヘンリー二世との共通項であった。ヘンリー二世が父から引き継いだアンジュー家が標榜していたモットーの一つは「無教養な王とは、冠を戴いた驢馬（ろば）である！」となる（フランスのカペー王朝が無教養である、というあてこすり）。現在、ハーグのオランダ国立図書館に保管されている、一二世紀末にパリで制作された彩色装飾の詩編入り典礼書は、アリエノールが自身の祈祷用に発注した可能性が高い。フォントヴォーに用意した自分の墓を飾るため、彼女はトゥファ［石灰土］製の多彩色横臥彫像［故人の彫像］を発注したが、祈祷書を手にした姿で、と指定している。時祷書を手にした女性の横臥彫像は中世末期から近世にかけてきわめてポピュラーなものとなるが、知られているかぎり、アリエノールのそれが第一号である。

前述したとおり、アリエノールはラテン語に慣れ親しんでいた。彼女の書簡はラテン語で記されている。秘書たちが最終的に文面を整えたことは確かであるが。彼女が書簡を交わした相手のうちには、教皇や、ドイツの神秘家および薬草学者として有名な女子修道院長ヒルデガルト・フォン・ビンゲンがふくまれる。アリエノールはまた、シチリアでギリシア語からラテン語に翻訳された産科概論『クレオパトラの閨室（けいしつ）』を献呈された。このようにラテン語を使いこなしたアリエノールではあったが、フランス語での読み書きのほうが楽であった。オック語［ロワール川以南で話されていた古い仏語］もしくはオイル語［ロワール川以北で話されていた古い仏語］を用いた複数の著作者たちが、自著を彼女に献呈している。リムーザン地方のトルバドゥール［吟遊詩人］ベルナール・ド・ヴァンタドゥール、ノルマンディー系イングランド人の動物学者フィリップ・ド・タン［ノルマンディー公がドーヴァー海峡を渡ってイングランドを征服して以来、多くのノルマンディー人がイングランドに渡った。彼らの多くはフランス語話者であった］、聖人伝を著したバーキング女子修道院の修道女、歴史家のヴァースとブノワ・ド・サント＝モールである。

再婚後の一〇回に近い妊娠・出産にもかかわらず、アリエノールは政治にかかわり、年下の夫、ヘンリー二世の決定に影響をあたえた。そして、広大なプランタジネット帝国のなかをたえず往き来する夫に同行した。そして、しばしば反逆をくわだてるアキテーヌの領主たちと戦うよう夫の背中を押した。一一五九年の夏にヘンリー二世がトゥールーズ攻囲を試みたのもその一例であるが、これは失敗に終わった。ルイ七世がヘンリー二世よりも先に、トゥールーズの城壁内に入ったからだ。なお、ルイ七世は一八年前にすでに、当時妃だったアリエノールにそそのかされてトゥールーズ攻囲を経験していた…

大法官トマス・ベケットも一一五九年の遠征に参加し、華々しい活躍を見せた。三年後の一一六二年六月、ベケットは聖職者となり、カンタベリー首座司教聖堂の大司教に叙階される。これを機にベケットは大転換をとげ、イングランドの教会の自律性を王権の介入から護るために戦う決意を固めた。それまで友人であった国王ヘンリー二世は、ベケットにとって最悪の敵となった。ベケットに近い知識人たちは、国王とベケット大司教の関係が悪化した一因はアリエノールの夫への悪しき影響である、と見なした。長男のヘンリー王子［ウィリアムという兄がいたが夭折した］が一一七〇年六月にヨーク大司教によって聖別され、戴冠したのは王妃アリエノールの要求によるものだった。国王との対立が激しくなったために一一六四年に自主的にイングランドを去って大陸にいたベケット——家庭教師をつとめたベケットをヘンリー王子は尊敬して慕っていた——を無視した行為だった。それから間もない七月に国王とベケットの和解が成立して、ベケットはカンタベリーに戻った。だが同じ年の一二月二九日、晩課の典礼のために集まった大勢の信徒と聖職者の目の前で、ベケットは大聖堂内陣において、ヘンリー二世に仕える四人の騎士によって暗殺された。ベケットは殉教者となり、ヘンリー二世は公開懺悔（ざんげ）を実行することを余儀なくされ、君主としてのイメージは地におちた。このような威信の低下は、ヘンリー二世の敵方——プランタジネット帝国の領主のあいだでは、ヘンリー二世の中央集権的、権威主義的な手法を嫌う者が多かった——の抵抗の気運を高めた。

アリエノールとヘンリーの末息子ジョンは、一一六六年のキリスト生誕祭のころに生まれた。以降、夫妻はしだいに疎遠（そえん）となる。王妃は四〇代となり、夫はなかば公然と、若いロザモンド・クロフォードを愛人としていた。アリエノールはフランスのポワティエに居をかまえ、息子リチャードがアキテーヌ公領統治という難事に立ち向かえるようにおぜんだてし、一一七一年にポワティエのサン＝ティレール大聖堂とリモージュのサン＝マルシアル修道院でリチャードのアキテーヌ公爵即位の壮麗な祭礼を挙行させた。二年後、息子たち（即位して共同統治者となったものの父親から実権をあたえられなかったヘンリー、リチャード、ブルターニュ公ジェフリー）が父ヘンリー二世に対して起こした反乱では、アリエノールも一役も二役も買う。息子たちは、それまで領地をもっていなかった末息子ジョン（これがジョンの名（な）、「欠地」の由来である）のを気の毒に思ったヘンリー二世が自分たちの相続分を削ってジョンに与えたこと、および父親が自分たちの権利や財産を細かに管理していることに不満を抱いていた。父ヘンリー二世に反旗をひるがえした息子たちは、ルイ七世による軍事支援を期待していた。ルイ七世と二番目の妻コンスタンス・ド・カスティーユとのあいだに生まれた娘マルグリットは王太子ヘンリーの妃であった。

ヘンリー二世に近い聖職者たちは、アリエノールが父親に反旗を翻すよう息子たちをたきつけた、と見なしていた。その一人、カンタベリーのジャーヴァス［仏語ではジェルヴェ］は次のように記している。

> すべては、彼女の奸計と入れ知恵によって準備された、と言われた。じつのところ、彼女は高貴な家に生まれたきわめて思慮深い女性だが、情緒不安定だった。

モンサンミシェル大修道院長、ロベール・ド・トリニは、反逆者リストの冒頭にアリエノールをおき、彼女の名前をもじった言葉遊びに興じている。

> このようにして、アリエノールと息子たち、すなわちポワトゥー伯リチャード、ブルターニュ伯ジェフリー、ヘンリー王［イングランドの共同統治者として若ヘンリー王と呼ばれる］は、s'aliénèrent［サリエネール、離反した］。

ルーアン大司教のトロルー・ド・ウォリックは『コリントの信徒への手紙』と『エフェソの信徒へ

の手紙』「いずれも新約聖書に含まれている」の注釈にことよせて、アリエノールに夫であり主人であるヘンリー二世に従うよう求めた。

あなたの夫と、わたしたちの主のもとに戻りなさい。

回心せよ…

アリエノールの悪評は、上の三人の息子（一一七三年当時、それぞれ一八歳、一五歳、一四歳であった）への彼女の影響力というよりもむしろ、彼女が女性であることを理由としていた。女性である以上、権力にかかわることをみずからに戒めるべきであるし、それ以上に、夫の妻に対する「正当な」優位をおびやかすことなどとんでもない、と非難されたのだ。

春になると、アリエノールがことに愛するポワトゥー地方では、ヘンリー二世に忠誠をつくす者たちに歯むかって武力蜂起する領主の数がふえた。イングランドの北部と中央部でも同じ動きがあり、レスター伯、チェスター伯、ノーフォーク伯がスコットランド国王に加勢を求めた。ルイ七世とフランドル伯は、若ヘンリー王とブルターニュ公ジェフリーとともにノルマンディーに侵攻した。しかしながらヘンリー二世はエネルギッシュに反撃し、大規模な傭兵部隊を編成して侵略者たちを押し戻し、ポワトゥーを支配下においた。冬に入ると、男装してパリに逃（のが）れようとしていたアリエノールが、ヘンリー二世の配下に捕らえられ、シノン城に幽閉された［その後、イングランドに移される］。

翌年の春、戦闘が再開した。リチャードはポワトゥーで反乱を起こし、ルイ七世とフランドル伯フィリップ一世はルーアンを攻囲した。しかしながらヘンリー二世はイングランドに留まっていた。そして七月一三日、アニック（ノーサンバーランド北部）の戦いで、ヘンリー二世の騎士の一団が奇襲によってスコットランド国王を捕らえた。この勝利は決定的な意味をもち、ルーアンの攻囲を解かせることにつながった。ルイ七世はヘンリー二世との和睦を受け入れた。九月二八日、まだ唯一抵抗を続けていたリチャードが降伏し、父ヘンリー二世に臣従を捧げた。ヘンリー二世がリチャードに特に命じたのは、アキテーヌの反逆者たち――彼らは少し前までリチャードの同盟者であった――を父の名で討つことだった。そのころソールスベリーに幽閉されていたアリエノールは、お気に入りの息子で、アキテーヌ公領を継がせるための政治教育を施していたリチャードの敗北を知って心を痛めた。

一一七五年一〇月、ヘンリー二世はアリエノールとの離婚を教会から認めてもらおうと動き出した。理由として、アリエノールは五親等の近親である、と主張した。なお、アリエノールとルイ七世との離婚でも、同じ理由が使われた。しかし、イングランドに派遣された教皇特使はヘンリー二世に拒絶の意を伝えた。一一八三年六月、またもや父に反逆してリムーザンで蜂起した若ヘンリー王が夏風邪にかかって急死する。そこでヘンリー二世は、リチャードに共同統治をもちかけた。ただし、末っ子ジョンにアキテーヌ公領を譲ることが条件であった。リチャードはこれに応じず、父側に就いた弟ジョンとのあいだに戦争が起こり、少しのあいだ続いた。一一八六年八月二一日、もう一人の弟ジェフリー［フランスではブルターニュ公ジョフロワと呼ばれる］がパリで馬上槍試合の最中に事故死した。寡婦となったブルターニュ女公は、一一八七年三月にアルチュール［英語名はアーサー］を産み落とす。リチャードはそのころ、一一八〇年九月に父ルイ七世の跡を継いでフランスの新王となったフィリップ尊厳王と接近し、父ヘンリー二世とまたも戦いをまじえた。今回、ヘンリー二世はだれからも見放され、一一八九年七月六日にシノンで死去する。リチャードは同じ年の九月三日、ウェストミンスター寺院でイングランド王として戴冠する。彼が国王リチャード一世として初めに断行したことの一つは、六五歳となっていた母の解放であった。年代記作者たちによると、アリエノールは感謝のしるしとして、数多くのイングランド人捕虜を解放した。

権力ある寡婦

一一九〇年、アリエノールは、一一八七年末にサラディン［イスラーム王朝であるアイユーブ朝の始祖］に征服されたエルサレム奪還のための十字軍遠征準備に忙しい息子リチャードを結婚させようと奔走(ほんそう)した。彼女が息子の相手として白羽の矢を立てたのは、政情不安定なガスコーニュ地方と国境を接しているナバラ王国の国王サンチョ六世の娘、ベレンガリアであった。アキテーヌ公領の最南端を監視下におくために、ナバラ王国と同盟関係を築くことにはかりしれない価値があった。王太后アリエノールに率いられた花嫁一行はアルプスを越え、ロンバルディアのロディで神聖ローマ皇帝ハインリヒ［一一八九年に父フリードリヒ一世が亡くなってから実質的に皇帝であったが、戴冠は一一九一年四月］に歓迎され、一一九一年三月三〇日にメッシーナに到着した［リチャードは十字軍遠征の途上、シチリア島に寄っていた］。

ナバラ王女がリチャード一世の妃に選ばれたことに、フランスのフィリップ尊厳王は不満をつのらせた。異母姉アデール［アデールの母親はルイ七世の二番目の妃。フィリップの母は三番目の妃］が幼少期よりリチャードと婚約していたからだ。数か月前に妃を亡くしたフィリップ尊厳王自身は、リチャードの妹ジョーン（シチリア国王グリエルモ二世と結婚したが、寡婦となったばかりであった）との結婚を望んでいた。リチャード一世は妹をフランス国王に嫁がせることを拒否した。フランスのカペー王朝がシチリアに進出して地中海に地歩を築くことをおそれたからだ。ヘンリー二世との争いでは同盟を組んだリチャードとフィリップの仲は、以上の二つの結婚話にかんする意見不一致によって険悪となった。アリエノールは息子リチャードをナバラのベレンガリアと結婚させたことで、フランス国王とイングランド国王の熾烈なライバル関係の原因を作ってしまった、といえよう。

一一九一年四月、アリエノールはノルマンディーに戻った。同年の夏、リチャード一世とフィリップ尊厳王の十字軍の聖地への到着により、エルサレム王国の都市アッコはムスリム勢から早々に奪還された。フィリップ尊厳王は、これで自分の使命は達成されたと考え、病気を理由に聖地を後にした。帰国後、リチャードの末弟ジョンの臣従を受けた。ジョンは、自分が兄からイングランド王位を奪うことに協力してくれるのであれば、ノルマンディーをフィリップ尊厳王に譲る、と約束した。一方のリチャードは聖地にとどまり、ムスリム勢相手に奮戦し、パレスティナ沿岸地方におけるキリスト教徒の安全を確保した。彼はサラディンと休戦を交渉し、自分の妹ジョーンとサラディンの弟との結婚まで提案した［ジョーンの拒絶にあって、この結婚話は頓挫した］。そうこうするうちに、弟ジョンの裏切りを知ったリチャードは帰国を急ぎ、一一九二年一〇月に乗船した。道を急ぐリチャードは、変装してオーストリアを通過している最中に、アッコ攻囲戦でひと悶着あったオーストリア公レオポルトの配下に捕らえられた「レオポルトもフィリップ尊厳王と同様に、アッコ攻囲戦が終わるとすぐさま帰国していた」。リチャードの身柄はその後、神聖ローマ皇帝ハインリヒ六世（バルバロッサとよばれたフリードリヒの息子で、一一九一年に父の跡を継いだ）に引き渡される。皇帝はリチャード解放の条件として莫大な身代金を要求した。フィリップ尊厳王とジョンは、リチャードのドイツ抑留（よくりゅう）を長引かせるために、競って工作活動を展開した。

アリエノールはじっとしていなかった。プランタジネット帝国のジグソーパズルを構成する重要ピースであるノルマンディーとイングランドをうむことなく駆けめぐり、聖俗双方の重要人物と面会して、リチャード側につくよう説得し、息子の解放のためにあらゆる手をつくした。教皇ケレスティヌス三世（一一九一年三月に就任）に声涙（せいるい）ともにくだる書簡を送り、十字軍兵士もしくは聖地巡礼者として教会法にもとづく資格をもつ息子リチャードには教皇庁から保護される権利があるのではないでしょうか、と訴えた。彼女は自分を「神の怒りにふれたイングランド妃、ノルマンディー公妃、アンジュー伯妃であり、不幸な母であるアリエノール」とよび、息子を思う母親の苦しみを強調し、「（自分を苛（さいな）む）心労の激しさ」や「狂気に近い、いやます悲しみ」を吐露した。手紙というジャンルは誇張的な文体に傾きがちなことは確かだが、アリエノールがここで描写する苦悩はいつわりではなかった。しかも、政治的に動いて息子を助けようとする確固たる意志に裏付けされていた。彼女は、ジョンになびこうとせずにリチャードに忠実な領主たちの支持をえるために各地を駆けまわるだけでなく、イングランド王家の数年分の収入に相当する身代金をかき集めることに全力を傾注した。一一九四年二月四日、彼女の頑張りと献身が実を結んだ。ついに、身代金、複数の人質、神聖ローマ皇帝へのイングランド王の（不本意ながらの）臣従という代償を支払うことで、彼女はついに息子をとりもどした。

春になると、リチャードと母はイングランドに戻った。ノッティンガムで二人は忠臣たちと会議を開いた。ウィンチェスター大聖堂で、リチャードは自分の王冠を聖遺物として公開する儀式を挙行した。アリエノールはこの時も息子につきそっていた。リチャードがリジュー［ノルマンディー］でジョンと再会し、弟に許しをあたえたときも、アリエノールは同席した。七〇歳となった彼女は、統治にかかわる一切の仕事から身を引くことを決めた。フォントヴロー村に隠棲し、自分がこれまで一貫して支援してきた女子修道院で聖務日課に授かる日々を送ることになった。ヘンリー二世はここに埋葬されていたので、アリエノールは亡き夫の墓を守ることに心をくだいた。一一九九年九月、死の床で修道女になることを望んだ娘ジョーンをやはりここに葬った。その一方、リチャードはフィリップ尊厳王との戦いを有利に進め、自分がドイツで捕囚の身であったときに失った領地をすべて奪還した。だがリモージュ副伯の小さな城、シャリュの攻囲戦のさなか、弩（おおゆみ）から放たれた四角矢がリチャードの肩を直撃した。傷は壊疽となって悪化した。アリエノールは息子の枕辺に駆けつけた。一一九九年四月六日、まだ四〇歳そこそこの男盛りでリチャードは息を引き取った。彼もまたフォントヴローに葬られ、フォントヴロー修道院はアリエノールが墓守をつとめるプランタジネット朝の墓所となった。

リチャード王は死の間際に、弟ジョンを後継者に指名した。先に亡くなったブルターニュ公ジェフリーの忘れ形見で、アリエノールにとっては孫、リチャードにとっては甥であるアーサー［フランス名はアルテュール・ド・ブルターニュ］がイングランド王になる可能性をしりぞけるこの選択をアリエノールは推し、リチャードに決意をうながした。新王ジョン［欠地王ジョン］はさっそく、自分の権力を固めるためにイングランドとノルマンディーに向かった。疲れを知らぬアリエノールは、アーサー支持で固まったアンジュー地方へと進軍した。平民出身の指揮官で、これまでリチャードに忠実であったようにアリエノールに忠実なメルカディエが率いる傭兵部隊に同行したのだ。ジョン支持にまわってもらうため、アリエノールは自分の公国のなかでもっとも富裕な都市、ポワティエ、ニオール、ラ・ロシェルに自由都市としての権利をあたえた。そして、同じくポワトゥー地方で、強大なトゥアール副伯を自陣に引き入れることにも成功した。

新王ジョンはきわめて優秀な武人であった兄リチャードとは大ちがいで、プランタジネット朝のライバルであるフランス国王フィリップとの戦いで精彩を欠いた。なお、フィリップ尊厳王の収入は一一九〇年代に、行政組織と税制の整備によって顕著な伸びを示していた。パリは立派な要塞都市となり、人口でも経済活動でもプランタジネット朝のフランスにおける中心地であるルーアン［ノルマンディー］を凌駕するにいたった。フィリップ尊厳王は、実家であるプランタジネット朝をないがしろにしてフランス王家のカペー朝になびく傾向にあったブルターニュ公ジェフリーの遺児、アーサー［アルテュール・ド・ブルターニュ］に加勢していた。フランスの宮廷で育てられたアーサーはまだ一二歳であり、フィリップ尊厳王にとってこの少年を意のままにあやつるのは容易だった。アリエノールはここでも外交の才能を大いに発揮し、フィリップ尊厳王の息子ルイと自分の血筋の一人との結婚を提案した。一一九九年から一二〇〇年にかけての冬、彼女はカスティーリャにおもむき、王妃である娘［母親と同じ名前で、仏語ではアリエノール、英語ではエレノア、スペイン語ではレオノールと呼から戻った。プランタジネット朝のフランス国内領土に対するフランス王家の宗主権を認めることで、ジョン王とフィリップ尊厳王の和睦をはかるル・グレ条約の調印（一二〇〇年年五月一八日）の直後、フランスの王太子ルイはブランカと華燭の典をあげる。

しかしながら平和は続かなかった。フィリップ尊厳王は一二〇二年の春、アングレーム伯領の相続人であるイザベル・タイユフェールをジョン王が拉致して結婚したことを口実として、和平条約を反故にした。イザベルはもともと、ラ・マルシュ地方の有力貴族であるユーグ・ド・リュジニャンの婚約者であり、ユーグとイザベルとの結婚によってラ・サントンジュ、ラングモワ、ラ・マルシュをふくむ広大な伯領が形成され、プランタジネット家の所領間を結ぶ連絡路が分断される恐れがあった。ジョン王はこれを防ぐためにイザベルを拉致させ、一二〇〇年に結婚したのだ。ユーグは自分の権利が侵害された、とフィリップ尊厳王に訴え出た。国王が主催する法廷は欠席裁判でフランス王国内にあるジョン王の全領地の没収を宣告した。

フィリップ尊厳王は、ジョン王の甥であるブルターニュ公アーサーを大将とする大軍をトゥレーヌ地方に結集させた。これに追われるようにして、アリエノールはフォントヴローを後にしてポワティエへと向かった。途中で、一行はミルボー城に避難することを余儀なくされ、たちまち孫息子アーサーの軍勢に攻囲されてしまった。村は敵の手に落ちたが、アリエノールは配下の者たちと城の主塔にこもって降伏を拒否した。しかし、彼女は使者を、メーヌ地方にいた息子のジョン王のもとに送ることができた。一二〇二年八月一日、ジョンはミルボーに急行して敵軍を破り、甥のアーサー、ユーグ・ド・リュジニャンのほか、ポワトゥーの大貴族たちを捕虜とした。ほぼ八〇歳であったアリエノールの気丈と頑（かたく）なまでの粘り強さが、この望外の勝利を引き寄せたことはまちがいない。

後世における人気回復

だが、ミルボーの戦いにおける勝利——ジョン王にとっては数少ない勝利の一つ——は線香花火のようなものだった。第一に、捕虜に対する情け容赦のない扱いにより、ジョンは人望を失ってしまった。なかでもまずかったのは、甥のアーサーを殺させたことだった。くわえて、大陸の軍事作戦を部下にまかせてイングランドに渡ってしまった。ジョン王の不在をついて、フィリップ尊厳王はヴェクサン地方［ルーアンから約二〇キロの仏北西部］に侵攻した。一二〇四年三月六日、フランス国王軍は、ノルマンディー公領の守りを固めるためにリチャード王が多額の資金を投入して建設したシャトー＝ガイヤール要塞を落とした。この悪い知らせは、フォントヴロ―に隠棲していたアリエノールの耳にもとどいたはずだ。心痛のためであろうか、彼女は同年の三月三一日、もしくは四月一日に亡くなる。複数の年代記が、彼女の死をそっけなく伝えている。そのうちの一つは、彼女が修道女として生涯を終えたことを強調している。

彼女は自分の人生の過ちを悔い改め、ついには善き最期を迎えた。

彼女の死から数週間で、ノルマンディー、アンジュー、ポワトゥーはフィリップ尊厳王に降伏した。

アリエノールの死は、彼女が構築と保全にあれほどつくしたプランタジネット帝国の崩壊とほぼ同時期に起こったのだ。

二度も王妃として戴冠したアリエノールの長い人生には、初めから最後まで、権力の印が刻まれていた。ルイ七世とヘンリー二世の妃として、彼女は夫に、それ以上に子女たちに影響力を行使することで、巧妙に統治に関与した。フランスとイングランドの国王軍のあいつぐアキテーヌ公領への介入は、彼女の影響力がいかに大きかったかを示している。アリエノールは先祖から受け継いだ公領の統治に熱意を燃やしていた。彼女はトゥールーズを打ち負かすことで公領をラングドックにも拡大しようと試みた。こうしたアキテーヌ公領に対する思い入れは、一一六五年ごろから始まる同地でのたびたびの長期滞在となって具現化する一方で、彼女は息子リチャードが自分の後継者として公領の統治者になれるように準備を整えた。一一七三年にアリエノールが息子たちの父への反逆を煽動したのは、彼女の権利をないがしろにしてアキテーヌに介入しようとするヘンリー二世の専制に対抗するためであり、それ以外のなにものでもない。

ヘンリー二世の死により、アリエノールは幽閉から解放されただけでなかった。寡婦になったことで、彼女の権限は大幅に強まった。彼女が関与していたことがあきらかな約二〇〇の憲章の約半分は、八〇年におよび彼女の長い生涯の最後の一五年間に集中的に作成されている。その数の多さは、中世において夫の死後に王太后として演じることができた役割の重要性を物語る。彼女の法的ステータスが強固となったのは、彼女がアキテーヌ女公として相続した財産だけでなく、寡婦資産――結婚にさいしてヘンリー二世が、自分の死後に何の制約もなく妻が権利を享受することができる財産として認めた資産や土地――のおかげである。息子リチャードとの非常に緊密な絆は、彼女の権限をいっそう強めた。さらに、リチャード王が十字軍遠征やドイツでの監禁により長期間にわたって不在だったことにより、アリエノールが前面に出るようになった。迷走していたジョンがリチャードの死後に新王として認知されたのも、アリエノールの威光があってのことだった。アリエノールの死が、末息子ジョンの軍事的敗北と政治的失策を速めたことは、統治にかんする彼女のノウハウがいかにすぐれていたかを逆説的に証明している。

彼女に批判的な同時代人たちの何人かは、アリエノールは多情で近親相姦をも犯した、と非難し、実の叔父のアンティオキア公レイモンや、のちに夫となるヘンリー二世の父であるジョフロワ五世美男公と愛人関係にあった、と誹謗中傷している。さらには、夫ヘンリー二世に反旗を翻したことでも後ろ指をさされ、ルイ七世に従っての十字軍遠征において女だてらに戦闘に参加した、とも批判された。こうした黒い伝説は、周囲にいた男性たちが恐れるほどアリエノールの権力が大きかったことを意味しているのではないだろうか？　男たちは、自分たちのフラストレーションを打ち消そうと躍起になり、彼女を痛罵したのではないだろうか？彼女の悪評は中世の終わりまで語り継がれ、ついには、彼女は絶世の美女であり、数かぎりない男性を虜にし、そのなかにはサラディンもふくまれていた……だが、アリエノールがルイ七世とともにパレスティナにいたころ、サラディンは九歳の少年であった――といったイメージが形成された。「暗黒の中世」をこきおろす機会を一つも逃そうとしなかった啓蒙時代も、アリエノールに対する同様の誹謗中傷を広めた。そしてフランス革命の男性中心主義はあろうことか、アリエノールをマリー・アントワネットの同類とみなした。一九世紀に入ると、歴史家ジュール・ミシュレが、アリエノールのことを「南仏の女のつねとして、情熱的で怨念のかたまり」と形容してくさした。愛国心をつのらせた他の歴史家たちも、当時の英仏ライバル関係を背景に、全アキテーヌをにくきイギリスに手わたした、とアリエノールを非難した。

以上の否定的なイメージが見直されるのは一九世紀の終わりからであり、まずは英米の初期フェミニストたちがアリエノールに好意をいだいた。ヴィクトリア朝の道徳観ゆえに、彼女たちは若いころアリエノールの短慮を断罪したが、しだいに成熟して男たちを前にしても一歩も引かない強い個性をもつようになったことを高く評価した。一九六五年、ベストセラーとなったレジーヌ・ペルヌーのアリエノール伝も、こうしたイメージを踏襲している。アリエノールの人気をさらに高めたのは、映画『冬のライオン』（一九六八）である。この映画のなかでアリエノールを演じてアカデミー賞主演女優賞を獲得したキャサリン・ヘプバーンは、アリエノールを大いに尊敬し、フォントヴローを訪れて彼女の横臥彫像を詣でた。こうした、全体として穏健なアリエノール像は近年になって、ニューエイジおよび急進的フェミニズムの影響を受けて大きく変化した。大衆小説に登場するアリエノールは、ときにはレスビアンであり、異教であるケルト信仰の魔術に精通し、重苦しい男性支配と抑圧的なキリスト教聖職者に反発する女性である。こうした時代錯誤的なアリエノールのアバターは、彼女自身というよりは現代社会を映し出す鏡である。現代でも、アリエノールには謎の部分が多いことに変わりはない。

◆原注

1　クレルヴォーのベルナルドゥス（一〇九〇～一一五三）は、シトー会修道士であり、中世の最も重要な宗教者の一人である。一一七四年に列聖される。

2　一一三五年に国王ヘンリー一世が亡くなると、元神聖ローマ皇后でアンジュー伯ジョフロワ五世と再婚したマティルダ［ヘンリー一世の長女。父の跡を継ぐはずだった弟はすでに亡くなっていた］と、彼女の従兄であるエティエンヌ・ド・ブロワ［イングランドでの呼び名はスティーヴン］がイングランドの王座を巡って約一五年間、争いを繰り広げた。エティエンヌがこの内戦の勝者［スティーヴン王］となったが、安定した和平を確保するため、マティルダの息子ヘンリー二世が自分の後継者となることを受け入れた。

＊参考文献

Aurell, Martin (dir.), *Aliénor d'Aquitaine*, Nantes, Conseil régional, 2004 (Revue 303, hors-série, 81).

Aurell, Martin, *Aliénor d'Aquitaine*, Paris, PUF, 2020.

Flori, Jean, *Aliénor d'Aquitaine, la reine insoumise*, Paris, Payot, 2004.

Hillion, Yannick, *Aliénor d'Aquitaine*, Paris, Ellipses, 2015.

Labande, Edmond-René, *Pour une image véridique d'Aliénor d'Aquitaine*, La Crèche, Geste, 2005 (1re éd.1952).

Turner, Ralph V., *Aliénor d'Aquitaine*, Paris, Fayard, 2011 (1re éd. 2009).

4 イサベル・ラ・カトリカ（一四五一〜一五〇四）

女王のなかの女王

ジョエル・シュヴェ

カスティーリャのイサベル一世は、ほんものの戦争指導者として長い後継者争いを勝ちぬいた末、西欧において、みずからの意志で王位にのぼった最初の女王となった。夫のアラゴン王フェルナンドとともに「カトリック両王」とよばれているにもかかわらず、歴史学では、この夫婦の弱点を女性的欠陥として彼女一人に帰したり、時代背景を無視して「カトリック」を理由に非難したりなど、不当に評価してきた。それでも今に変わらぬ人気を誇っているのは、レコンキスタ（再征服運動）と新大陸発見によって、スペインの国家的統一と世界の強国としての地位を体現する存在となったからだ。さらにいうと、イサベルはスペイン系のトラスタマラ朝最後の君主であり、スペインはその後、孫のカール五世やのちのブルボン朝の台頭により、外国王朝の手に移っていくのである。

内親王同士の王位争い

カスティーリャでは女子にも王位継承権が認められている。男子優位であることはまちがいないが、男子の相続人がいない場合、直系の女子のほうが傍系の男子より優先される。イサベルは一四五一年四月二二日、アビラに近いマドリガル・デ・ラス・アルタス・トーレスの宮殿で、カスティーリャ王フアン二世と二番目の妻ポルトガル王女イサベルの間に生まれた。出生時のイサベル内親王の継承順位は二番目だった。順位一位は一四二五年に父王の最初の妻、マリア・デ・アラゴンから生まれた異母兄エンリケである。一四五三年、弟のアルフォンソの誕生により彼女の順位は三番目となる。翌年にはエンリケ四世が即位し、彼の二番目の妻フアナ・デ・ポルトガルから一四六二年に娘フアナが誕生する。フアナはマドリッドのコルテス（身分制議会）によって正式な王位継承者と認められた。イサベルの即位の夢はついえたかに見えたが、エンリケ四世の最初の結婚が不成立となったことで、二度目の結婚にも疑念が生じた。夫婦には七年間子どもができず、王妃は夫の寵臣ベルトラン・ラ・クエバの愛人ではないかと噂された。当然、フアナの出自も疑われ、「ベルトラネーハ」[1]というあだ名でよばれるようになった。一四六四年、貴族連合はフアナの継承権を剥奪し、アルフォンソを後継者に指名するよう王に要求した。王は要求を受け入れたが、フアナが非嫡出であることは認めなかった。ことはそれだけでは終わらなかった。一四六五年、トレド大司教アルフォンソ・カリーリョが主導したアビラの笑劇という奇怪な儀式［王を模した人形の王冠を剥奪する儀式］により、エンリケ四世は象徴的に退位させられる。そして一四六八年のアルフォンソの死によって運命は反転し、トラスタマラ家の歴史上かつてない、異例の後継者争いが勃発した。イサベルとファナという二人の内親王がアストゥリアス公位[2]をめぐって対立したのである。

アビラ近郊に遠ざけられていたイサベルは、一一歳で異母兄のエンリケ四世によばれてセゴビアの宮廷に移る。真面目で意欲的でエネルギッシュな少女イサベルは、独学で乗馬を覚えたが、教育はおざなりで、修辞学と歴史（とくにその情熱と愛国心を敬愛していたジャンヌ・ダルクについて）を少々、そして入念な宗教教育、騎士道物語やムーア人と戦うキリスト教徒の武勇を称える書、刺繍などであり、ラテン語は学んでいなかった（即位後に学ぶ）。イサベルの美貌を正確に把握するのはむずかしい。当時の美の基準は現代と異なっているし、肖像画がほとんど残っていないためだ。肖像画の多くは即位後のもので、表情に乏しく、髪を二つに束ね、本を手にした姿である。いずれにせよ、白い肌、ブロンドの髪[3]、ランカスター家特有の青い瞳、ふくよかな体型から、かなりの美人だったようだ。非常に信心深い性格だが、陽気にダンスや歌を楽しむこともあった。彼女の最大の資質は沈黙、そして観察眼だ。有力貴族を従わせることができない弱い王、そして秘密の妊娠を隠そうと宮廷を抜け出す放埓な王妃、そんな時代を彼女は観察していた。イサベルはこれらすべてを政治的・道徳的教訓として、最大限に活かすことになる。だが当面は自分の考えや野望はおくびにも出さず、沈黙を守る。エンリケ四世がファナの継承権を剥奪せざるをえなくなった一件では、弟アルフォンソの継承権を支持したうえで、その死（毒殺の可能性がある）を受けて、初めて姪で名づけ子でもあるファナの非嫡出説を支持するのである。また賢明にも、エンリケ四世を不能ないし同性愛とする告発にも、王妃の不義に対する告発にも、立場を鮮明にはしなかった。あくまで、異母兄エンリケ四世とファナ・デ・ポルトガルとの再婚がいとこ同士であり、教皇の許可をえていないため無効であるという法的見解のみを主張した。その結果、二人の娘にあたるファナは私生児とみなされることになった。

一四六八年九月、トロス・デ・ギサンド修道院でエンリケ四世と会談したイサベルは、アストゥリアス女公の称号を手にする。そして二つの派閥［イサベル派とファナ派］が抗争の刃を研いでいる間に、彼女は自分の結婚を準備した…

矢束とくびきのはざまで

王女が夫を選ぶ習慣はなかった。イサベルは三歳のとき、アラゴン王ファン二世の幼い息子、フェルナンドと婚約していた[4]。その後、エンリケ四世は彼女の結婚相手として、ナバラ王太子やポルトガル王アフォンソ五世を推した。しかしアストゥリアス女公は自分の考えを貫き、アラゴン家との縁組みを復活させた。これは父王の意志を大切にしたからでも、まして会ったこともないフェルナンドを愛していたからでもなく、信頼できる味方を必要としていたからだ。アラゴン家のファン二世も彼女の意思を尊重したが、下心がなかったわけではない。強大な力をもつカスティーリャの助けをえて、カタルーニャの抵抗を押さえつけ、フランスからルシヨン地方をとりもどそうというわけだ。イベリア半島統一の第一歩となる両家統合の夢は、きわめて政治的なこの結婚の主たる動機でもあったが、イサベルは夫の臣下になるつもりはなかった。数奇な冒険的行為だったが、そこにはちょっとしたロマンスもあった。幽閉に近い形でオカーニャにいたイサベルは、弟アルフォンソの墓参りを口実にアビラへと向かう。バリャドリッドでアラゴン王の使者と密かに交渉し、既成事実を作って敵対勢力を出し抜こうと、フェルナンドの協力を求めた。フェルナンドは馬丁に変装してカスティーリャを横断し、一四六九年一〇月一四日夜、バリャドリードに到着した。そして四日後、数人の二流貴族の立ち会いのもとに二人は結婚した。二人はまたいとこだったが、トレド大司教がローマ教皇勅許を捏造した。イサベル一八歳、フェルナンド一七歳だったので、二人の代理としてスペイン王国を統治するのは自分と確信していた大司教は、教皇もお許しくださると信じた。後者に関して大司教は正しかったが、前者についてはとんだ見込みちがいだった。もっとも花婿フェルナンドは、さらにあてがはずれるのだが…

それから数か月、見通しはひどく暗く思われた。エンリケ四世は自分の承認なしに行われた妹の結婚は無効との法的根拠をもちだし、あらためて娘フアナの継承権を主張した。一四七一年春、イサベルは巧みにバランスをとり、エンリケ四世に忠誠を示しつつ、みずからの名誉と名声をも守ろうとした。彼女はこう書いている。

「聖女スザンナのように、黙っていれば自分の大義を損ない、発言すれば兄王の機嫌をそこねてしまいます」

有力貴族のメンドーサ家やカブレラ家（アンドレ・カブレラはユダヤ系で、セゴビアの総督兼財務総監、その妻ベアトリス・デ・ボバディーリャはイサベルの親友）は他の貴族もまきこんでエンリケと二人の間をとりもち、妥協を引き出そうとした。だが一四七四年一二月一二日夜、セゴビアでエンリケ王が死去すると、イサベルはもちまえの決断力を発揮する。フェルナンドの不在をものともせず、その日のうちにセゴビア市民の前で即位の宣誓をおこなう。翌日のエンリケ四世の葬儀を終えると、喪服を脱ぎ捨て、純白の毛皮のマントに宝冠姿で大聖堂に現れた。側近の一人であるグティエレス・デ・カルデナスが国王の裁きを象徴する抜き身の剣を振りかざし、徒歩で先導した。式典はトレド司教が司式したが、イサベルは自分の手で王冠を頭にいただいた。そしてカスティーリャの「女王にして所有者」という異例の称号を受け、フェルナンドは「正式な王配」と認められるにとどまった。

一四七五年一月二日、フェルナンドはセゴビアに到着し、夫としてではなく、トラスタマラ家の最も直系に近い男子相続人として、王の称号を要求した。[5] このことはカスティーリャの継承法、妻の正統性、そして一四七〇年に生まれた長女イサベルの正統性を否定することを意味した。この最初の深刻な対立は、一月一五日の「セゴビア合意」によって決着した。結婚にまつわる慣例をたくみに利用し、フェルナンドの名を王妃の名より前におき、王の称号も保証するが、紋章はカスティーリャがアラゴンの上に描かれることになった。さらに夫婦の肖像画ではイサベルが優先され、画面の右側ないし夫より前面に描かれ、時には夫よりも長身にさえ描かれるようになった。王は軍を指揮するが、軍民文民の役職は王妃が単独で任命し、法の執行や税の徴収は二人の連名でおこなわれた。こうして男性優位なアラゴン人の虚栄心も満たされ、カスティーリャ人の不信感も和らげられた。芸術的ともいうべき形式上の譲歩の背後には、「王位継承に紛争があってはならない！」という至上命令があった。夫婦が敵対すれば自分に利益があると考えていた人々は、ことごとく落胆した。二人は寝食をともにしたが、生活空間が性別によって分けられるスペインでは掟破りの行為だった。二人は離れているときも手紙をやりとりし、共同統治にいっさい第三者の介入を許さなかった！　じつのところ、フェルナンドは模範的な夫ではなかった。結婚前に二人の非嫡出子があり、結婚後も複数の子どもができたが、全員が教会か修道院に送られた。イサベルは目をつぶる道を選んだ。例外は同名の親友の姪にあたる名うての艶婦、ベアトリス・デ・ボバディーリャ・イ・オソリオで、女王の命令でカナリア諸島に流された。歴史学者エルナンド・デル・プルガール[6]は、それまでの治世との違いをこう要約している。

「ありがたいことにこの王と女王は、夫婦単位でも、別々でも、お気に入りの寵臣をつくらなかった。それまでは寵臣の存在が国内に造反や醜聞をもたらす原因になっていた。王のお気に入りは女王一人、そして女王のお気に入りは王一人である」

国王・女王の盾型共同紋章では、カスティーリャ、アラゴン、レオン、ナバラの紋章の下に二人の紋章が配されている。イサベルの紋章はラック[7]でたばねた矢束で結束と力を象徴し、フェルナンドの紋章は縄がほどけた軛（くびき）で、アレクサンドロス大王がゴルディアスの結び目を断ち切った故事を連想させる。この結び目にはさまざまな解釈がなされてきたが、現代風にいえば、当時の結婚風俗を皮肉って、結婚というゴルディアスの結び目を矢で断ち切る「強い女」の象徴という見方もできるかもしれない！　いずれにせよ、妻の知性と巧妙さ、夫の計算高さと狡猾さが一つになったうえに、互いへの賞賛と愛情が相まって、同時代の人々に「完璧なカップル」のイメージをあたえたのだ。

たいしたビラーゴ！

ビラーゴ（Virago）という言葉は、一七世紀以降、男まさりで傲慢な女性を揶揄する蔑称となった。しかし中世においては、神話や聖書、歴史に登場する、本来は男の美徳である勇猛さをそなえた女傑をさすのに使われていたのだ！　トレド大司教カリーリョをはじめ、父フアン二世や兄エンリケ四世に威厳がたりないことを嘆いていた人々が、イサベルの即位後は彼女の威光に異議を唱えはじめた。大司教はイサベルを「恩知らず」となじり、和解の申し出を断わり、彼女がアビラに入るなら自分は出ていくといい、だれかれかまわずこうくりかえした。

「この手にいだいた時には糸紡ぎに夢中の女の子だったのに。なんと、糸車に帰してやろう」

大司教のおどし文句が示すのは、女性の統治権を受け入れるどころか、想定することすら難しかったということだ。カスティーリャの歴代の女王たちは、女性の統治が法で認められていたにもかかわらず、こうした不信感に直面してきた。この不信感は、社会のあらゆる階層、あらゆる宗教宗派に共通する普遍的な女性蔑視にもとづくものだった。イサベルはそうした女王たちの歴史をよく知っていた。一一世紀のレオン・カスティーリャ女王ウラカ一世は、アラゴン王アルフォンソ一世武人王と結婚した。結婚の契約では、それぞれが相手の国の統治権をもつことが規定されていた。だがアルフォンソはウラカを追放・幽閉した。血みどろの内戦の末、ローマ教皇は二人の結婚の無効を宣言した。一三世紀には、アリエノール・ダキテーヌの孫娘にあたるカスティーリャ女王ベレンゲラ[8]も、同様の

「固定観念」の犠牲となった。彼女は息子を通じて「統治せずに統治」することで、みずからの正統性と王権の不可侵性を認めさせた。イサベルはこうした不幸な先輩たちを参考にした。当時はさまざまな文献が女王の理想像を描いていた。教会の教えが女性に勉学や公の場での発言を禁じ、慎み深さ、服従、敬虔、貞節を求めている一方で、君主には、指導力、弁舌、品格と威厳をたもつ義務、さらには慎重、節制、正義、不屈といった男性的美徳が絶対的条件として求められていた。この二つのあいだの矛盾を、女性君主はどう解決したらよいのだろうか？　このような理想を実現できるのは、男性的資質と女性的資質をあわせもつハイブリッドな女性、ビラーゴだけなのだ。

ファアナ支持派は、新たに侯爵となったビリェナ侯ディエゴ・ロペス・パチェコやトレド大司教らの後援を得て、まだ勝負をあきらめてはいなかった。イサベルは彼らとの戦いで弓矢を無駄にはできなかった。もっと危険な敵、すなわちポルトガル王が現れたからである。一四七五年五月二九日、アルフォンソ五世がイサベルの姪で一三歳のファアナと結婚し、ファアナのカスティーリャ王位継承権を主張したのだ。イサベルは義父のアラゴン王に口出しを強く戒め、夫が全面的にこの件に協力することを求めた。だがイサベルが反抗的な貴族たちと交渉し、宝石を売り払って軍資金を調達し、みずから馬にまたがって兵士たちを激励し、軍の先頭に立とうとさえしているのに、フェルナンドは動こうとしなかった。女王は激怒し、王は不機嫌になった。一四七五年にトロの包囲戦が失敗すると、女王は優柔不断な夫をなじった。王は憤慨してこう答えた。

「女性は決して満足しない。たとえ男性が気立てがよく、勇気があり、勤勉で寛大であっても。あなたの場合はとくにそうです。あなたを満足させる男は、この世に存在しないでしょう」

ポルトガルが撃退されると、カスティーリャではまだ反乱が収まっていないというのに、フェルナンドはフランスの脅威にさらされるカタルーニャへ去ってしまった。イサベルからは手紙が来なくなり、フェルナンドは騎士道物語さながらの言葉づかいで妻の怒りをしずめようとした。

「[…] いつの日にか、わたしたちは初恋の時代に戻りましょう […] そしてあなたを人殺しにしないために［あなたから便りがなければ、わたしは悲しみのあまり死んでしまい、あなたは私の死に責任を覚えることになりますから］、女王陛下はわたしに手紙を書き、どう過ごしているのかを知らせなければいけません」

二人が大っぴらに喧嘩をしたのは、これが最後である。抵抗勢力を破るまで、それから四年以上の歳月を要することになる。一四八五年まで講和が実現しなかったガリシア地方を除き、封建貴族たちは脅しと説得を受けて女王に恭順した。一四七九年、ポルトガルとのアルカソヴァス和平条約により、ポルトガルのアフォンソ五世とファナの結婚は不成立として破棄され、ファナは修道院に送られた。[9]

戦争中、イサベルは危険を顧みず戦地を縦横に駆け回った。一四七五年から一四七六年の冬に行われたブルゴスの攻防戦では、作戦の後方支援に徹し、馬で雪道を六日も駆け抜けてこの町の降伏引き渡しにも立ち会った。敵をふくめ、だれもがその勇敢さを賞賛した。多くの人は、か弱い身にこれほどの力が宿るとは想像もできず、神の手が働いたと考えた。また年代記作者のアロンソ・フロレスのように、宮廷的なレトリックでつじつま合わせをする者もいた。

「女性が戦争に関与すると、男はその女性に奉仕したいと願うものだ。その女性を崇拝する気持ちから、危険や苦難を進んで冒す気になるからだ」

人文学者のペドロ・マルティール・デ・アングレリアはこうほめちぎる。

「〔…〕この女性は最強の男性よりも強い〔…〕これまで女性とは異質であいいれないとされたもの、女性とは真逆とされたものが、まるでそれが自然であるかのように、彼女の中にかくも豊かに備えられているとしたら、賞賛せずにいられるだろうか」

カスティーリャのイサベル伝説は広がりつづけ、男であり女でもある女王の神秘的で神聖なイメージを作り上げた。

一四八二年以降、イサベルはイベリア半島におけるイスラム勢力最後の砦、グラナダ王国の征服に全身全霊を傾ける。[10] 一〇年にわたり、彼女はアンダルシア（ここで三女マリア・デ・アラゴンを出産）[11]とカスティーリャ（国事に勤しみ、コルテスに臨席し、宮廷の雑事も処理した）を行き来した。フランス、イギリス、ブルゴーニュの多くの騎士たちが、ローマ教皇が呼びかけた、この最後の十字軍に参加しようと馳せ参じた。フェルナンドが戦っている間、女王は野戦病院をつくり、貴族・聖職者・都市役人・商人と交渉し、高額にのぼる戦費、とくに近代的大砲をイタリア、フランス、ドイツから輸入するための費用を調達した。女王は宮廷や子供たち（イサベル[12]、ファナ[13]、後にはマリアとカタリナ[14]、さらに一二歳にしてグラナダの城壁下で騎士に叙された皇太子ファン[15]）を引き連れ、しばしば包囲戦にも参加した。一四九二年一月二日、イサベルとフェルナンドはグラナダの町の鍵を受け取る。泣きながら立ち去るボアブディル王［グラナダ最後の王ムハンマド一一世］に向かって、母親はこう叫んだ。「男として守れなかったものを、女のように泣いて惜しむがいい」。息子を叱責するこの言葉を、イサベルはさぞ心地よく聞いたことだろう。グラナダが陥落するまでシャツを替えないと誓ったという逸話[16]は事実ではないが、カトリック勝利のヒロインとしての女王のなみはずれたオーラを物語るものだ。王妃の死後二五年以上経ってから、バルダッサーレ・カスティリオーネは『廷臣の書』（一五二八年）でこう証言している。

「（中略）輝かしいグラナダ王国征服の栄誉は、彼女一人に帰すべきかもしれない。かくも長く困難な戦争において［…］彼女はつねに決断力と人間性によって多くの美徳を示したので、今日の王侯の中にも、彼女を模倣するどころか、羨望の念を抱くことすらできる者はいないだろう」

トレド大聖堂の多数の浮彫り彫刻に見られる、王をさしおいて先頭に立つ騎上の女王の姿はイサベルの果敢さを称えているが、当時の年代記作者たちは模範的な妻、母としてのイメージをも喧伝した。とくに出産時にみせた自制心や、声ひとつ発しない意志の強さを賞賛している。また跡継ぎだけでなく、娘たちにも自分が受けた以上の教育を施そうとしたことも、たぐいまれなこととほめそやされた。

それでも彼らがなによりたたえたのは、その信仰の強さである。女王の告解師エルナンド・デ・タラベラ[17]は厳格なことで知られていた。初対面の際、タラベラは慣わしに従って椅子を降りることなく、女王の前にひざまづかなかった。女王が驚くと、告解師はぴしゃりと答えた。

「わたしは腰かけるが、あなたはひざまづきなさい。あなたは今、神の法廷に立っており、わたしは神の代理人なのだから」

これを聞いたイサベルは「あなたこそ、わたしが求めていた告解師です」と言ったという。

女王の優先順位は明快だった。なによりも神が第一だが、女王はすべての臣下の上に建つべきだ！しばしば信心に懲り固まり過ぎている、と非難されたが、そのようなことはなく、当時の偉大な兵士であり詩人でもあるゴメス・マンリケの助言を忠実に守った。

「人はあなたが熱心に祈りを捧げるかどうか、自分を律していたかどうかなど知ろうともしないでしょう。冷静に裁きをくだしたか、悪人を罰したのか大目に見たのか、それによって判断するのです」

同時代の人々はイサベルの質素な暮らしを称賛したが、一方で王者としての華麗な威厳をもたたえた。女王の秘書官エルナンド・デル・プルガールの言葉を引用しよう。

「イサベルは華やかな儀式を大いに好み、人前に出るときは身だしなみにことのほか気を配った。自分に仕える貴族には、最高の忠誠と気配りとを要求した。過去に、これほど身分の高い貴族ばかりをまわりに集めた君主はいなかった。なかには過度な贅沢を批判する声もあったが、王政において華麗すぎることはない、ということを考えるべきだ。君主は王国のだれもまねできないほどすぐれていなければならない。だから他のどんな国より上位に立ち、威光で圧倒しなければならない。君主は地上における神の代理人だからである」

絶対的なまでの神聖な君主像を称賛とともに描くこの言葉に、イサベルは一点の文句もないだろう。女王の溢れるばかりの情熱を描いた『カトリック両王の聖母』[18]は、信心深い女王の治世の華やかさを伝えている。だが行く手には途方もない難問が待ち受けてて、女王はフェルナンドと共にこれを乗り越えていくことになる。すなわち王の権威をとりもどし、国家を近代化させ、カトリック信仰のもとにスペインを統一し、ヨーロッパ、ひいては世界の列強の座にのぼらせることだ。

「カトリック両王」

一四九四年にローマ教皇アレクサンドル六世からあたえられたこの称号は、二人が治める二つの国をしっかりと結びあわせたが、かならずしもスペインの統一を意味するものではなく[19]、それぞれの王国は別々の行政機構・言語・通貨・伝統を維持した。カスティーリャ人にとってアラゴン人はあくまで外国人であり、逆もまた然りだった。一七世紀の法学者ファン・デ・ソロルサノ・ペレイラによれば、「国を構成するそれぞれの領土は、国全体に君臨する王が、その国のみに単独で君臨するかのように統治されなければならない」のである。両王はおおむねカスティーリャに住み、ほぼ「入れ替え可能」の状態だった。「女性の王位継承を認めない」サリカ法を採用するアラゴン王国で、一四八一年にイサベルがサラゴサのコルテスを開催しているほどだ。しかし互いに独自の権限をもたないとはいえ、ある種の住み分けはあった。アラゴン王国は地中海に面し、フランスと紛争がたえなかったから、フェルナンドは外交での経験が豊富だった。ナポリ王国をめぐるシャルル八世やルイ一二世との紛争、グラナダの陥落、オーストリア、ポルトガル、イギリスとの婚姻同盟などを通して、フェルナンドは征服者として成功し、手強い交渉者、腹芸の達人とみられていた。マキャヴェッリも『君主論』でこの点について述べている。

「彼はまさに新しい君主とよぶにふさわしい。弱小国の王にすぎなかったのに、キリスト教世界の君主のなかで最も輝かしい存在となったからだ。その行動をよく考察してみると偉大なものがあり、そのなかにはまことにけたはずれなものもふくまれている」

権勢を誇ったフェリペ四世の首席大臣オリバーレス伯も、フェルナンドを「王の中の王」と見る。エルナンド・デル・プルガールやバルダッサーレ・カスティリオーネは、フェルナンドよりイサベルを高く評価したが、両王ともに厳しく批判する者もいた。一八世紀の歴史家ファン・デ・フェレラスは、「スペインでならぶもののないこの輝かしい女王の英雄的美徳」を賞賛しつつも、教会に従順すぎ、夫も「マキャヴェリスト」で淫乱だったと非難した。ヴォルテールはフェルナンドが夫婦の主導権をにぎり、彼のみが「カトリック王」であるとしたが、コンデ公の右腕デゾルモーは妻のほうが夫より断然すぐれているとした。

「歴史家たちは王と女王を両王とよぶ。だが王とよぶにふさわしいのはイサベルのみである。実際、彼女はつねに夫をしっかり従属させていた。彼はあくまで女王の将軍であり、宰相であり、夫であった」

二人が支配する諸王国[20]は、強大なカスティーリャを中心に、それぞれが「衛星国家」として地域ごとに分けられ、主要都市には王が任命するコレヒドールという行政官が配置された。あいつぐ内戦で悪化した治安の維持は、二〇〇〇人の兵士からなるサンタ・エルマンダー（神聖兄弟団）がになう、それぞれの都市に配備された弓矢部隊がこれを補佐した。多額の予算をあたえられたサンタ・ヘルマンダードは、即決裁判によって効率的に盗賊を取り締まり、やがて常設軍の創設へとつながっていく。高位の貴族たちは政治や騎士団における指導力を失ったものの、多くの領地を有し、外交や軍での地位を維持していた。その一例は当時のグラン・カピタン、ゴンサロ・フェルナンデス・デ・コルドバであり、彼はグラナダ王国の降伏交渉をにない、イタリア戦争でも大活躍した。カスティリオーネにいわせると、イサベルが任命したフェルナンデス・デ・コルドバは、まさに「まかせようと思う役職にふさわしい大臣を見抜き、抜擢する女王の驚くべき判断力」のたまものだった。王国の三身分[21]の代表からなり、直接税の決定権をもつコルテスの権限は大幅に低下し、ほとんど招集されることもなくなった。そして君主が法令や運用を通して単独で、いわば「絶対的」に統治するようになった。多くの国民が自治権などの権利を主張し、仮借ない中央集権化に反旗を翻した。王室を補佐する人材の多くは中産階級、とくにレトラドスとよばれる法学者・聖職者・科学者・文人などの階級出身であり、大貴族に比べると王の権威により忠実だった。ただし大貴族出身のメンドーサ枢機卿[22]は例外だった。根っからの忠臣だった彼は、「三番目のスペイン王」とあだ名された。その親族はグラナダ総督に任命されたテンディラ伯ロペス・デ・メンドーサ[23]など、王室の側近となった者も多かった。一方、女王の告解師エルナンド・デ・タラベラはユダヤ系で身分の低い生まれだった。フェルナンド・デ・サフラもまた卑しい出自で、税制と軍事兵站の分野で王室に尽くした。タラベラの後を継いだシスネロス枢機卿[24]は、タラベラほど王権にへつらわなかったため、イサベルは彼が刃向かうと気分を害したという。

「だれと口を聞いていると思っているのか」

シスネロスは答えた。「はい。わたしと同じ、灰であり塵であるお方［埋葬の祈祷で、灰は灰に、塵は塵に返る］、イサベル女王でございます」

たしかに王国の制度は整備され、近代化もしたが、後世の評価はかんばしくない。異端審問所の創設、ユダヤ人追放、アメリカ大陸征服の三つをもって夫妻は糾弾されている。異端審問にかんしては長い間、イサベルが最大の責任者と考えられていた。一九世紀、アルフォンソ・ラッベは『スペイン小史』（一八二三年）の中で、おもな罪状を数え上げている。

「女王に情人がなく、聴解師がいるのは最悪である。（中略）男性顔負けに仕事ができるイサベルは、厚顔で変わり者の聴解師〔トルケマダ[25]〕のもとでは完全に女性に戻った。真実をいえば、カスティーリャにおける検邪聖省〔異端審問所〕の設立は、迷信深い女王の弱さに主たる原因を帰せざるをえない」

現代の歴史家たちは、事実をより重要視する。アラゴンでは以前から教皇庁の指導のもとに異端審問が存在していたが、カスティーリャでは改宗ユダヤ人であるコンベルソ（マラーノとも呼ばれた[26]）に対し、ひそかにユダヤ教を実践しているとの疑いはあったものの、厳しい弾圧は行われていなかった。キリスト教に改宗していないユダヤ人については、税金の徴収に従事するごく少数の裕福な人々に敵意が集中していた。だが一三四八年のペスト大流行と内戦により、ユダヤ教に対する国民の不信感が強まり、一四六〇年頃、エンリケ四世はローマ教皇に異端審問所の設立を要請したが、その後、計画は放棄された。イサベルの側近には、彼女に忠誠を誓う多くのコンベルソがいたため、批判も強かった。だが夫と異なり、イサベルは時間をかけて考えたいと思っていた。一四七七年から一四七八年にかけてのセビーリャ滞在で、彼女は考えを変えることになる。一五〇七年、フェルナンドは自分たちの過酷な政策をこう正当化している。

「われわれには他にどうしようもなかった。アンダルシアで起きたことをいろいろ聞かされ、たとえそれが息子であったとしても、この事態を防ぐことはできなかっただろう」

教皇勅書が出され、教皇ではなく君主の権限で、カスティーリャに審問官をおくことが許可された。女王はまだためらっていた。タラベラとメンドーサ枢機卿も、女王と同じくカテキズム（教理解説）や説得を使って帰依をうながす、より穏健な方法を支持していた。だがこの方法ですぐに成果が得られなかったため、二年後に二人の審問官が任命され、コンベルソを探し出して処罰することになった。弾圧はあまりに激しく、教皇シクストゥス四世をも懸念させた。強権的な手法を導入したのがフェルナンドだったのはまちがいない。検邪聖庁に宛てた書簡のほとんどに彼の署名があり、女王のことは書かれておらず、さらに女王は遺言で異端審問について一切言及していない。狂信的な聖職者たち、国民の反ユダヤ感情、そして王の個人的信念はあまりにも強く、女王の沈黙による不同意の意思表示が無力であったことは明らかだ。女王はイベリア半島の信仰的統一への意思を共有していたものの、それを達成するために過激な手段をもちいることには賛成していなかった。

異端審問は当初、コンベルソを標的にしていた。一三九一年、托鉢修道士に扇動された狂信的な民衆によって虐殺があいついで以来、多くのユダヤ人はカトリックに改宗していた。だがひそかにユダヤ教の信仰を実践しつづける者もいた。こうした隠れユダヤ教徒は、旧信仰にもどった者、教会法上の棄教者として、教会から重罪人とみなされた。一方、改宗していないユダヤ人たちはおびえながら生活し、居住地を指定され、医師など特定の職業を営むことを禁じられた。しかし女王は一四七七年の宣言で、これらの人々を保護することを約束していた。

「わたしはアルハマス[27]のユダヤ人全体、およびその一人一人、さらにその雇い人と財産をわが保護下に置き、いかなる性質のものであれ、攻撃から守ることを保証する［…］彼らを殴ったり、殺したり、傷つけることを禁じ、攻撃・殺害・暴行が処罰されず放置されることを許さない」

一四八〇年以降、ユダヤ人の置かれた状況はきわめて不安定になっていたとはいえ、女王の確約があったがために、一四九二年の追放の決定は彼らにとって想定外だった。大審問官トマス・デ・トルケマダの影響力が決め手となった。ユダヤ教徒がいるかぎり、コンベルソは影響されてキリスト教を離れる可能性があり、コンベルソのキリスト教徒との同化は不可能と判断されたのだ。追放令が出されたのは一四九二年三月三一日だが、その端緒は二五年前に異端審問を許可する教皇勅書が出されたことにある。レコンキスタが終わり、キリストの旗のもとにスペイン統一の見通しが出てきたことが、宗教的にも政治的にもこの動きをうながしたのだ。一般的には、スペインが異端審問に踏み切ったのはカトリック信仰が強まったからとされている。だが歴史家のジョゼフ・ペレスは矛盾を指摘する。むしろカトリック正統派がどの地域よりスペインでおびやかされていたからこそ、両王は異端審問に走ったのではないか。一五世紀のスペインには、想像以上にコンベルソ、ユダヤ人、モリスコ［キリスト教に改宗したイスラム教徒］、無神論者が多く、王国の統一のためには「是が非でも」異端審問という代償を払う必要があると二人は考えた。レコンキスタの精神的支柱だったイサベルは、この究極の暴力に賛同せざるをえなかった。ユダヤ人を民族として絶滅させることではなく、ユダヤ教を自分たちのキリスト教国から一掃することが目的だった。領主の宗教は領民の宗教（cujus regio ejus religio）なのだ…。

フェルナンドがヨーロッパと地中海に関心を寄せていたのに対し、イサベルはアフリカに目を向け、西ゴート系の王朝がスペインとモーリタニアを支配することを望んでいた。そんななか、クリストファー・コロンブスなる人物が、彼女の目を大西洋の大海原へと向かわせることになる。ポルトガルは、バルトロメウ・ディアスやバスコ・ダ・ガマの遠征が成功して以来、アフリカを迂回してインド洋に到達するだけで満足していたので、コロンブスがインドへの直行航路の提案はとりあってもらえなかった。一四八六年一月のカトリック両王への拝謁も失敗に終わった。提案を検討した科学委員会は、コロンブスの計画がまちがいだらけであると指摘した。誰もがコロンブスは素人（本人もそれは認めていた）、さらには狂人であるとさえ考えた。しかもレコンキスタは道なかばであり、ポルトガルとの対立を再燃させるわけにはいかなかった。一四九二年三月、ムーア人に対する勝利の熱狂のなか、ジェノヴァ人コロンブスはあわよくばと、ふたたびお力ぞえを願い出た。拝謁がまたも失敗して帰ろうとしたとき、青天の霹靂のようにイサベルからの伝令によってよびもどされた。女王はメンドーサ枢機卿、ドミニコ会修道士ディエゴ・デ・デサ、王室財務官ルイス・デ・サンタンヘルから説得されたのだ。この冒険は良いことづくめだ、征服した土地への布教、新たな富の発見、そして神と人との前で女王とスペインに不朽の名声がもたらされ、失うものはないのだと。資金はおもにサンタ・エルマンダー（神聖兄弟団）や船主たちに出させれば良い。だが現実の財政状況はまったく異なっており[28]、両王は一四九二年四月一七日にサンタフェでコロンブスと交わした約束を、のちに反故にすることになる。その後の結末はご承知の通りである。一四九二年から一五〇四年にいたる四度の航海で、コロンブスはキューバ、小アンティル諸島、ベネズエラ、ホンジュラスなどを発見した。アジアは発見できなかったが、こうして見出された新たな植民地は「西インド」、先住民は「インディオ」

とよばれるようになる。一四九四年のトルデシリャス条約により、新大陸におけるスペインとポルトガルの支配領域が分割される。こうしてキリスト教の布教と植民地化が進められることになった。征服によって疫病・暴力・虐殺などの大惨事が先住民にもたらされ、イサベルの列福に反対するおもな論拠となっているが、この点についてここでは立ち入らない。[29] コロンブスが三〇〇人のインディオを奴隷としてスペインで売却したことに、女王は憤った。「いったい何の権利で、提督が私の臣下を奴隷にするのか」と。彼女は遺言書の中でもインディオを保護するよう要求している。一六世紀に誰よりもインディオの保護を訴えた宣教師ラス・カサスも、[30] このことを指摘している。

「イサベル女王が亡くなったとの知らせが広まると、残虐行為が始まった。女王は生前、インディオをやさしく扱い、彼らを幸せにするための措置を講じるよう求めてやまなかった」

一四九七年に後継ぎの息子フアンが一九歳で亡くなり、イサベルが深くゆれ動いていたことも事実である。翌年には長女のポルトガル王妃イサベルが亡くなる。その息子ミゲルがカスティーリャ、アラゴン、ポルトガルの三王国の継承者となったが、一五〇〇年に死去。側近の多くも、グラナダに隠棲したタラベラを始め、死去したり失脚したりした。一〇歳年上の親友で、女王が「わが娘、侯爵夫人」とよぶベアトリス・デ・ボバディーリャはつねに側近く仕え、女王の権威に従いつつ重要な役割を果たしていたようである。政治的に分かちがたい伴侶だったフェルナンドは、五〇歳を過ぎた妻より愛人たち（惚れ薬を使ったとの疑いもある）に心を奪われていた。一四九六年以降、女王の公式画家となったフアン・デ・フランデスは、堂々たる肖像画を残している。重厚な表情、はっきりした顔立ち、頭飾りの下からのぞく赤毛、遠くを見つつ威圧するような視線。白と黒のドレスによく映える、金糸の縫とりと真珠をあしらった大きな十字架の首飾り。イサベルはとうの昔に夫の気をひくことも、彼を貞操の道に引きもどすこともあきらめていた。一五〇四年一一月二六日、女王は一か月の苦しみの末、聖女さながらに息を引きとり、グラナダの王室礼拝堂に埋葬され、一五一六年にはフェルナンドも合葬された。長年、夫に「完璧な」理解を示してきた女王は、どのように夫を迎えたのだろうか。再婚しないと誓っていたフェルナンドは、女王の宿敵ベルトラネーハとの再婚をもくろみ、さらにはルイ一二世の姪ジェルメーヌ・ド・フォワと結婚してしまった！　女王は遺言で、娘フアナが統治不能の場合、争いを避けるため、外国人でありアラゴン人であるフェルナンドをカスティーリャ王国の摂政に指名していた。おそらく娘の統治能力を信用していなかったのだろう。カスティーリャ王国を存続させ、みずからの権利を認めさせるためにあれほど戦った女王だったが、フアナの権利が父親のフェルナンド、夫フィリップ美王、そして息子カール五世に奪われようとは、想像もしていなかった。[31]男性優位の近代が始まろうとしていた！

◆原注

1　ベルトランの娘という意味。
2　王位継承者にあたえられる称号。
3　不可解なことに、画家の大半がイサベルの髪を褐色ないし赤毛として描いている。
4　アラゴン王家はカスティーリャのトラスタマラ朝の傍系にあたる。一四七五年当時はサラゴサを首都とするアラゴン王国、バルセロナ侯領、バレンシア王国、ナバラ王国、ナポリ王国、マヨルカおよびシチリアの支配者だった。

5　フェルナンドは父の死により、ようやく一四七九年にアラゴン王となる。

6　イサベルの側近でローマやフランスに使節として派遣されたエルナンド・デル・プルガール（一四三六～一四九三）は、「スペインのプルタルコス」とよばれた。

7　リボン。

8　ベレンゲラ・ド・カスティーリャ（一一八〇～一二四六）は、レオン王国の王妃、カスティーリャ女王、未成年の弟、カスティーリャのエンリケ一世の摂政。一二一七年に息子フェルナンド三世に王位を譲った。

9　イサベルは亡くなるまで、「ベルトラネーハ」が脱走しないよう気を配った。この姪を非嫡出とする説を、信じてはいなかったからだろう。

10　七二二年にアストゥリアス王国から始まった、キリスト教徒によるイスラム領（アル＝アンダルース）の再征服（レコンキスタ）は、その後、八世紀近くも続くことになる。この間、一〇九四年にバレンシアを征服した英雄エル・シッド・カンペアドールの伝説的勝利や、一二一二年にイスラム勢をグラナダ王国に追いつめた、ナバス・デ・トロサの戦いでの勝利などがあった。

11　一四八二年生まれ。ポルトガル王妃（一五〇〇～一五一七）。

12　一四七〇年生まれ。ポルトガル王妃（一四九七～一四九八）

13　別名「狂女フアナ」。

14　一四八五年生まれ。イギリス王妃（一五〇九～一五三三）。

15　一四七八年生まれ。一四九七年没。

16　この逸話を裏づける文献は存在しない。「イサベル」とよばれる馬術服は、この逸話からきているかもしれない。一六〇一年から一六〇四年にかけてのオステンデ包囲戦に立ち会った大公女イサベル・デ・アウストリアにも、同様の逸話が残っている。現在では、黄褐色のライオンを意味するアラブ語が起源とする説が有力だ。アラビア語にはライオンをさす言葉がたくさんあるが、hisarもその一つである。

17　ヒエロニムス会の修道士（一四三〇～一五〇七）。一四九二年にグラナダ大司教に任命された。

18　一四九〇年にアビラのサント・トマ修道院のために描かれた。作者不詳。

19　スペイン王の称号は一九世紀に至るまで実体のないものだった。ナポレオン一世の弟ジョゼフは最初のスペイン王だが、スペイン（単数）の王であり、スペイン（複数）の王ではない。

20　二人はカスティーリャ、レオン、アラゴン、バレンシア、トレド、ガリシア、セビーリャ、コルドバ、ムルシア、シチリア、コルシカ、サルデーニャ、マヨルカ、アルガルベ、ハエン、アルヘシラス、ジブラルタルの諸王国、バルセルナ、ルシヨン、サルダーニャの各伯領、アテネ、ネオパトラスの各公領、ビスカヤ、モリナ各領の君主だった。

21　貴族・聖職者・都市民の三身分。

22　ペドロ・ゴンザレス・デ・メンドーサ（一四二八～一四九五）は一四七三年に枢機卿となり、カスティーリャの大司教兼宰相、ついでトレド大司教となった。

23　イニゴ・ロペス・デ・メンドーサ（一四四二～一五一五）はグラナダ副王（大将軍）に任じられた。人文主義者たちと親しく、タラベラと同じくイスラム勢力に対して説得工作を行うことを主張した。

24　フランシスコ・ヒメネス・デ・シスネロス（一四五六～一五一五）はフランシスコ会士で、一四九二年にイサベルの聴解師となった。非常に謹厳な性格で、さまざまな修道会に徹底した改革を行い、イスラム教徒に対して強制改宗・追放・終身刑など過酷な弾圧を主張した。その影響力は一五〇四年のイサベル死後も続いた。

25　トルケマダはドミニコ会士で内親王時代のイサベル、のちにフェルナンドの聴解師となる。一四八三年から一四九八年まで初代の大審問官。その権限は両王が所有する領土全体に及び、大規模で過酷な弾圧が発動された。その標的は当初はコンベルソと呼ばれる改宗者たち、そして一四九二年以後はユダヤ人、モリスク（改宗イスラム教徒）、イスラム教徒に向けられた。

26　豚を意味するため、当時は侮辱的な言葉だった。

27　イスラム教徒やユダヤ人の共同体を意味する。

28　実際に渡航費をもたらしたのは十字軍勅書である。キリスト教の小国エストレマドゥーラからの献金によって航海はまかなわれた。ピンタ号とニーニャ号の二隻のカラベル船は、漁業規則違反の罰金の代わりとしてパロス港から提供された。

29　列福は一九五七年にバリャドリード大司教が提案し、一九九一年に論争を回避するため延期された。征服後のインディオ伝道はイサベルの功績とされているが、教皇フランシスコは納得しなかった。とはいえ、司教たちはあきらめていない…。

30　ドミニコ会士バルトロメ・デ・ラス・カサス（一四八四〜一五六六）は、一五五〇〜一五五一年の有名なバリャドリード論戦に参加した。一五五九年に完成した主著『インディアス史』は、カスティーリャ語での出版は一八七五〜一八七六年、フランス語での出版は二〇〇二年を待たなければならなかった。

31　一五〇四年のイサベルの死去により、ファナがカスティーリャ女王となる。だがファナの精神状態を理由に、フェルナンドはみずからを摂政とし、ファナの夫フィリップを遠ざけ、フィリップは一五〇六年に死去する。一五一六年にフェルナンドが死ぬと、ファナとフィリップの子、カールが母の軟禁を継続し、国王に即位する。ただし母ファナは、一五五五年に死去するまで、書類上のカスティーリャとアラゴンの女王にとどまり、くしくも同じ年、ファナの息子カール五世はスペイン王位からしりぞいた。

＊参考文献

Bouissounouse, Jeanine, *Isabelle la Catholique. Comment se fit l'Espagne*, Paris, Hachette, 1949.

Canonica, Elzeviro, *Le Modèle de la reine et la reine des modèles. La figure d'Isabelle la Catholique dans le Cortegiano de Castiglione et dans la traduction de Boscan*, http://www.pub-editions

Coussemacker, Sophie, « Isabelle la Catholique, une reine en mouvement, cavalière et reine guerrière », in *Les Femmes de pouvoir*（*Ve-XVe siècle*）, Xe Rencontre internationale du patrimoine historique, Béziers, Nébian, Salses-le-Château, 13-15 octobre 2017.

Dumont, Jean, *L'incomparable Isabelle la Catholique*, Paris, Critérion, 1992.

Pérez, Béatrice, Escamilla Michèle, « La mort des reines, des Trastamare aux Habsbourg. Isabelle la Catholique et Jeanne de Castille, mère et fille », in *La Mort des grands. Arts, textes et rites*（*XIe-XVIIIe siècles*）, revue *e-Spania*, février 2017.

Pérez, Joseph, *Isabelle et Ferdinand. Rois Catholiques d'Espagne*, Paris, Tallandier, 2016.

—, *Isabelle la Catholique, un modèle de chrétienté*, Paris, Payot, 2004.

Schmidt, Marie-France, « Une mort très chrétienne. Isabelle la Catholique, Médina del Campo, 26 novembre 1504 », in Jean-Christophe Buisson, Jean Sévillia（dir.）, *Les Derniers Jours des reines*, Paris, Perrin, 2015.

—, *Isabelle la Catholique*, Paris, Perrin, 2014.

5 カトリーヌ・ド・メディシス（一五一九～一五八九）

王権を守りぬく執念

ジャン＝フランソワ・ソルノン

不実で邪悪な王妃、イゼベル［旧約聖書に登場する、古代イスラエルの王妃。フェニキア出身で、預言者たちを迫害した悪しき王妃として描かれている］の再来。イゼベルと同様に、自分に逆らう者を処刑し、息子たちを操って圧政をしかせた。マキャヴェリズムの申し子のようなこの王妃にふさわしいのは汚辱（おじょく）の中で死ぬ運命であり、それ以外は考えられない…。当時も現代も、彼女の「不実」と「奸策（かんさく）」は非難の的だ。彼女にさほどきびしくない者でも、権力欲が強すぎる、と苦言を呈している。彼女に敵意をいだく者たちは、ユグノー［フランスにおけるプロテスタントの呼び名］のリーダーであったコリニー提督の暗殺とこれに続くサン＝バルテルミの虐殺（一五七二年八月二四～三〇日）の首謀者は彼女である、と糾弾している。宗教戦争の悲劇的なエピソードであるサン＝バルテルミの虐殺は、ネッソスのトゥニカのように彼女の肌にぴったりとはりついて、彼女はこれを脱ぐことができない［ネッソスはヘラクレスに殺されたケンタウロス。毒がまわったネッソスの血が沁み込んだトゥニカを着たヘラクレスは、悶え苦しみ、脱ごうとしたが脱げずに死ぬ」。おぞましい女の象徴となったカトリーヌ・ド・メディシスは、カトリック教徒にもプロテスタントにも憎まれるという離れ業をやってのけた。彼女に対する告発状は、当人が女であることを指摘することを忘れていない。女であるゆえに罪深いのだ。もっと悪いことに外国人女だ。[1]トスカーナ生まれの「フィレンツェ女」、「毒殺者」であり、メディチ家の先祖のイメージそのままの「犯罪者」であり、生涯を通して「黒後家」であった。これほど問題の多い人物が息子たちに吹き込んだり、実行したりする政策は最悪に決まっている。それ以外はあり得ない…。こうして、集団的記憶の中で最悪のイメージを保ち続けるカトリーヌ・ド・メディシスの黒い伝説は、約四十年間もフランスを統治した女性の実像を覆い隠してしまった。

カトリーヌと息子たち

こうしたどす黒いイメージは、長く権力の座にあったことの代償ではないだろうか？　一五三三年にフィレンツェからフランスにお輿入れした直後から、彼女は夫である王太子アンリ［将来の国王アンリ二世］からないがしろにされている妻と見なされた。アンリが妻よりもディアーヌ・ド・ポワティエを愛していることは明らかだった。ただし、アンリは子作りには熱心で、カトリーヌはこどもを一〇人も産み、そのうちの三人の男児――将来のフランソワ二世、シャルル九世、アンリ三世――は、一五五九年に父アンリ二世が突然の事故死をとげた後、順に王座に就くことになる。人々は当初、三角関係を受け入れるほかなく、来る日も来る日も夫の愛人とおりあいをつけねばならない若い王太子妃を気の毒に思っていた。体型はどちらかといえばずんぐりむっくりで、出目（でめ）という、見目うるわしいとはほど遠い容姿の持ち主だけに、なおのこと同情された。しかし、黒ずくめの寡婦となった後のカトリーヌは、[2]ヴァロワ朝最後の三人の国王を支配する母親、として糾弾されるようになる。息子たちの優柔不断や欠点は彼女に責任がある、とされたのだ。夫にかえりみられない妻は憐（あわ）れまれたが、女摂政は批判の矢面（やおもて）に立たされたのだ。彼女に仕えた大臣の一人、ミシェル・ド・ロスピタルが、母后というものは「時代を問わず、いずこの国においても、災厄を多くもたらす」のがつねである、と述べて、カトリーヌ一人が突出しているわけではない、と弁護につとめたが。

　しかしながら、ヴォルテールが「血にまみれた金糸と絹の服」の世紀とよんだ悲劇的な一六世紀の混沌としたコンテクストにおいて、彼女がつねに「女摂政」であったわけではない。あの時代、王権はつねに脅威にさらされ、カトリックとプロテスタント［ユグノー］の対立と、頻発する大貴族の反乱がたえず内戦に燃料を投下していた。カトリーヌの国務への介入は、国王となった息子たちの性格と年齢に応じて濃淡があった。年齢的には成人と見なされたが、まだ若かったフランソワ二世（在位一五五九～一五六〇）[3]の短期間で終わる統治下では、彼女は公的な役割は何一つになわず、十代の国王フランソワ二世の妃メアリー・ステュアートの叔父たち——フランソワ・ド・ギーズが国王軍を指揮し、その弟のロレーヌ枢機卿が財政を担当していた——の陰で脇役に徹するほかなかった。カトリーヌは政務に通じてはいたが、彼女の役割は不明確だった。彼女は、宮廷内でなんとか自分の居場所を見つけ、若いフランソワに多くの助言をあたえて国政に反映させようと努力した。これが、彼女の権力行使の常道となる。カトリーヌは強い意志の持ち主であったが、初めから権力を手にしていたわけではなかったのだ。

彼女が真の意味で政治家としてデビューするきっかけとなったのは、未成年であった二人目の息子、シャルル九世（在位一五六〇～一五七四）の即位である。このとき彼女は、当時の法文がよぶところの「フランスの女性総督」という肩書をあたえられた。歴史上、この肩書は「女摂政」におき換えられている。この肩書のおかげで、カトリーヌ母后は国務諮問会議の議長を務めることになった。彼女一人が大使たちを引見することになり、官職の任命権も彼女がにぎった。外交文書、報告書、書簡の開封や作成、免許状への署名は、カトリーヌが握った権限の実態がいかなるものであったかを物語る。彼女がこうした権限行使を楽しんでいたことは明らかだ。ゆえに、彼女は自分が権限を掌握することを求め、次のように命じた。

書簡は、まずはわたしに届けられること

一五六三年にシャルル九世が成年に達したことが宣言されても、カトリーヌは権限を手放さなかった（国務諮問会議のメンバーを自分の思いどおりに任命した）。宗教戦争が始まったこともあり、国務には集中力、慎重さ、巧妙さが求められているというのに、まだ一三歳だったシャルル九世は政務よりもさわがしい娯楽にひかれ、問題に直面すると安易な解決策に走りがちだった。経験不足の君主が、国王の仕事には熱を入れず、狩猟などのスポーツで自分の力を発揮することを欲していたので、母親が引き続き国政に目を光らせることになったのだ。シャルルはやがて母親の後見から自由になろうとしたが、ついに果たせなかった。ゆえに、病気がちで不機嫌なことが多かったシャルルが二三歳という若さで亡くなるまで、カトリーヌは統治を続けた。ある同時代人は次のような言葉を残している。

母后はすべてをこなしている、彼女はまさに君主である。

カトリーヌは、一番お気に入りだった息子がアンリ三世（在位一五七四～一五八九、ヴァロワ朝最後の君主）として即位したのちも政治の舞台から降りようとせず、王国運営を補佐しつづけた。二三歳で即位したアンリは兄たちとは異なり、みずから君臨し、統治したが、たびたびの病気や熱烈な信仰の実践［礼拝行列、巡礼、罪を償うための苦行、僧院に籠っての瞑想や祈り…］で国務をはずれることもあった。彼はしばしば母親に意見を求め、秘密の使命を託した。要するに、主要な大臣の一人であるかのようにカトリーヌを遇した。母親を国務にかかわらせない、と決心するのは統治の末期である。

コンセンサスは不可能？

こうして、息子たちの右腕としてのカトリーヌ・ド・メディシスの政治キャリアは、主役と準主役の間を揺れ動いた。フランソワ二世の時代はつつましい役割にとどまったが、シャルル九世統治下では第一線で活躍し、アンリ三世には有益な補佐役だと認められた。いずれにしても、一貫して彼女が望んでいたのは、夫アンリ二世が遺した王国を弱小化させることなく、王の権威をそこなうことなく、息子たちに引き継がせることであった。国家の頂点に立った彼女は一五六二年、第一次宗教戦争が勃発したことで、王権にとって最悪の事態に直面した。三月一日、シャンパーニュの小さな城塞都市、ヴァシーの穀物倉に集まって聖餐式の礼拝をおこなっていたプロテスタントたちを、フランソワ・ド・ギーズが率いるカトリック同盟勢力が虐殺したことが発端であった。

　プロテスタントとカトリック双方の激情は手がつけられぬほど高まり、カトリーヌに反感をもつ者たちは態度を硬化させ、続く何年かのあいだ、彼女はありとあらゆる批判をあびた。一触即発の空気のなかで、彼女が交渉や妥協を優先したことがもっとも激しく非難された。反乱を起こしたユグノー［プロテスタント］制圧のための軍事作戦の継続が資金不足のために不可能となると、カトリック同盟はカトリーヌの「優柔不断」を断罪した。彼女がプロテスタントに譲歩することを拒否すると、権力をにぎりつづけて国王に対する影響力を強めるためにあえて混乱状態と国民の分裂を長引かせようとしている、と非難された。彼女が和平工作にのりだすと、真の信仰を裏切って敵と和睦するつもりではないか、と疑われた。彼女がどう動こうとも、権力維持のためならどのような卑劣な手も打つつもりだ、と言われた。

　国内の平和を保つためにカトリーヌが推進しようとつとめたカトリックとプロテスタントの和睦、すなわち二つの信仰の暫定（ざんてい）的な共存は、穏健派も含めたカトリック勢力とプロテスタント勢力の双方によって拒否された。それでもカトリーヌは、あまりにも有名なので「一月の勅令（ちょくれい）」という通り名でよばれるようになる一五六二年一月一七日の勅令を発布することで、この共存を試そうとした。それ以前にもプロテスタントに認められた内心の自由にくわえ、いくつかの条件付きでプロテスタント信仰を実践する自由をあたえる勅令である。こうして、二つの信仰の共存が王国内で公式に認められた。カトリーヌは、四〇年ほど先の未来を先どりしていた。プロテスタントが自分たちの信仰を実践する権利をついに認められるのは、フランス人同士が殺し合い、虐殺と憎しみが連鎖する八回の内戦をへて、一五九八年にアンリ四世がナントの勅令を出してからである。

カトリーヌは正しかったが、時代は彼女に追いついていなかった。彼女は同時代人たちよりも先進的すぎたため、ローマ教皇庁に忠実でありつづけた大多数の国民の怒りをかってしまった。フランス王国の古い諺の冒頭を飾る「一つの信仰、一つの法、一人の王」が否定されるのを受け入れることは、カトリック信徒にとって不可能だった。キリスト教世界で、これほどの権利をプロテスタントに認める国はほかにはまだなかった。寛容なポーランドでさえも、そこまでは踏み込んでいなかった。プロテスタントに転向したのでは、という疑いをふりはらうため、カトリーヌは自分が正統的なカトリック教徒であることをことさらに強調せねばならなかった。あらゆる教条主義とは距離をおきながらも、彼女は信仰の義務を欠かさずに果たすことにつとめた。礼拝行列に参加し、聖体を拝領し、こどもたちをともなってミサにあずかり、周囲の者に篤信（とくしん）を奨励した。

つねに、そしてなによりも交渉を優先

どちらかの陣営を選ぶよう強制されることは、カトリーヌにとって耐えがたかった。カトリックとプロテスタントの仲裁者という立場を守りたかった。こうした役割は彼女の性向にあっていたし、彼女の権威の裏づけにもなる。ずるずると引きずられて政治の天秤（てんびん）のどちらかの皿にのる羽目におちいることを、彼女はつねに嫌悪した。だから、考えなしにどちらかの陣営に足をふみいれてしまうことを避けるため、世論を見きわめようと心をくだいた。パリ市民の考えを知るため、身分を隠して市内の商店を訪れ、「人々の話に耳を傾け、御上（おかみ）について人々が何を言っているのかに耳を傾けた」。こうしてカトリーヌは、状況に逆らうことがむずかしい場合には大勢に歩調を合わせるほかない、と理解した。自分の立場が弱い場合には、譲歩しているように見られても仕方がない。彼女は同時代人の多くとは異なり、彼女は、プロテスタントが自分たちの信仰を表明することと、彼らが国家の保安をおびやかすことを分けて考えていた。好ましくはないが解決策が見つかるまではプロテスタントの信仰は大目に見てもよい、ただし彼らが国家の権威を揺るがすのであればただちに抑えこむ、という姿勢だ。いつわりの信仰の道に迷い出てしまった者たちには理解を、騒擾を起こす者には鞭を。「信仰を誤解している者たち」には、母なる教会に――教会会議を通じて――つれもどすための策を。暴徒には制圧を。プロテスタントのいきすぎからも、カトリックの熱狂からも距離を置こうとしたカトリーヌは、いがみあう二つの徒党の中間に立って――二つの障壁にはさまれたかのようだった――なんと

か手をうつことができるのでは、と願った。

カトリーヌはイデオローグでも偏向した人間でもなく、ただただ王国を守らねばと考えていた。彼女の統治手法をつらぬくのはあくまで現実主義だった。プロテスタント派のリーダーであるコリニー提督の、スペイン領ネーデルラントの反逆者たち［プロテスタント］のスペイン国王フェリペ二世に対する戦いに軍事支援する、という計画にカトリーヌが反対したのも、現実主義ゆえだった。ネーデルラントのプロテスタントたちから一五七一年に支援を要請されたときにシャルル九世はのり気になり、コリニー提督の思惑どおりになるかと思われたが、カトリーヌはそのようなむちゃはとんでもない、と拒絶した。フランスは一〇年におよぶ宗教戦争で疲弊しており、国庫は空で、経費削減のために軍の規模は縮小され、兵士たちは俸給を払ってもらえずに怒り心頭に発していた。ゆえに、世界一の大国であり、反プロテスタントの急先鋒であるスペインと事をかまえるなど、とんでもない話だった。

カトリーヌは自分に敵対する者と対処するときはつねに、交渉で解決の糸口を見つけようとねばった。急進的な措置は彼女の好みではなかった。話し合い、議論し、時間をかせぎ、気を引く、これが彼女のメソッドの特徴だった。彼女は、プロテスタントが武装蜂起したときも、副王さながらに自由にふるまうラングドック総督のアンリ・ド・モンモランシー＝ダンヴィル元帥が勝手にプロテスタントと和解したときも、こうした手法を駆使して交渉した。一五八四年、アンリ三世の弟でいささか問題児であったフランソワ・ダンジューが亡くなったことで、プロテスタントであるアンリ・ド・ナヴァールが王位継承順で一番となり［アンリ三世の妃は何度も流産し、跡継ぎがいなかった］、プロテスタントが次の国王となる可能性が高まると、これに反発してウルトラカトリック同盟が結成された。カトリーヌはこのおそるべき同盟に対してもねばりづよい交渉で対処しようとつとめた。

外交的手腕で物事を解決することを好むゆえに、カトリーヌにとって人々と直接に接触することは欠かせなかった。一五六四年から一五六六年にかけて、各地を訪ねた大巡行――「グラン・トゥール（大周遊旅行）」とよばれた――は、多くの人との出会いをもたらし、若いシャルル九世にとっては自分の王国を知り、自分の目で確かめ、国民に自分を見てもらう機会となった。プロテスタントに門戸を開いた都市をふたたび王国に統合するにはどうしたらよいのか？ 地方のエリートを忠実な王家支持者に変えるにはどうすべきか？ どうしたら世論を探ることができるのだろうか？ 地方の貴族や都市のブルジョワと会い、彼らの気を引く。それ以外の答はない。彼らの多くは、自分たちの君主がだれであるかを忘れているだけに。

行程がほぼ四〇〇〇キロというこの旅は、疲れるし、多くの危険をともなった（リヨンやサロン＝ド＝クローではペスト発生に遭遇し、ローヌ川の氾濫に道をはばまれ、プロテスタントの罵詈雑言や武装蜂起も体験した）が、母后カトリーヌがいかに和平を願っているかを多くの人に理解してもらうことに役だった。「グラン・トゥール」は軍事遠征ではなく、むしろ、現代でよぶところの巡回プロパガンダであった。このプロパガンダを企画したのは、統治とはしばしば旅に出ることであり、旅はつねに統治の一部である、と確信していたカトリーヌであった。彼女の政治手腕とは、相手の気を引く誘いかけ、妥協、脅し、祝賀行事、叱責、和解、権威が混然一体となったものだった。こうしたすべてがめざすのは、貴族階級や各地の都市や法院の有力メンバー一人一人と君主の絆の強化を通じて、王権の力を強め、王国の一体性を保全することであった。彼女は、ルーヴル宮、フォンテーヌブロー宮、もしくは自身が建造を命じたテュイルリー宮の近寄りがたい「高み」にとどまり、自分の確信を絶対視して君臨したのではなく、「下々」の意見に耳を傾ける現場主義で統治しようつとめていた。この点でも、カトリーヌは先進的であり、はるか未来の政治家を先どりしていた。

戦争が不可避となると、彼女は「優秀な指揮官」にもなった。ユグノー勢をうち負かしたジャルナックの戦い（一五六九年三月一三日）の勝利のあと、王国総司令官をつとめていた息子のアンジュー公アンリ（のちのアンリ三世）が、コリニー提督率いるプロテスタント軍とフランスのプロテスタント勢の求めに応じてドイツからやって来た傭兵軍のはさみ撃ちにあって、あわや捕縛されそうになると、カトリーヌは戦線を突破し、クルーズ川岸辺の国王軍陣地に駆けつけた。労苦をいとわず、必要なだけ戦闘を続ける覚悟を固めていた彼女は、砲撃戦を間近で体験し、敵軍に近づくこともおそれなかった。一五六九年一〇月三日、モンコントゥールの戦いでアンジュー公アンリはふたたび勝者となった。しかし、敗者となったコリニー提督は自軍を保全することに成功したので、これは国王軍にとって不完全で中途半端な勝利であり、戦争がどのように帰結するかの見通しが立たなくなった。母后カトリーヌは、プロテスタント勢を軍事的に制圧することは不可能である、と悟った。これまで一度も、叛徒を完全につぶすほどの決定的な勝利を挙げることができなかったではないか。したがって、今必要なのは交渉のみである。またも交渉だ。

積極的アクションと大量の手紙

戦闘への参加が示すように、カトリーヌは「執務室にこもりきり」ではなかった。王宮で息子たちが政務をつかさどるのを補佐しながら、彼女は情報を収集し、計画を立て、リスクとチャンスを秤（はかり）にかけた。彼女は政治哲学と無縁ではなく、ネオプラトニズムの知識は、フランス国民の融和を回復させたいという強い思いを彼女に吹きこんだ。しかし、アクションこそが彼女の人生の意義であり、彼女は迅速に行動することを好んだ。ただし、一度勝利をえても優位は続かないことを経験で学んだので、アクションの成功がもたらす効果が長続きするといった幻想はいだいていなかった。ゆえに彼女は少しもじっとしておらず、どれほど辛い試練に直面しても彼女のなみはずれたエネルギーがにぶることはなかった。交渉相手や話し相手の同情を買って譲歩を引き出すために、自分の体調不良（仮病ではなかった）を強調する知恵も働かせた。

カトリーヌはいつでも、どこでも熱心に摂政のつとめにはげみ、休むことなく、強い精神力で王となった息子たちを支えた。うむことなく論議し、策を弄し、取引した。うんざりして匙（さじ）を投げることはなく、猫をかぶることもあれば、反対に声を荒げることもあった。癇癪（かんしゃく）を起すことがあったのでは？　あったが、彼女のいらだちは巧妙に計算された演技だった。怒ったふりをすることも、入念に計算された派手な演出も得意だった。ゆえに、権威的な態度と寛容な対応を交互に示し、国民融和をしばしば訴えた。時として、意見交換のスピードを速めた。すなわち、夜に代表数名を呼び出し、翌朝も交渉に訪れるよう求めることがあった。「書面ではなく、箇条書きでもなく、示談のように言葉を交わすことで課題解決を速めるため」である。そうかと思うと、会議を長引かせ、「交渉相手たち」を長時間、「食事抜きで」引きとめた。夜遅くになって疲れ果てた彼らから、いくつかの事柄への賛同をもぎ取るためである。カトリーヌはマラソンなみに長時間の交渉を実践し、現代の国際会議でも通用するような劇的効果を自在にあやつった。

カトリーヌは楽観的なうえ、意志強固であった。この二つは時として見せかけであり、安心させる、もしくは説得するために、書面もしくは口頭で表明された。現代人にとって、彼女が残した膨大な書簡は文字どおりに受けとめると彼女の本心が分からなくなる罠だらけである。彼女は、手紙を書くことは、意図を明らかにすることだと知っていた。彼女はそこで、書くことを統治手段の一つとして使った。彼女の手紙は人心操作の道具となった。彼女は、命令するため、情報を伝えるため、問いただすため、ほめたたえるため、非難するためだけでなく、相手の真意を探るため、説得するため、警戒心をいだかせるため、不安をあたえるため、安堵させるために書いた。彼女の怒りの爆発は見せかけの場合があり、自分の意思はゆるぎないと信じこませるために憤慨してみせることもあり、お人よしを装って相手の警戒心を解こうともした。

書簡の内容は常に、受取人に合わせて細心の注意をはらって調整されていた。フェリペ二世に書く時は、スペインのフランスへの介入をしじゅう恐れていたから、和平のための勅令へのプロテスタントの違反を実際よりも過小に伝え、プロテスタントの暴力行為はさほど深刻でないかのように報告した。こうしたプロテスタントをかばうような発言があるからといって、カトリーヌがプロテスタントの味方となったわけではない。国内の強硬なカトリック派およびスペインは彼女にとってやっかいな存在であり、彼らを安心させることが必須であった。彼女の二枚舌の下に隠されていたのは、緊張を緩和し、衝突を避け、人々の気持ちを和らげ、自分に残されたわずかな駆け引きの余地を守るための悲痛な努力であり、失敗に終わることもしばしばだった。事態が鎮静化した、と彼女が書簡の中で喜びを表明するのは、無邪気に満足しているからではなく——鎮静化は一時的にすぎないと彼女は分かっていた——、自分がとったアクションは正しかったのだ、とスペイン国王やウルトラカトリックに信じてもらうためだった。プロテスタントをきびしい言葉で責めるときに彼女がねらったのは、プロテスタントを威嚇するのと同時に、カトリック同盟をなだめること、自分は正統的な信仰の持ち主であってゆるぎない決意でプロテスタントに臨んでいるのだと教皇およびスペイン国王に示すことであった。彼女の書簡は大急ぎでしたためられ、脱線が多く、支離滅裂だ。しかも、正書法とかけ離れたつづりが散りばめられているので音読しないと意味がつかめない。そこでは、正しい情報と歪曲された情報が混然一体となっている。にもかかわらず、非凡な史料であることには変わらず、否応(いやおう)なしに読む者を感心させる。

政治手段としての祝祭と結婚

書簡と同様に、王宮で催された祝祭もカトリーヌにとって政治手段であった。華やかさを演出することで、自分の政治的役割の正当性を強調したのだ。彼女が企画した賀宴の代表例をあげるなら、「グラン・トゥール」の中継点であったフォンテーヌブローおよびバイヨンヌで、一五六四年二月と一五六五年五月に開催された絢爛豪華な祝宴。[4] さらには、一五七二年八月、サン＝バルテルミの虐殺の直前にパリを舞台として、カトリーヌの娘マルグリット・ド・ヴァロワとナバラ王アンリ・ド・ナヴァールの結婚にともなって開催された祝賀行事。サン＝バルテルミの惨劇からたった一年しかたっていない一五七三年九月に、アンジュー公アンリ［のちのアンリ三世］を国王として迎えるためにポーランドからやって来た外交使節団を歓迎するために催された祝賀。以上の祝祭にくわえ、首都パリや王国のその他の大都市への荘厳な入市式も、カトリーヌにとって大切な政治手段であった。

彼女は、「［国民を］分断する呪わしい力」を消し去る効果をこうした祝典に期待している、と述べている。舞踏会、音楽会、観劇、花火が、華やかな行事のクライマックスとなった。こうした華麗な催しは、試練の終わりを告げる楽しい息抜きでもあった。カトリックとプロテスタントのあいだの和平条約の調印を祝っての開催であることが多く、武具がぶつかり合う音が止むと、音楽や舞踏が登場したのだ。たとえば、一五六三年三月一九日に調印されたアンボワーズ勅令［一定の条件付きでプロテスタントの信仰の自由を認めることで宗教戦争を終わらせることを意図した、和平の勅令］は祝祭に値する慶事とみなされ、多くの苦しみと死をもたらしたついこの前までの諍(いさか)いを忘れるための賀宴のおりに、国民の和解が宣言された。宮廷の贅沢と華美は、ヴァロワ朝にとって最大の切り札だった。フォンテーヌブローは、馬上試合、水上スペクタクル、騎馬試合と盛りだくさんの数日間におよぶ祝賀行事の舞台となった。行事のテーマは、むろんのこと和平であった。カトリーヌは、祝祭には政治的機能がある、ほぼマジカルで、災厄を予防する力さえある、と信じていた。祝祭を豊かなものとする芸術――絵画、舞踊、音楽、詩歌――は、諍いや戦いで傷つけられた王国の一体性や調和を復元する使命を負っていた。ネオプラトニズムの思想を信奉していたカトリーヌは、人間は大宇宙と照応する小宇宙であると固く信じていた。そして、芸術は、神が発するしるしをとらえ、人間に作用し、宇宙の秩序と一体になることで、人間のあいだの一体感と協調の回復を可能とする、と確信していた。歌や演技や踊りを通して表現すれば、平和、団結、和解はほんとうに実現する、と考えていた。調和を重視するカトリーヌは、祝祭が人の心を虜（とりこ）にすれば人間は戦争にきっぱりと背を向け、調和は回復されるはずだ、と信じていたから、なみはずれてきらびやかで華やかなものであれば、それだけ祝祭の効果は高まる、と考えた。「毎晩、舞踏室でユグノー「プロテスタント」とローマ教皇絶対主義者「カトリック」が踊っている」のを見ることはカトリーヌの自尊心を満足させ、自分の融和政策の有効性のなによりのサインだと受け止めた。

カトリーヌには、敵対する家門や党派を和解させるためのもう一つ平和的な武器があり、これも始（し）終（じゅう）使っていた。結婚である。彼女は倦（う）むことなく縁結びに奔走（ほんそう）した。幸せな夫婦になるかどうかは二の次で、自分の政策に役立てるためだ。自分のこどもたちを結婚させることは、彼女の第一の関心事となった。一五五九年、彼女は二人のこどもを王家に嫁がせることに成功した。長女エリザベート「スペインではイサベルと呼ばれる」は、スペイン国王フェリペ二世のもとにお輿入れした（この縁組は、一五五九年にフランスとスペインの間で結ばれたカトー＝カンブレジ条約で決まっていた）。そして次女クロードは、ロレーヌ公シャルル三世と結婚した（当時、ロレーヌは独立した公国であった）。

政務に忙しいカトリーヌであったが、こどもたちのことはつねに気にかけていた。三女のマルグリット（マルゴの呼び名で知られる）が幼いころから美少女であることを誇らしく思い、シャルル九世がスポーツに熱中するのを心配してほどほどになさい、と注意した。「グラン・トゥール」の折に、神聖ローマ皇帝マクシミリアンに会うことを考えたのは、皇帝の娘をシャルルに嫁がせ、息子ルドルフ大公の妻にマルグリットを迎えるよう、説得できたらと願ったからだ。一五七〇年、シャルル九世は皇帝マクシミリアンの次女エリーザベトと結婚する。その一方、マルグリットとルドルフ大公の縁談はカトリーヌの思惑どおりにならず、別の花婿候補を見つける必要が生じた。

一五六五年にバイヨンヌで、あの有名なおそるべきアルバ公爵――まずはカール五世に仕え、今はフェリペ二世に仕えているスペインの重鎮――と面会したとき、カトリーヌの頭には別の結婚計画があった。マルグリットをフェリペ二世の一人息子ドン・カルロスと、アンジュー公アンリをフェリペ二世の妹フアナと縁組みすることは考えられないだろうか？　ドン・カルロスが奇形で、癲癇（てんかん）持ちで、性格に障害をもっていることは確かだ。また、フアナがポルトガル王の未亡人で、年齢はアンリの倍であることもほんとうだ。しかし、カトリーヌはアンリに王国をあたえてやりたいという夢をいだいていた。スペイン国王が手にしている領土は広大だから、アンリが婿になれば、ミラノ地方やトスカーナ地方を譲ってもらえるのではないだろうか？　政治をなによりも優先しているカトリーヌであったが、イタリアのマンマのつねとして、こどもたちを心から気にかけていた。とはいえ、やはり真っ先に考えるべきは政治であり、こどもたちの個人的な幸福を優先することはなかった。結局、マルグリットはその後の七年間、独身を守り、アンリが結婚するのは一五七五年になってからであり、相手はルイーズ・ド・ヴォードモン＝ロレーヌであった。

政略結婚の可能性をつねに探っていたカトリーヌは、末娘マルグリットのために野心的な計画をねった。まずは、三人目の妃を亡くしたフェリペ二世［二人目の妃は、マルグリットの姉エリザベートだった］に嫁がせることを考えたが、信仰の違いにもかかわらず次に狙った相手はナバラ王国のアンリ・ド・ナヴァールだった。ヴァロワ朝に次ぐ王位継承権をもつ王族であったが、母親ジャンヌ・ダルブレによってプロテスタントとして育てられ、宗教戦争ではユグノー陣営について戦っていた。この結婚は、自分がたえず希求しているカトリックとプロテスタントの恒久的な融和につながる、と確信したカトリーヌは、障害を過小評価した。しかし、この結婚話は簡単にまとまらなかった。第一に、マルグリットとアンリ・ド・ナヴァールは近親であるので結婚には教皇の認可が必要だと分かった。しかし、なによりも厄介だったのは、カトリックのフランス国王［当時はシャルル九世］の妹と、プロテスタントであるナバラ女性君主ジャンヌ・ダルブレ［ナバラはサリカ法を適用していなかったので女性でも君主になることが可能だった］の息子という組み合わせゆえに、教皇からもう一つ別の認可を得る必要があったことだ。こちらの認可は、簡単に下りるものではなかった。そして、政治と宗教がからんだ緊張は最高潮に達した。カトリック同盟のリーダーであるギーズ公と、プロテスタント勢力の首領コリニー提督のあいだの憎悪も同様にこれ以上ないほどふくらんだ。パリでは、カトリックの説教師たちがこの結婚を「おぞましい結びつき」とよんで糾弾し、これに煽られた世論は白熱していた。一五七二年八月一八日にあげられた結婚式は異例づくめであり――人々が見守る中、新郎新婦はノートルダム大聖堂前広場で結婚を誓ったが、新婦はミサにあずかり、新婦は寺院の外に留まった――、このことはカトリック一色のパリ市民を憤慨させ、サン＝バルテルミの虐殺の不吉な前ぶれとなった。

この結婚はカトリックとプロテスタントの融和の永続化を保証するもの、とカトリーヌの目には映ったが、パリの世論はまったく逆で、呪わしい結婚であって、二つの信仰の耐えがたい共存の象徴そのもの、と受けとめた。和平を担保するはずの、フランスの王妹とナバラ国王〔母親ジャンヌ・ダルブレの急死にともない、アンリは即位してナバラ国王となっていた〕の結びつきは、プロテスタントに対するパリ市民の憎しみをかきたててしまった。カトリーヌの戦略は時期尚早だった、といえよう。彼女は宗教的熱狂の激しさを過小評価していた。これは、とりかえしのつかない誤りだった。

虐殺の共犯者？

黒い伝説は、一五七二年八月末にシャルル九世が出した、ユグノーを殺せ、との命令（「彼らを一人残らず殺せ」）を、母后カトリーヌが出したものと決めつけ、彼女を大量殺人の首謀者に仕立て上げた。当時、プロテスタント勢力は、コリニー提督が襲撃されたことに怒り狂って復讐してやると息まいていた。そしてウルトラカトリックで固まったパリは、王妹とナバラ国王の「反宗教的な結婚」にいきどおっているうえに、プロテスタントたちが王家を抹殺する陰謀をくわだてている、と固く信じていた。だから、カトリーヌが、プロテスタントとパリ市民の双方に命をおびやかされている、王宮から一歩外に出たら危ない、と感じていたことは本当だ。敵対する二つの勢力の憎しみに引き裂かれたカトリーヌは、「罠におちいった」も同然だった。自分をしめつけるこの罠からどうしたら逃れることができるのだろうか？　コリニー提督襲撃を指示したと思われるギーズ公一族を非難したら、ウルトラカトリックのパリは蜂起するだろうし、ギーズ公らを支援しているスペインを挑発することになろう。コリニー提督やナバラ国王アンリに近い過激なプロテスタントを排除するとしたら、またも内戦が始まり、たいへんな努力を傾けて何とか形を整えたカトリックとプロテスタントの融和は日の目を見る前に崩壊するだろう。

国務諮問会議が開かれ――話し合いの内容について、分かっていることはごくわずかである――、その席でシャルル九世と母后カトリーヌは死ぬべき者のリストを作成した。王族であるブルボン家のメンバー、すなわちナバラ国王アンリとコンデ公の命は助けるが、その他のプロテスタント勢のおもだった者は生かしてはおけない。ギーズ公らに使嗾されたパリ市民が暴動を起こせばスペインが介入する可能性[6]に危機感を覚えた、もしくは、――こちらの方が伝統的な歴史解釈である――コリニー提督襲撃に怒るプロテスタントによる暴挙を恐れたカトリーヌが、ルーヴル宮から指令を出したことはほんとうである。だが、二三日から二四日にかけての夜に起こった大量虐殺を実行したのは、プロテスタントを激しく憎んでいたパリの一般市民である。ジャニーヌ・ガリソン［一九三二～二〇一九、一六世紀フランスの政治史・宗教史を専門とする歴史研究者］はパリ市民によるプロテスタント虐殺を次のように形容している。

だれもが、呪わしい宗派［プロテスタント］のメンバーであることが分かっている隣人を襲撃した。

罵（のの）りの言葉をたえず口にしながら、パリの民衆は「ユグノーに死を！」と叫んだ。こうした始まった殺戮は三日以上続き、そのあいだ、カトリーヌとその家族は宮殿に引きこもっていた。民衆の暴力は少なくとも二〇〇〇人の犠牲者を出した。

カトリーヌがユグノーの主な指導者たちを始末する決定を下した——優柔不断な息子シャルル九世が最終的に下した決定に押し切られた可能性もある——のは確かだが、彼女がプロテスタント大量虐殺を指示した、という説は、現在では誤りだとして排除されている。プロテスタント虐殺は民衆が突発的におこなった、もしくはギーズ公らにそそのかされての凶行である。カトリーヌにとっては想定外であった。

王国の一体性を探る恒常的な努力

何度も述べたように、カトリーヌは王国の安定、一体性を維持もしくは回復することを何よりも重視していた。これが、こどもたちの権力を守りたいという意思を背景として、彼女が恒常的に追及した目的だった。この目的を達成するため、そして最悪の事態を避けるため、彼女は敵方と交渉することをしばしば（過度に？）受け入れた。王国に暗い影を投げかける内戦を終わらせるための自身の戦いについて、カトリーヌは次のように書いている。

この火を消すために、わたしはあらゆる方策や創意工夫を探し求めています。

これが本心であったことは、彼女がどのようなアクションを起こしたのかを時系列にそって考察するとよくわかる。

政治の舞台に登場した一五六〇年から、一五九〇年一月五日の死にいたるまで、カトリーヌは和平を実現するために努力した。夫アンリ二世の事故死からほんの数か月後、彼女は新王フランソワ二世に国内の和平を保つ必要性を説いた。ゆえに、一五六〇年三月八日に、フランソワ二世の名で出された勅令は、故王アンリ二世が実行していたプロテスタント弾圧政策ときっぱりとたもとを分かち、融和的な方針を打ち出した。プロテスタント信仰が異端として法的に追及されることはなくなり、叛乱や反逆教唆といった罪を犯していない穏健なプロテスタントは許され、釈放されることになった。現代人は忘れているが、これは前代未聞の大胆な勅令であった。国家は騒擾を起こした者の責任を問うが、穏健なプロテスタントを弾圧することはない、と告げたのだ。歴史上初めて、信仰の問題と民事上の問題、神の国と人間の国が区別された。プロテスタントを迫害したアンリ二世の未亡人は、反対の声を抑えて中庸を国家の方針としたのである。

一五八八年一二月二三日と二四日に、アンリ三世の命令でギーズ公アンリとその弟である枢機卿がブロワで殺されたとき、カトリーヌは息子を責めたが、これも中庸を方針としているゆえだった。アンリ三世は、ギーズ公らをリーダーとするウルトラカトリックによってたえず挑発されていた。同じ年の五月に、ギーズ公はアンリ三世の命令を無視してパリに入り、民衆の大歓迎を受けた。アンリ三世にとって、ギーズ公の主都滞在とパリ市民の熱烈な歓迎は、屈辱であり、自分の身の安全を危うくする脅威だった。パリ市民が蜂起することは確実と思ったアンリ三世は鎮圧のために軍を出動させた。これを知ったパリ市民はバリケードを築き――パリの歴史で初めてのバリケードであった――、アンリ三世はシャルトルに逃げ出した。だがカトリーヌはまたも交渉に望みをかけて首都に残った。自分の国家指導者としての正統性を回復する目的でアンリ三世はブロワで三部会を開くことにしたが、第三身分の代表として選ばれたのはカトリック同盟の支持者ばかりで国王の思惑はみごとにはずれた。[7]ギーズ公アンリはパリの支配者であり、アンリ三世はすべての面目を失った。バリケードが林立する首都に残るという勇気ある決断を下した母后カトリーヌは、ギーズ公アンリと話し合い、王権に服従するよう求めた。「王太后陛下、もう遅すぎます」というのがギーズ公の返事だった。権力を少しでも回復したいと思ったアンリ三世の試みはすべてついえた。はずかしめを受け、孤立し、身の危険を感じたアンリ三世は母の手法に背を向け、今後は母の後見を受けない、と決めた。そして、暴力を行使するほか道はない、と確信し、ギーズ公らを始末しようと決意した。キリスト生誕祭直前に息子がギーズ公アンリと枢機卿を殺させたことを知ったカトリーヌは驚愕のあまり口もきけなかった。伝説によると、彼女は「息子よ、布を裁断したあとは、縫うことができなくては」と述べた。だが、信頼できる証言によると、カトリーヌは「それはよかった」とギーズ公兄弟の殺害にいったん賛意を示したが、「もし、これが国家のためによいことであるならば」と疑念を表明した。

ある同時代人によると、年老いて病気がちとなったカトリーヌはもはや「現在かかえているこれほど多くの病（やまい）を癒すのにどのような薬を処方すべきかも、将来の病をどのように予防できるかも」分からなかった。彼女にはもはや打つ手がなかったが、息子が取り返しのつかない失策を犯したことは意識し、「あの子が体と魂と王国を失うのでは、とおそれます」と懸念を表明した。王母の判断は正しかった。偶像視していたギーズ公兄弟が殺されたことを知ったパリ市民は怒りを爆発させ、復讐を誓った。しかし、カトリーヌは息子が一五八九年八月一日にジャック・クレマンによって暗殺され、ヴァロワ朝が終焉する悲劇を知らずにすんだ。同じ年の一月五日に亡くなったからである。死の前に口述筆記させた遺言は、自身の魂の救済のみに言及しており、大きな情熱を傾けた政治には一切ふれていない。

その生涯を通して、カトリーヌ・ド・メディシスはフランス国民同士がいがみ合う内戦をなげき、国内のプロテスタントとカトリックに救援を求められた外国勢力――エリザベス一世のイングランドとフェリペ二世のスペイン――の容喙(ようかい)を排除しようとつとめた。火事を消すことが彼女のつとめであった。くりかえし消火にあたったが、完全な鎮火はかなわなかった。彼女には欠点もあった。かならずしも誠実ではなかったし、宗教的信念の強さを見誤り、ギーズ公らに譲歩することが多すぎ、娘婿のナバラ公アンリを過小評価し、お気に入りの息子だったアンリ三世（「わたしの目」とよんでかわいがっていた）に過度なまでに甘すぎた。彼女は何度も挫折を経験し、ときには陰謀に手をそめたが、あきらめることは一度もなかった。彼女の統治手法には、一六世紀のフランスをゆさぶった内戦の憎しみと暴力をとめる力がなかったことは明白だ。それでも彼女は、自分の家族を守ることと表裏一体となった国家保全のために、とてつもないエネルギーをついやした。

不寛容と狂信の世紀のただなかにあって、陰謀、武装蜂起、財源不足、外国の介入に直面したカトリーヌは、国内の和平を重視し、なにがなんでもこれを実現しようとつとめ、カトリック信仰とプロテスタント信仰のあいだで中庸の道をつねにさぐった。ギーズ公一族やスペイン国王がヴァロワ朝の存続をおびやかしたものの、彼女はこどもたちのために王家を守りぬいた。障害があったにもかかわらず彼女が守ったからこそ、フランスの君主の権威はアンリ四世のもとで蘇ることになる。バルザックは「彼女が生きているあいだ、ヴァロワ朝は王座に留まった」と述べることになる。息を引き取るまで、彼女は驚嘆すべきねばり強さを発揮し、休戦、交渉、国民融和の勅令を手段として、王国の一体性と国民の結束のために力をつくした。これこそ、彼女にあたえるべき評価である。

後世はこうしたプラス面を無視し、ユグノー側の攻撃文書やカトリック同盟の誹謗文書をもとに彼女の存命中にすでに形成された黒い伝説ばかりを取り上げた。同時代人の多くはカトリーヌ・ド・メディシスに否定的なまなざしを向けた（ロマン派の著作者たちがこれを引き継ぎ、映画界も同様のイメージで彼女を描いている）。おそらくは、カトリーヌが女性で外国人だったからだろう。三人の息子が言いなりになるように育てて彼らの代わりに王国を統治した、宗教的対立ゆえの憎しみをあおった、毒をもちいた、ノストラダムスを始めとする占星術師の意見を頻繁に求めた（ノストラダムスは彼女に重用され、一種の分身であるかのように受けとめられた）、と非難された[8]。カトリック同盟のある説教師も次のような認識を示した。

彼女は多くの善と悪をおこなった。悪の方が善よりも多いと思うが。

だが、本質はそこではない。現代の歴史研究者たちがカトリーヌに公正な評価を下すようになったが、それ以前でも、バルザックは彼女の実績の本質を見ぬき、次のように記した。

（カトリーヌ）は、王権をこのうえもなく強く意識していた。ゆえに、賞賛すべき勇気とねばり強さで王権を守護した。

一家のなかの唯一の男、とよばれたカトリーヌ・ド・メディシス。国王のつとめを果たした女性、と言いそえたくなる。

◆原注

1　ただし、半分はフランス人である。彼女の母親は、聖王ルイを先祖の一人に数える名門貴族の娘としてラ・トゥール＝ドーヴェルニュ［フランス中南部］で誕生した。

2　アンヌ・ド・ブルターニュ（一四七七～一五一四）［ヴァロワ朝のシャルル八世、ついでルイ一二世の妃となる］に次ぎ、カトリーヌは黒い喪服をまとったフランス王妃であった。

3　一三七四年の王令により、国王となるための成人年齢は満一三歳と決まっていた。

4　これらの祝祭をテーマとして制作された三つの大がかりなタペストリーシリーズが、いま今でもパリとフィレンツェに保管されており、華やかさを後世に伝えている。

5　国務諮問会議のメンバーであり、プロテスタント武装勢力のリーダーでもあったコリニー提督は、一五七二年八月二二日にパリで襲撃され、手と肘を負傷した。この襲撃を指示したのはスペイン国王フェリペ二世の支援を受けていたギーズ公一族だと思われ、カトリーヌは関係していない。

6　フランスとの国境付近にスペイン軍部隊が結集していることに、フランスの王権は数週間前から懸念をいだいていた。八月二三日の午後、スペイン大使はパリを去り、フランスとの外交関係を一方的に破棄し、スペインが戦争に介入する可能性を示唆した。

7　第一身分［聖職者］と第三身分［平民］の代表として三部会に送り込まれた者の大多数は、カトリック同盟を中心とするウルトラカトリックに好意的だった。

8　シャトーブリアンは黒い伝説を信じこむようなことはなく、「彼女［カトリーヌ・ド・メディシス］はコンデ公の軍勢の全員を毒殺しようと試みた、と言われている」と皮肉をまじえて書いた。

＊参考文献

Beaufils, Oriane, et Droguet, Vincent, *L'Art de la fête à la cour des Valois*, Paris, In Fine éd. d'art, 2021, catalogue de l'exposition de Fontainebleau (avril-juillet 2022).

Bertière, Simone, *Les Reines de France au temps des Valois*, tome II : *Les Années sanglantes*, Paris, Éditions de Fallois, 1994.

Cloulas, Ivan, *Catherine de Médicis*, Paris, Fayard, 1979.

Garrisson, Janine, *Catherine de Médicis. L'impossible harmonie*, Paris, Payot, 2002.

Gellard, Matthieu, *Une reine épistolaire. Lettres et pouvoir au temps de Catherine de Médicis*, Paris,

Garnier, 2014.
Knecht, Robert Jean, *Catherine de Médicis*, Bruxelles, Le Cri- Histoire, 2003.
Mariéjol, Jean-Hippolyte, *Catherine de Médicis*, Paris, Tallandier, 1979 (1re éd. 1920).
Solnon, Jean-Francois, *Catherine de Médicis*, Paris, Perrin, 2003 ; Paris, Tempus, 2009.

6 テューダー朝エリザベス一世（一五三三年～一六〇三年）

処女王

ソフィー・ブルケ

女性権力者を輩出するお国柄のイギリスでは王座についた大物女性が何人かいる。しかし、イギリスの歴史をまちがいなく左右したのは三人だけだ。エリザベス一世、ヴィクトリア女王、エリザベス二世の生涯はイギリスの黄金時代そのものだった。この三人の治世はとくに長く、成功を重ね、すべての大陸の同時代人から称賛された。一五五九年に即位したテューダー家のエリザベスは国の母であり父であり、またイングランド国教会首長であり、イギリス史上二人目の女性王位継承者だったが、女性権力者として比類ない範を示したのは彼女が初めてだった。「ヴァージンクイーン」エリザベスは王の妻ではなく、女性の王であり、悲劇と栄光の治世下にイギリスは大国の座を手に入れた。恐れられると同時にたたえられた統治者エリザベスは、生前からさまざまな論争の的であり、栄誉と裏腹な黒い伝説をよんだ。賛否両論、相反する見解が生じ、エリザベスを題材にする著作や映画が昔も今も絶えないことで分かるように、物語はかぎりなくふくらむのだった。

生き残ったエリザベス

エリザベスは幼少のころから重い人生を背負っていた。ヘンリー八世の次女だった彼女は、不幸にも三歳のときに母アン・ブーリンを失った。イングランド王ヘンリー八世の二番目の妻だったアン・ブーリンは一五三六年、男児を生まないことに落胆した夫の命令で斬首刑に処せられた。それ以降、姉メアリー――ヘンリー八世の最初の妻キャサリン・オヴ・アラゴンの娘――とともに、エリザベスはカトリック教会だけでなくプロテスタントからも庶子とみなされた。エリザベスは父のもとを遠く離れ、かなり貧しい子ども時代を送った。議会の決定により、異母弟エドワードと異母姉メアリーにつぐ王位継承権が復活したのは一五四四年、エリザベス一〇歳のときだった。こうしてエリザベスはヘンリー八世の最後の妻、キャサリン・パーの配慮できちんとした教育をうけることになる。エリザベスは知識欲の旺盛な生徒であり、英語、フランス語、イタリア語、そしてラテン語やギリシア語を学んだ。イギリスルネサンス期の人、エリザベスは当代一の学者の教えを受け、人文主義文化のあらゆる成果を吸収した。

ヘンリー八世が一五四七年一月三一日に亡くなると、その一人息子がエドワード六世として即位したが、メアリーとエリザベスの身にはなんの影響もなかった。ふたりとも宮廷によばれなかったからである。キャサリン・パーはエリザベスをロンドンの家に迎え入れたが、ほどなくしてイングランドの大提督、トマス・シーモアと再婚した。シーモアは四〇近い年齢だったが、エリザベスの部屋に来て身体をくすぐったり、お尻をたたいたりといったなんともいえないふるまいをした。キャサリン・パーはこれに眉をひそめるどころか、いっしょになってじゃれあわんばかりだった。しかしエリザベスとシーモアが二人で抱きあっているのを見るや、キャサリンはエリザベスを追い出し、侍女ティルウィット夫人のもとに預けた。キャサリンが一五四八年に早世すると、シーモアはエリザベスと結婚しようとしたが、宮廷の重鎮らの反発にあい、思い通りにできなかった。

エドワード六世は一五五三年七月六日に崩御し、メアリー・テューダーがイングランドの王位についた。八月三日、エリザベスはメアリーとともに意気揚々とロンドンに入城した。とはいえこの異母姉妹にはなにも共通点がなかった。メアリーはカトリック信仰の復興を強く願っていたし、エリザベスはカトリック典礼に従う義務があったもののプロテスタントだったからである。宗旨替えのふりをしたものの、フランスのユグノーとひそかに通じていた。居心地の悪かったエリザベスは一五五三年から一五五四年にかけての冬、宮廷を離れてロンドンから北西に離れたアシュリッジ城で過ごした。「ブラッディメアリー」とまもなくよばれるようになったメアリーのプロテスタント迫害政策はイングランド国民の憎しみを買った。メアリーは一五五四年にカール五世の子フェリペ（のちのスペイン王フェリペ二世）と結婚し、宗教改革に痛烈な反撃をし、ますます民意を失った。

それからというもの、プロテスタントたちはエリザベスにすべての望みを託した。エリザベスはメアリーをおびやかす存在となった。メアリーはエリザベスを反逆罪で訴え、一五五四年二月二二日にロンドン塔に幽閉させた。裁判の準備が進められたが、政府の穏健派が、イングランドの王位継承者はほかにいない以上エリザベスを生かしておくしかないとメアリーを説得し、助命にこぎつけた。一五五四年五月二二日、エリザベスはロンドン塔を出ることを許され、運命が好転することを願いつつ王家の邸宅に蟄居した。四年後の一五五八年、メアリーは感染症にかかり臨終の床にあった。妊娠騒ぎはなんどもあったものの結局子をなさなかったメアリーの後継者は確定していなかった。いまわの際にあるメアリーをよそに、エリザベスは側近となるべき者を裏で集めて王位継承の根まわしをした——一人残らずプロテスタントだった。一五五八年一一月六日、ついにメアリーはヘンリー八世の次女エリザベスを唯一の後継者と認め、一一日後に息を引きとった。

「女王万歳」

一五五八年一一月二五日、若き女王エリザベスは民衆の喝采のもとロンドンに入城し、ホワイトホール宮殿に落ち着き、戴冠式の準備が整うのを待った。二五歳の彼女は、不安定な子ども時代と青春時代がとうとう終わったことを実感した。多難な日々、彼女は同時代の人々を観察し、将来統治する立場になったときにどうすべきか、じっくり考えた。権力を専有するしかないと固く心に誓っていたからである。

一五五九年一月一五日、エリザベス・テューダーはウェストミンスター寺院で聖別され、戴冠された。真紅の絹の衣装を身にまとったエリザベスはこのとき、赤みをおびた金髪を結いもせず両肩にたらしたが、その姿は彼女にまつわる華々しい伝説の一つになった。美貌ではなかったが、均斉のとれた身体つき、白い肌、意志の強そうな目には威厳があった。戴冠式の際、カトリック信仰あついカーライル司教は民衆の前でエリザベスの手をとってみせ、君主として認めるかどうかを問うた。人々は歓呼と万歳でそれにこたえた。続いてエリザベスは慣例通り奉納をおこない、ひざまずいて主の祈りを唱えた。司教から聖エドワード王冠を頭上に載せられながら、彼女はイングランド王国を守ることを誓った。王冠をつけた彼女は聖油をそそがれ、王家の象徴となる品々を授けられた。さらに彼女の頭上にイングランド、アイルランド、（イングランドが百年戦争以来わがものと主張する）フランスの三つの王冠がつぎつぎと載せられた。最後に、司教たちや高位貴族が新君主エリザベスに敬意を表した。

数々の動乱をへて、国内は不穏な状態だった。ヘンリー八世はカトリック教会から離脱しプロテスタントとなったが、メアリーはプロテスタントを迫害した。エリザベスはまもなく、父ヘンリー八世の衣鉢を継ぐことに決めた。一五五九年五月八日に再度制定された首長法により、議会そしてイギリス国教会を率いる長となったエリザベスは「王国の最高統治者であり帝王」の称号を名のり、礼拝統一法によりプロテスタント信仰がイングランドに確立した。とはいえエリザベスは穏健でありプラグマティズムの人だった。即位するや彼女は、カトリックと急進的な清教徒のいずれの肩ももたず、両派の融和を望んだ。しかし、女性が教会を支配することは、教皇やカトリック国家の君主たちから異端と見なされた。

当時のヨーロッパは戦火がたえなかったが、対外政策においてもやはりエリザベスは平和を心がけた。幅広い外交をおこない、カトリック国とプロテスタント国のあいだで微妙なバランスをとろうとした。しかし父親と同様、エリザベスはフランスに奪還されたカレーをふたたび手にしたかった。フランスにはスペインという味方がついていたが。フランス王アンリ二世は、エリザベスのライバルであり親戚でもあったメアリー・ステュアートにイングランドの王位継承権があることを盾にとり、エリザベスにゆさぶりをかけた（スコットランド女王メアリーはヘンリー八世の姪でもあった）。最終的に戦争ではなく外交で決着をつけることになり、一五五九年四月、三国の代表であるアンリ二世、フェリペ二世、エリザベスはカトー・カンブレジ条約に署名した。こうしてイングランドは永久にカレーを失ったが、エリザベスにとっては平和の方が大事だった。

すべての権力はエリザベスに集中していたが、統治は独占しなかった。彼女は鋭い眼力で、異母弟エドワード六世の寵臣だった者の中からみずからの側近を選んだ。プロテスタントのウイリアム・セシルはその一人で、エリザベスに徹底してつくすことになる。枢密院は財務官、大法官、提督、その他の国の重鎮からなり、君主に寄せられるさまざまな陳情にこたえるのが仕事だった。ようやく強国となりつつあったイングランドの中枢を占め、陰で支えるこれらの男たちに対し、エリザベスが治世を通じてつねに忠実だったことは特筆すべきだ。

女王の一日の義務は政治、外交、宗教に分類される。週に三回、のちにはほぼ毎日、枢密会議を開き、政策の方向づけをはかった。可能なとき、エリザベスは国事から離れ、馬にまたがり疾走させ、宮殿や城の庭園で狩りをした。夜はたいてい音楽を聴いたりダンスをしたりしてくつろいだ。結局は読書などの静かな趣味のほうがよかったが。また身だしなみをととのえるのにかなりの時間をかけた。実際、エリザベスにはなまめかしさがあり、政治の場で女らしさを有効に使った。仰々しいまでに豪奢な装いは周囲を瞠目させるためだった。くわえて、即位後まもない時期に天然痘にかかったため、肌に厚塗りをして痘痕を隠さねばならなかった。

しかしもうひとつの重要事項が女王の念頭にあった。臣下はエリザベスが結婚し、王位継承者をもうけることを期待していた。一五六三年に議会が開かれた際、この問題について下院の議長から打診されたエリザベスは、祖国との結びつきを象徴する戴冠式の指輪を示しながら、「わたくしにはもう、イングランド王国という夫がいます」と笑みを浮かべて答えた。

型破りなこの貞操の誓いはエリザベス朝の神聖さをさらに不動にしたが、王位継承問題は手つかずのままであった。枢密院委員たちは花婿候補の選定を始めた。エリザベスはあらゆるもくろみをかれらにまかせ、数多くの求婚を丁重に受け止めたが、決してみずから心を固めることはなかった。一五七一年初め、重臣たちは、スペイン王に対抗する同盟関係を結ぶため、エリザベスとアンジュー公アンリ（のちのアンリ三世）の結婚を画策した。一月二四日、エリザベスはフランス大使に、結婚の意志を固めたと述べたが、すぐに思いなおした。若い頃、トマス・シーモアの愛撫を受けたときのことがトラウマになっていたのか、自分が不妊症だと知っていたのか、それよりなにより夫に縛られる身になったり権力を共有したりすることを望まなかったのか、エリザベスの意外な態度に対する歴史家たちの見解は分かれている。一五七〇年代半ばになると、側近たちは、エリザベスは結婚せず子孫も残さないだろうと思うしかなかったが、さらに驚くべきことに、彼女は生前に後継者を指名することもこばんだ。エリザベスはきわめて聡明であり、将来の王を指名すれば、クーデタの危険にたえずさらされることを知っていた。すなわち彼女は後継者をおかず身辺は空白のまま統治した。

とはいうもののエリザベスは異性関係において奥手だったわけではない。即位してまもなく、幼なじみのロバート・ダドリーと恋仲になった。若いころに権力がどれほど不確実なものか身にしみていたので、安定を求めて結婚まで考えたが、側近が思いとどまらせた。貴族たちが、自分たちと同じ階層出身の王に妬みを感じ、反乱を起こす恐れがあるというのだった。一五六四年、エリザベスは破談になった埋め合わせに、ダドリーに王国総司令官の地位とレスター伯の称号を授け、彼は忠臣であると同時に真の味方でありつづけた。

鉄の手にビロードの手袋

一五七三年、イングランド女王エリザベスは四〇歳、平和と繁栄によってひとつの強国を作り上げ、国際舞台の最前線に押し上げた。しかし親戚筋にあたるスコットランド女王メアリーの動きはますます気がかりだった。メアリー・ステュアートとエリザベスの違いは対照的だった。メアリーはスコットランド人でカトリック、エリザベスはイングランド人でプロテスタントだった。メアリーは数回結婚していたがエリザベスは処女を自称していた。二人が顔を合わせたことは一度もなく、ただ遠くからにらみあっていた。母親がフランスのギーズ家出身だったメアリー・スチュアートは、筋金入りのカトリックの系譜に属していた。一五六〇年からエリザベスは、ギーズ家とメアリーが結託し、メアリーをイングランドの王位につけようと狙っているのではないかと恐れるようになった。エリザベスはスコットランドに派兵し、カトリックに対抗するプロテスタント勢力を支援したが、作戦は失敗に終わった。一五六〇年七月、イングランドと、カトリックのフランスを後ろ盾とするスコットランドの反乱軍のあいだにエディンバラ条約が結ばれ、両国に平和が訪れると思われたが、強硬なカトリックのメアリーは条約を承認しようとしなかった。

一五六四年、不穏な関係のメアリーと和解しようと、エリザベスはダーンリー卿ヘンリー・ステュアートを彼女のもとに行かせた。彼はメアリーの従兄にあたり、イングランドで生まれ育った。メアリーはダーンリー卿と結婚したものの、自分一人で実権をにぎることを主張したため、すぐに夫婦仲は冷えた。とはいえ一五六六年六月一九日、メアリーは王位継承者となる男児を産み、ジェームズと名づけた。イングランドの王位継承権をもつ王子の誕生に、イングランド議会はふたたび色めきたったが、エリザベスの決意はゆるがず、みずからの結婚について口にすることはなかった。一五六七年二月、もうひとつ大変な事件が起きた。ダーンリー卿が絞殺死体で見つかったのである。プロテスタント側は即座にメアリーと暗殺者の共謀ではないかと疑った。メアリーがその後まもなく再婚したことからますます疑念はました。そこでメアリーは異母兄モレー伯によって監督下におかれたが、やがてモレー伯はプロテスタント側に立ってメアリーに反抗するようになった。スコットランド同士の両陣営はエリザベスに仲裁を求めたが、もちろんエリザベスが肩を持ったのはモレー伯だった。モレー伯はメアリーにスコットランドの王位を一歳の息子ジェームズに譲らせた。ジェームズは母親から遠く離されて育ち、モレー伯はスコットランドの摂政になった。翌年、幽閉されていたメアリーが脱出し、その側近たちが反乱を起こしたが、すぐさま鎮圧された。

メアリーはスコットランドから逃亡し、エリザベスに保護してもらおうとの甘い思惑をいだいてイングランドまで落ちのび、事実上囚われの身となった。エリザベスは政敵メアリーをどう扱うべきか分からなかった。最初はメアリーの王位復帰を考えたが、側近たちは慎重になるよう進言した。最終的にエリザベスは、メアリーをスコットランドにもどすリスクを冒す――スコットランドに戻ればカトリック勢力を拡大させるおそれがあった――、あるいはフランスのギーズ家の元へ送りこむのではなく、一九年間軟禁状態におくことにした。一五七〇年、教皇ピウス五世はこの決定に異を唱え、イングランド王国を激しく非難し、エリザベスに破門の勅書「レグナンス・イン・エクスケルシス」を出した。これによりイングランドのカトリック教徒に、みずからの信仰を守り抜くか、あるいは教皇から異端だ私生児だと名指しにされているイングランド女王につくかの選択を迫った。教皇にとってイングランド女王は、道を誤った国の王位を奪い、善良なキリスト教徒を迫害する者だった。

教皇の断罪を受けたエリザベスは議会から圧力をかけられ、宗教政策を強化せざるをえなかった。一五七一年五月四日、下院はイングランド国教会の礼拝参列を国民に義務づける法律を定めた。さらにカトリック教徒たちはエリザベスを狙って策略をねった。同年、ロンドン在住のフィレンツェ出身の銀行家、リドルフィが、エリザベス暗殺をねらう教皇とメアリー・スチュアートの仲立ちをして関与した。フェリペ二世はこのたくらみに加担するのをためらっていたが、陰謀は発覚し、首謀者たちは斬首刑に処された。にもかかわらずエリザベスはメアリー・ステュアートを助命した。メアリーはふたたび囚われの身となり、それまで以上に孤立させられた。

一五八六年、またしてもメアリーがからんだ陰謀が明るみに出た。エリザベスの側近の手元にはメアリーの罪過を示す証拠物件が少しずつ集まっていたが、エリザベスは彼女の処遇についてなおもためらっていた。この年の末、エリザベスはメアリーの有罪を確信し、厳重に監視させた。メアリー・

ステュアートの監視役となったシュルズベリー伯爵ジョージ・タルボットは彼女の正体をあばくため、手紙のやりとりを許したが、当の手紙はまたたくまに国務長官フランシス・ウォルシンガムのスパイに読まれることになる。ウォルシンガムは当時網の目のように張りめぐらされた広範な諜報活動の頂点に立っていた。メアリー・ステュアートはまったく警戒心がなく、教皇やスペイン王フェリペ二世にあてて手紙を書き、たえず陰謀をたくらんでいた。ある日、一通のいかがわしい手紙がスパイの手に落ち、大がかりな陰謀が白日のもとにさらされた。一〇人の貴族がおよそ百人の要員を動かし、メアリーの解放をもくろむいっぽう、別の六人がエリザベス暗殺にかかわろうとしていた。メアリーの罪状を重くするため、ウォルシンガムは手紙を書きかえ、エリザベス暗殺をはっきり承認している内容にした。枢密院は裁判が必要とし、一五八六年一〇月一四日から一五日にかけて法廷が開かれた。糾弾にたいし、メアリーは神以外、どなたに対してもやましいところはありません、と答えた。一五八七年二月八日、メアリーは斬首刑に処された。メアリーの刑死の直後、エリザベスは処刑を命令した覚えはないと主張した。実際エリザベスは、死刑執行令状に署名したものの、とりついだ秘書官に、執行人のもとにこれを送達しないように言ったようである。良心の呵責を感じたのか、あるいはこれは事実だったのか、歴史家はいまだに論議している。

メアリー・ステュアートの死後、イングランドのカトリック弾圧はいっそう激しくなった。カトリック信仰を固持する者はウォルシンガムの配下に追跡された。最初の死刑判決が一五七七年に下されたが、イングランドに潜入したイエズス会士たちは抵抗をよびかけた。一五八一年、議会は対抗策として、こうした説得を大逆罪とみなし、禁じる法律を定めた。カトリック教徒、反プロテスタント、ピューリタンはその対象となった。ヨーロッパ全域と地中海両岸で、ウォルシンガムがなおもスパイ網を張りめぐらせ、非国教徒および彼らの思想を秘密裡に広める印刷所を手きびしく監視させた。とくにカトリックが多数を占めるアイルランドには目を光らせた。

戦争と平和

同時にエリザベスは、当時最盛期にあったカトリック国スペインに対する警戒もおこたってはならなかった。フェリペ二世の信をえてネーデルラントにおもむいたアルバ公は、一五七二年、プロテスタントを支援したとエリザベスを非難した。とはいえそれは事実ではなかった。エリザベスはあくまで中立の立場をとろうとしており、ネーデルラントから来たプロテスタントをイングランドから追放することさえしたものの、彼らは多くの貴族や議会の支持をえた。「沈黙公」とよばれたオラニエ公ウィレム[1]はイングランドの志願兵の到着を機に反乱軍の先頭に立つことになり、スペインとの対立が激化した。一五七二年四月にフランスとイングランドの間で対スペイン同盟が結ばれたが、八月二四日のサン・バルテルミの祭日にカトリックがユグノーを大量虐殺したとの報がエリザベスの耳にとどき、同盟関係は無に帰した。愕然としたエリザベスは、九月八日に謁見に来たフランス大使に怒りをあらわにしたが、フランスの支持が不可欠であることも知っていた。代わりにエリザベスは迫害されたプロテスタントを、諸手を挙げて自国に迎えいれた。

一五七六年一一月、スペインによってアントウェルペン［アントワープ］が無残に略奪[2]され、住民が虐殺を受けたことをきっかけに、イングランドとスペインの融和の模索はことごとく困難になった。一五七七年一月に招集されたネーデルラントの三部会はオラニエ公ウィレムへの忠誠とプロテスタント信仰の堅持を明らかにした。カール五世の庶子でありネーデルラント総督となったドン・ファン・デ・アウストリアは北部七州の抵抗派への攻撃の準備をしていたが、エリザベスはあいかわらず迷い、支援金を送るにとどめていた。スパイから、フェリペ二世がイングランド侵攻計画を始動させたと聞いてもなお、平和の可能性を信じたかった。一五七八年一月、ついに議会の圧力に負けたエリザベスは、ブリュッセル条約を結び、財政援助という形でネーデルラントへの支援を約束したが、やはり軍事介入に踏み込むことはなかった。

とはいえエリザベスとフェリペ二世の対立関係は、間接的な地上戦だけにとどまらなかった。エリザベスが「海の犬」と呼んだ女王の私掠船を通じて、海上での戦闘も頻繁になった。この点でもっとも有名なジョン・ホーキンズとウォルター・ローリー[3]はカリブ海と大西洋で、金銀を積んだスペインのガリオン船を相手に戦った。さらにフランシス・ウォルシンガムの推進策が効き、エリザベスは海の支配に本腰を入れた最初の女王となった。エリザベスは即位とともに三七隻の船を受け継いだが、沖への航行に耐えられるのはわずか二〇隻ほどだった。統治時代に艦隊を立てなおし、大海を支配することで、イングランドを貿易に注力した海洋大国にすることができた。一五七八年から一五八一年にかけ、探検家フランシス・ドレイクは世界一周航海に成功し、太平洋におけるスペインの領土進出はフィリピンにとどまっており、恐れるにたりないことを見ぬいた。

イングランドとスペインの緊迫した関係は、カトリック教徒が優位を占めるアイルランドに飛び火し、陰謀が仕組まれた。一五七九年、当然ながらフェリペ二世がアイルランドのカトリックに肩入れし、反乱が起きた。エリザベスが軍隊を送り激しく鎮圧しようとしたところ、一五八〇年九月、教皇の軍隊が上陸した。イングランド軍は教皇軍を包囲して捕らえ、全員を絞首刑に処した。こうしてアイルランドに恐怖政治がしかれ、本格的な植民地化が始まった。アイルランド人の反抗は失敗に終わったが、この動きによって、フェリペ二世が自国の領土でイングランドという敵に戦いを挑む可能性があることがはっきりした。これを受けてエリザベスは、ネーデルラントのプロテスタントへの支援をさらに強化して対抗すべきと決意した。一五八四年七月にオラニエ公ウィレムが暗殺され、和平実現が絶望的となるといっそう敵意は高まった。

一五八五年一〇月付の声明で、エリザベスは軍事介入を正当化し、とうとうフェリペ二世にたいし、海と陸の両方を舞台に戦争を開始した。一五八五年九月一四日、フランシス・ドレイク率いる艦隊がプリマス港を出航し、スペインの植民地と艦隊を略奪し滅ぼすべくカリブ海に向かった。女王の寵臣レスター伯も忠誠の証しを立てようと、五〇隻の艦隊を率いてネーデルラントの支援に向かった。一五八六年一月、三部会から司令官の称号を提示されたが、レスター伯はエリザベスの不興を買うのを恐れて固辞した。女王はこうしたことにうるさいのをレスター伯は知っていた。

スペインの無敵艦隊（アルマダ）

一五八六年からウォルシンガムは、フェリペ二世が侵攻計画を新たに進めているという穏やかならぬ情報を受けていた。そこで彼は、艦隊を強化し、ドーヴァー港を再建するようエリザベスに進言した。スペインでは、レパントの海戦で軍功をあげたサンタ＝クルス侯爵が開戦の準備をゆだねられていた。スペインの支配下にとどまった南ネーデルラントを味方につけてイングランドを侵略できると侯爵はふんでいた。陸軍の指揮はパルマ公アレッサンドロ・ファルネーゼ総督がとった。破門をためらわなかった教皇シクストゥス五世はこの戦いが、カトリックから離反した異端者であり王位簒奪者であるエリザベスを引きずりおろすための真の十字軍であると述べた。

一五八八年五月、一三〇隻からなり無敵艦隊とよばれるスペインの大船団がリスボンを出港し北へ向かった。メディナ・シドニア公を総司令官とする三万人が乗船していた。艦隊はまずフランスの北でパルマ公のスペイン軍と合流し、イギリス海峡を渡ってイングランドを攻略することになっていた。無敵艦隊（アルマダ）はポルトガル、ガスコーニュ湾［ビスケー湾］、カスティーリャ、ギプスコア、アンダルシア、レヴァントといったいくつかの艦隊からなっていた。対するイングランド軍は、ほとんどがあちこちの船主から徴用した船だったためなんともちぐはぐな、わずか一二〇隻の船団だった。ゆえにエリザベスは、はるかにお粗末な艦隊と砲兵隊で無敵艦隊に立ち向かうしかなかったが、配下の者は地勢に通じ、迎え撃つ立場という点で有利であり、戦場の近くに兵隊や弾薬をいつでもより多く集めることができた。備えを固めた戦いは歴史上最大の戦いのひとつとなることは間違いなかった。

一五八八年七月二〇日、三つの艦隊がプリマスを出港し、スペイン船との最初の対決に向かった。翌日、フランシス・ドレイクは一隻のガレオン船を略奪したが、それもつかのまだった。その後逆風が吹き、イングランドは優勢をたもてなくなり、戦いは膠着状態におちいった。エリザベスは意を決してロンドンを離れ、軍隊に合流し、寵臣レスター伯のいるテムズ河口の軍事基地まで足を運んだ。八月初め、白いドレスに銀の胴当てをつけ、芦毛の馬に乗ったエリザベスは、自身と臣民との絆を説く有名な演説をおこない、兵士たちの士気を高めた。いわゆるか弱い女性であることをたくみに強調しながら「ひとりの王、いやイングランド王の心と勇気」をもっており、祖国のために命をすてる覚悟であると述べた。この「チャーチル的な」演説はイギリスの歴史に永久に残るものとなり、エリザベスをまごうかたない司令官に高めた。

その後のイングランド軍の運命がそれを証明した。神は、いやすくなくとも天候はイングランド国民に味方した。八月八日、グラヴリーヌ沖合の決戦で、自然の猛威がスペイン艦隊を駆逐した。スペイン軍は南へ退散せず、スコットランドの方から北へ向かった結果、暴風に翻弄された。船は沈没、あるいは断崖に激突した。「無敵」艦隊のうち難をのがれた船はスペインへ帰ったと聞き、エリザベスは胸をなでおろした。一一月二四日日曜、ロンドンのセントポール大聖堂で、国民の歓呼のなか、権勢をきわめたエリザベスは勝利と王冠の維持と最強スペインの打倒を祝った。

女王のたそがれ

白い絹のドレスや白粉(おしろい)でよる年波を隠そうとしていたものの、エリザベスは年をとり、友や側近につぎつぎと先だたれた。一五八九年八月二日、フランス王アンリ三世が暗殺され、プロテスタントのまた従弟、アンリ・ド・ナヴァールが宗教戦争で荒廃したフランスの王位を継ぎ、アンリ四世となった。彼はイングランドと結び、スペインに対抗せねばと懸命だった。スペイン軍はフランスに侵入しパリに迫っていた。一五九一年八月、エリザベスはフランスに軍を派遣し、ディエップに攻め入ったスペインを駆逐したが、英仏同盟軍はルーアンを解放することはできなかった。その結果、一五九三年、議会はカトリックとピューリタンに対する締めつけを強化することを決定した。アンリ四世がカトリックに改宗したことを知ったエリザベスは、スペインと手を組もうとしているのかと気をもみ、思い直すよう長い手紙を書き送ったが、アンリ四世にそのつもりはなかった。二人の君主は戦争にあき、平和を願っていた。

しかしながら、まだ宿敵スペインとの決着はついていなかった。一五九四年から一六〇三年にかけて、カトリック国のアイルランドでふたたび反乱が起き、スペイン王が支援した。一五九九年、エリザベスは新たな寵臣のエセックス伯［ロバート・デヴァルー］[4]に反乱の鎮圧を命じたが、失敗に終わった。農民がくる年もくる年も凶作に苦しむいっぽうで戦争状態が延々と長引き、人心は離れた。緊迫した状況のなか、宮廷内の派閥争いが激しくなった。老いの進んだエリザベスが警戒心を強め気むずかしく短気になり、やっとの思いで仕えていた側近まで邪険に扱うようになるとなおさら内部は荒れた。エリザベスは暗殺を恐れてホワイトホール宮殿からほとんど出なくなった。女王の不安につけこんだのがエセックス伯とロバート・セシル[5]の二人だった。見目麗しい男と対照的にそうではない男の組み合わせだった。二人は宿命のライバルとなり、女王の威厳にさしさわるほど憎みあった。一五九九年三月二七日、エセックス伯が——女王の許可もえずに——アイルランドから帰国したとき、国民は歓声をあげて迎えた。エリザベスは内心穏やかではなく、彼が権力奪取をもくろんでいるのではないかととっさに考えた。エセックス伯はエリザベスに釈明の手紙を書き、九月二九日の王室会議に出席し自己弁護をはかったが、まもなく不覚にも逮捕されてしまった。けっきょく王立裁判所で無罪となり拘束を解かれたが、復讐を固く決意した。配下の者が秘密裡に多数ロンドンに集まり策をねった。首都を占拠しロンドン市民に団結をよびかけ、女王に刃向かうべく決起するのである。しかしエセックス伯は、ロンドン市街に向かい市民をたきつけようとしたものの、暴走に終わった…ほとんどだれもついて来なかったのである。ロバート・セシルの先導でエセックス伯はついに逮捕され、裁判にかけられて一六〇一年二月二五日に斬首刑に処された。とはいえエリザベスは最後の寵臣エセックス伯を失って悄然とした。一六〇二年、ある側近は「女王の楽しみは暗闇に座ってエセックス伯を思って涙を流すこと」と報告した。

鬱々(うつうつ)と沈んだエリザベスは衰える一方で、食事をとる気にもなれずベッドから離れようとしなかった。在位四四年をへて、一六〇三年三月二四日、女王は六九歳で崩御した。数時間後、王室会議はスコットランド王ジェームズ六世(メアリー・ステュアートの息子)をイングランド王に任命した。エリザベスはウェストミンスター寺院に葬られた。外国の君主で追悼の意を表したのは友人のアンリ四世だけだった。イングランド国民は滂沱(ぼうだ)の涙を流したが、しばらくの間だけだった。延々と続いた統治に疲れ、新しさを求めていたからである。とはいえイングランド人はステュアート家出身の王にがっかりし、対極的だった処女王、プロテスタント信仰を守りぬいたエリザベスを早くも懐かしむようになった。

エリザベスの最期は寂しいものだったが、統治時代の威光はいささかも失われない。まさに黄金時代であり、長期間にわたって国家安泰と繁栄が続いた。テューダー家を継いだエリザベスは父ヘンリー八世の願った国の強化を実現した。海の征服、商業の発展、外交の強化によってヨーロッパだけでなく七つの海を支配するようになったことはもはや無視できない。さらに、エリザベスは芸術文化支援に熱心だったわけではなかったが、エリザベス時代はウィリアム・シェークスピアやクリストファー・マーロウの時代だった。没後かなり時代が下ってからのナポレオン戦争時代、さらに二〇世紀に二度起きた世界大戦の時代、エリザベスは守護神的存在になった。そしてエリザベスに着想をえた架空の作品が数多く生まれた。映画は闇の歴史も栄光に満ちた話もそれぞれとりあげ、くりかえしテーマにしてきた。

処女王エリザベスは真の女性権力者であり後世を気にかけていたが、一国を支配した長い年月を端的に言い残している。「わたくしの周囲で、残酷な迫害をともなう戦争や反乱があいつぎ、ほとんどすべての王たちや国々が苦しんだ時期、わたくしの治世は平和であり、わが国は苦難をしいられたキリスト教のよりどころとなった。わが国民の愛はゆるぎなく、わが敵の欲望は打ち砕かれた」

◆原注

1　ウィレム・ファン・オラニエ＝ナッサウ（一五三三～一五八四年）はカール五世とその息子フェリペ二世（スペイン王）の側近をつとめたネーデルラントの大貴族。しかしプロテスタント迫害政策に反対して挙兵し、北部七州の貴族の一部および民衆と結び、独立派を主導した。

2　「スペイン人の争乱」ともよばれたアントワープ略奪は一五七六年一一月四日から七日にかけて起きた。フェリペ二世はスペイン領ネーデルラントを拠点とするフランドル軍の給料を払うことができなくなり、兵士らの反乱にあった。その鎮圧のためスペインはアントワープを略奪した。
3　ローリーは一六〇五年、北米に上陸して新天地を発見し、処女王にちなんでヴァージニアと名づけた。
4　ロバート・デヴァルーは一五六五年生まれ、美貌と芸術的才能をかねそなえているとの評判だった。エセックス伯としてエリザベスの寵を受けるようになったものの、つまらぬ政治家ぶりを露呈した。
5　ロバート・セシル（一五六三～一六一二年）は父親の後を継ぎ、助言者だったフランシス・ウォルシンガムの没後、女王の重要な側近となった。エリザベスは彼に「ピグミー（小さい人）」とあだ名をつけた。

＊参考文献

Cottret, Bernard, *La Royauté au féminin. Élisabeth Ire d'Angleterre*, Paris, Fayard, 2009.
—, *Les Tudors*, Paris, Perrin, 2019.
—, *Ces reines qui ont fait l'Angleterre*, Paris, Tallandier, 2021.
Duchein, Michel, *Élisabeth Ire d'Angleterre. Le pouvoir et la séduction*, Paris, Fayard, 1992.
Zweig, Stefan, *Marie Stuart*, Paris, Le Livre de Poche, 2001.

7 アンヌ・ドートリッシュ（一六〇一～六六）

心ならずも摂政となった母后

シモーヌ・ベルティエール

アンヌ・ドートリッシュとはどのような人物だったのか？　どのような功績があって、ひるむことなく男にごして自国を統治した女性指導者の一人に数えられているのだろう？　彼女の名前はハプスブルク家の貴人であることを示している［ドートリッシュは、「オーストリアの」を意味する］が、スペイン系ハプスブルク家の出身である。一六一五年、一世紀以上におよぶフランスとスペインの対決を収束させて和平を固めるため、両国は王家間の二組の結婚を決定した。スペイン王室は、フランスをスペインに同調させるよう影響力を発揮することをアンヌ［スペインでの呼び名はアナ］に期待していた。この思惑ははずれた。夫［ルイ一三世］の存命中、彼女は政治にまったく介入できなかった。しかし、比較的高齢になってからの王太子出産と、夫の死によって摂政となったことで、本人が一度も望んでいなかった最高権力の座についた。まだ四歳半であった息子に、この権力を少しも縮小させることなく引きわたさねば、という執念が彼女を変えた。経験は皆無だったが、息子のために、実体験を積むことで少しずつ統治の技を学び、恐るべき障害に立ち向かった。女性ならではの直観にくわえ、障害に対処したときに示した知性と勇気ゆえに、彼女は本物の君主とよばれるにふさわしい女性となった。

不つりあいなカップル

カール五世の曾孫であるアンヌ・ドートリッシュは、ヨーロッパのカトリック諸国のうちでもっともきらびやかな肩書をもつ姫君だった。その姫君が、花婿候補としてヨーロッパで一番人気であった君主と結婚した。しかし、妻と夫は同等どころではなかった。ルイ一三世は全権を掌握していたが、王妃はなんの権利もあたえられず、義務だけが課せられていた。主たる義務は、王位継承者となる男児を産むことだった。しかし、アンヌは父親から非公式の大使として母国の利益を擁護するよう言いふくめられ、そのための教育を受けていた。彼女は、この役割に必要な資質をすべてそなえていた。頭が良いうえに、たいへんに美しいといわれた。じつのところ、少々長すぎる鼻は年齢とともに目立つおそれがあったし、ハプルブルク家特有の受け口にせいで彼女の下唇はやや大きすぎた。しかし、緑色の虹彩に囲まれた大きな褐色の瞳は、美しい楕円形の輪郭の顔をいきいきと見せた。大きな巻き毛となって波うつ栗色の豊かな髪には、幼いころの金髪をしのばせる明るい輝きがあった。指がほっそりとして長くしなやかな手は真っ白で、その美しさは中年をすぎても衰えることがなかった。明らかにフランドル系であった「ハプルブルク家にはフランドルの血が流れている」。乳白色の肌は血色が薄く、長年にわたって化粧で紅を塗りすぎることで、その美しさをそこなった。しかし、健康そのものであり、真摯だが晴れやかな信仰心のもち主だったから厭世的なところは皆無で、生きる喜びを標榜することになんの引け目もおぼえなかった。

美人ではなかったかもしれないが、魅力的だった。会う人をただちに虜（とりこ）にする魅力が発散されていた。媚態（びたい）とは無縁だが、たおやかともちがう魅力だ。性別や年齢の区別なく、だれからも好かれ、だれもが好かれたいと思った。アンヌはこれを自分の力とし、この力は歳月とともに摩耗することをまぬがれた。彼女のためなら一肌でも二肌でもぬぐ、という者だらけだった。王妃に思いをよせる男たちが、モットヴィル夫人［アンヌ・ドートリッシュに仕えた女官。回想録を書いたことで有名］によると「女性への他意のない礼儀正しさ」を示しているだけと見せかけて、まとわりついた。そして、イングランド宮廷から送り込まれたバッキンガム公は無思慮にも、礼儀作法の限度を超えた行動に及んだ。その一方、重篤な内臓疾患をかかえ、何度も再発する腫瘍でときには命も危うかったルイ一三世にとって、短期で終わった甘い新婚時代は遠い思い出にすぎなかった。[1]結婚してからすでに何年もたっているのに、王妃は男児を産んでいない。何度か希望をいだいたがそのたびに裏切られたルイ一三世は、忍耐心をもちあわせていないこともあり、思いどおりにならなかったのはアンヌに責任がある、と考えた。虚弱で気むずしい国王は苦しみ、苦しみは彼の気分に暗い影を落とした。

二人に共通点はほぼ存在しなかった。せめて二人が率直に話し合うことができたらよかったのだが！　ルイ一三世は、魅力的で闊達（かったつ）なアンヌを前にして気おくれし、彼女を支配できないことをうらめしく思った。しかも、幼年時代に吃音に悩んでいたことから、言葉でだれかと対決することを忌みきらっていた。ゆえに、書面で妻に指令を伝えた。妻の側近の入れ替えを頻繁に命じたが、これも書面を通じてであった。王は監視網を張りめぐらせて妻をがんじがらめにしていたが、アンヌは外部の協力者のおかげで網目をすりぬけることができた、もしくは夫が送り込んだスパイを涙でほろりとさせて懐柔することで監視網をゆるめることに成功した。彼女は「気の毒な犠牲者」と見られるようになり、多くの人の同情を勝ち取った。しかし、国王を批判する勇気がある者はいなかったから、一六三〇年より宰相として国務をとり仕切っていたリシュリュー枢機卿が悪者とされた。こうして、捕らわれ人のような王妃への同情と、枢機卿が剛腕で推進する中央集権に抵抗する貴族たちの反発が一つになった。王権強化に反旗をひるがえす者たちは王妃をよりどころとし、「有害な宰相」を失墜させようと躍起となった陰謀家たちが王妃の周辺に集まった。

不運から幸運が生まれることもある

やがてリシュリューに対する新たな不満が積み重なった。北イタリアにおけるスペインの支配が強まる一方であることに危機感をいだいたリシュリューは一六三五年、スペインに宣戦布告するよう国王を説得した。アンヌは絶望にかられた。当時、アンヌのすぐ下の弟フェリペが父の跡を継いでいた［フェリペ四世］。次の弟、枢機卿王子とよばれたフェルナンドは、ブリュッセルでスペイン領ネーデルラントを統治しつつ、北東戦線における軍事作戦を指揮していた。家族の絆がアンヌと二人の弟をつないでいた。姉と弟たちはフランス王室の目をぬすんで文通していた。アンヌは弟たちに、フランスの機密情報をもらしたのであろうか？　いや、彼女が伝えることができたのは、公知の事実のみだった。しかし、法律上、敵国スペインとの文通は罪であった。カトリックであるスペインとの同盟、「白い」和平[2]の必要性を説く篤信家グループと近い関係にあったことが、アンヌを窮地におとしいれた。戦争をやめ、スペインとの和平を探るべきだとする考えが勢いをまし、国王の周辺にも広がったことに危機感をおぼえたリシュリューは一六三七年、害悪をもとから断つことを決意した。

八月中旬、リシュリューがお膳立てした国王と王妃の対決は心理劇の様相を呈した。王妃をあからさまに断罪することは王権の権威を傷つけることになるので、王とリシュリューは彼女を調教することにした。きびしい尋問を受けたアンヌは、これ以上ないほどの屈辱をたえしのんだ。「母国とは文通していない」と述べたことは嘘であり、いつわりの宣誓であった、と認定されたアンヌは、これからは「自分に課せられた義務」を守って行動する、と書面で誓約することを余儀なくされた。ただし、ルイ一三世も、王妃の悔い改めに対する見返りとして、以降は「よき王およびよき夫」として妻と暮らすことを約束した。アンヌから服従を引き出したことに安心したルイ一三世は夫としてのつとめを果たし、これが実を結んだ。一六三八年九月五日に王太子が誕生し、やがて次男も生まれた。父となった喜びで、ルイ一三世は妻をいくらかでも愛するようになったのだろうか？　いや、それどころか、国王の妻に対する軽侮の念はさらに強まった。だがアンヌは気にもとめなかった。これまでの辛い試練から抜け出して勝者となったからだ。病に苦しむ父王の後継者として遠からず王位につく男児の母となったことは、摂政の地位を約束されたのも同然であり、しかもその期間は先例がないほど長くなるはずだ。その間、彼女の考えが決定的な重みをもつはずだ。彼女は毎日、自分がやがてもつことになる政治権力の重みがどれほどのものになるのか、と思いをめぐらした。

すでに、彼女の待遇は改善されていた。国王の反対にもかかわらず、厳しい監視つきではあったが、彼女は子どもたちの養育をまかされた。サン゠ジェルマン゠アン゠レー城で、アンヌは母親としての喜びを味わい、いまや自分に好意的な眼差しを向けてくれるとりまきに、溺愛している長男が幼いながらいかに賢いかを自慢することができた。彼女は、こうした厚遇の仕掛け人がリシュリューだとは知らなかった。リシュリュー枢機卿こそが、母国スペインとの戦争を引き起した張本人、自分が受けた侮辱の主たる仕掛け人だと考え、あいかわらず反感をいだいていた。ゆえに、義弟であるオルレアン公ガストン［ルイ一三世の弟］と、ルイ一三世の寵臣サン・マールがスペインと組んで枢機卿を排除するために交渉している、と知ったアンヌは喝采し、自分も協力してもよい、と考えた。しかし、陰謀は暴かれ、共謀者たちがフェリペ四世に買収され、フランスをスペインの属国とすることをたくらんでいた、とを知ったアンヌは驚愕した。アンヌには共犯の疑いがかけられるのだろうか？　奇跡が起こった！　逮捕された者のだれ一人として、王妃の名前を口にしなかった…王妃が関与していたのか、という質問を尋問側がひかえたのかもしれない…［陰謀にくわわった者は死罪となった。オルレアン公ガストンは王族なので許されたが、摂政となる権利は剥奪された］。アンヌはようやく理解した。ルイ一三世と同様に死期が近づいていたリシュリューが、現在進めている王権と国力の強化の政策を維持する役目をアンヌに託す、と決めていることを。幼い王太子をフランス王国の君主に育てることができるのは、母親のアンヌだけだ、と判断されたのだ。ここにいたり、アンヌは完全にフランスに同化した。

権力の座に

ルイ一三世は臣下に愛されていなかった。一六四三年五月一四日にルイ一三世がついに亡くなると、アンヌ・ドートリッシュが皆から好感をもたれた大きな理由はまさに、それまで夫に冷たくされていたからだった。だが、つい最近、彼女のなかで大きな変化が起きたとは、だれも知らず、アンヌはスペイン王室が望む条件で和平協定を結ぶだろう、と皆が考えていた。当人の考えはまったく違った！　だが、自分の意思を通すためには、だれの掣肘（せいちゅう）も受けない自由を手に入れなくてはならない。伝統に従って妻を息子の摂政とすることを余儀なくされたルイ一三世は、遺書において摂政アンヌを輔弼（ほひつ）する国務諮問会議のメンバーを指名し、アンヌに決定権がわたらないように取り決めていた。これは違法であった！[3]　一六四三年五月一八日、幼いルイ一四世を迎えて親裁座［国王の親臨法廷］が開催され、法院の決定により、無制約の権限をもつ摂政の肩書をアンヌに認めることで——ただし、叔父のオルレアン公ガストンが軍司令官をつとめることが付帯条件とされた——、故王の遺言は無効とされた。法院から出たアンヌは、歓呼の声に迎えられた。彼女は当日の夕方、故リシュリューの信任が厚かったマザランを宰相に任命する、と発表して世間をあっといわせた。シチリア出身の枢機卿マザランは外交の専門家であり、ルイ一三世は死の間際にこのマザランを息子の代父に指名していた。マザラン抜擢（ばってき）にこめられたメッセージは明白だった。内政および外政において、ルイ一三世とリシュリューの方針が継承されることが決まったのだ。二つのハプスブルク家との妥協などありえない。テュレンヌ子爵が神聖ローマ帝国との戦いで勝利をほぼ手中にしている以上、オーストリア系ハプスブルク家と妥協するのは論外だ。フランスはアラスを攻囲戦で落とした後、ピカルディーからスペイン勢力を追いやり、最近ではルシヨンからも撤退させた以上、スペイン系ハプスブルク家との妥協も論外だ。アンヌは、若く勇猛なアンギャン公［大コンデとよばれることが多い］が兵力の劣勢にもかかわらずネーデルラントでスペイン勢に立ち向かうのを止めようとしなかった。アンギャン公は期待にこたえ、親裁座の翌日にあたる五月一九日にロクロワでスペイン軍相手に大勝利をおさめた。ネーデルラントやドイツのプロテスタントと戦っているハプスブルク家との連携を望んでいた篤信家の友人たちは、ハプルブルク家に敵対的なアンヌの方針に失望した。弟のスペイン国王フェリペ四世も同じであった。

戦争に勝つことをフランスの摂政として逃れることができない義務と考えるアンヌは、勝利をえるための戦費を必要とした。だが、それは彼女の予想を超えて困難だった。夫への屈辱的な服従に甘んじていた身から、一見したところ無制限の権力の座へと一気に駆け上がったアンヌは、君主政治について単純きわまりない考えをいだいていた。その本質からいって君主はあらゆる権利をもっていて、その決定は問答無用で適用されるもの、と考えていたのだ。一時的とはいえ、君主である息子から権限を託された自分の権威についても同じように考えていた。あらゆる事柄において、自分の意思がとおるのは当然である、と。その反面、日常的な政務をこなすことにはうんざりしていた。人々はアンヌを怠慢だと評した。モットヴィル夫人は「王笏の重みに［王太后さまは］当惑されていた」と述べている。だが問題ない！　マザランにまかせればよいではないか、自分はリシュリューが定めた方向からフランスが逸脱しないように注意していればよい、とアンヌは気楽にかまえた。

　アンヌは宮廷政治へのかかわりを最小限にとどめ、なによりも、久しく味わっていなかった自由を楽しんだ。スペイン風の生活リズムで、夜更かしをし、朝は遅い時間に起床した。母国スペインと連絡をとるのでは疑われ、宮殿外の教会や修道院に詣でることも禁じられていたので、束縛が解けると熱心な信仰の実践に励んだ。鐘が鳴り響く大祝日のミサにあずかるために、あちらの教会、こちらの教会と足を運んだ。戒律がゆるい女子修道院を訪ねて、好きなお菓子を味わいながらざっくばらんな会話を交わし、宮廷の決まりごとから自由な、ある種の私生活を満喫した。そして、自分の寝室の隣に設けた礼拝室に一人でこもって長時間祈ることを日課とした。他方、摂政の職務としては、気に入った者に官職や褒美をあたえるだけで事たれり、としていた。パリでは「王妃様はたいへんにご親切で…」、とだれもが大喜びだった。だがついに、財政破綻が目の前に迫ったために、恩恵を求める人々の多くがなにもえることができず、アンヌが旧友たちにあたえることができる官職も底をつく日がやって来た。[4] アンヌが統治という仕事を一から学ばねばならないことが明白になった。

　彼女は自分には学ぶ時間がたっぷりある、と考えた。幼いルイ一四世は五歳になったばかりだから、成人年齢の一三歳になるまで、だれからも異をとなえられることなく摂政を続けることができるからだ。アンヌは知らなかった。フランスの貴族たち——剣の貴族とよばれる古い貴族と、法服の貴族とよばれる新興貴族——が、ルイ一三世がとった政策、とくに、中世以来の貴族の権力を削いで国王に権力を集中させる政策を打破したい、と焦れていたことを。官職や財政の枯渇でアンヌが鷹揚にふるまえなくなると、不満分子たちが、まずは個別に騒擾を起こし、やがて結束して叛乱に立ち上がり、一六四八年から一六五一年にかけて事態は内戦へと悪化した。王権に対する敬意はいくらか残っていたので、摂政アンヌが直接たたかれることはなかった。きわめて暴力的な攻撃は宰相マザランに集中した。

宰相マザラン

フランス国民はマザランを決して受け入れようとしなかった。君主制に強い愛着を覚え、正統な君主に服従することはいとわないが、君主が自分の任務を放り出して臣下にまかせることは嫌悪していた。アンヌは摂政とはいえ女性なので、臣下を頼るほかない。それは仕方ないが、フランス国内では浮いて見える、あんな外国人になぜ頼るのだ？　よりによって、耳につく強いイタリア語なまりで話す[5]、もともとは教皇庁がフランスに送り込んだ外交官なんかに。マザランはリシュリューの使命を受け継いだが、立場はリシュリューと同じではなかった。彼は、昔の貴族が封主に臣従するように、アンヌに仕える身となった。彼はアンヌに生殺与奪の権利がある「被造物」となった。彼の運命はアンヌの手ににぎられた。アンヌはマザランに出世をもたらすことも、出世を解消することもできる。フランス国内で孤立し、支援者もいないマザランにとって、すべてはアンヌしだいであった。気にさわれば、アンヌは彼を解雇することも、投獄することも、殺すこともできる。少しの間、マザランが姿を見せなければ、アンヌは彼を忘れても構わない。今のところ、マザランは自分一人が不人気になることでアンヌの盾となっている。フランス国民にとって、平民で、しかも外国人のマザランは「簒奪者」であった。このような悪条件で宰相の任務を引き受けることに、マザランは躊躇しなかったのだろうか？

　マザランは、とりあえず自分につとまるか試している、という体を装ったが、引き受ける以外に選択肢はなかった。故ルイ一三世との約束にもしばられていたからだ。すなわち、王太子の代父となることを受諾したことで、ルイ一四世がほんとうに意味で大人になるまで支えつづける、という重い責務を引き受けたのだ。倫理的かつ宗教的なこの誓約ゆえに、こどもの父親が亡くなった場合は代わりとなる、という教会が定めた代父の役目から逃れることはできない。ゆえに、マザランが王家の子どもたちの傅育官に引きたてられたのは驚きではない。だが、長男ルイ一四世をあれほど手塩にかけて育てたことは賞賛に値する。ごく早い時期から、マザランはルイ一四世をこども扱いせず、どのような質問にも真摯に答えることで、幼い国王の信頼をかちとった。二人を結ぶ信頼と愛情の絆は時間がたつにつれて強まり、アンヌ・ドートリッシュもこれになんの不満もなかった[6]。

　アンヌとマザランの考えが衝突したのは、前者の信仰実践にかんしてのみだった。宰相は王太后に、王国統治にさくべき時間を、祈祷や、パリ市内の教会や修道院の訪問に不必要なほど使っている、と苦言を呈した。こうした苦言から透けて見えるのは、スペインや神聖ローマ帝国との和平を熱心に求める篤信派とアンヌが親しくすることに対する不安だった。安全上の理由から、アンヌがマザランを王宮のパレ＝ロワイヤルに住まわせると、大騒ぎを起こしたのはまさに篤信派であった。噂が広まり、アンヌにご注進する者がふえた。宰相は若くて美男子である、王太后陛下は醜聞にまきこまれる、身の破滅の恐れがある…

　アンヌがマザランを好ましく思ったのは事実である。南イタリアの人間そのもので、目も髪も髭も黒かった。ほっそりとして、洗練の域に達するほどエレガントで、才気煥発(かんぱつ)で、カタルーニャ語を流暢に話した。無尽蔵にくりだすことができる気のきいた挿話(そうわ)で、サロンや執務室では同席する者たちを感嘆させることができた。異性や同性との親密な関係の噂は一つもなかった。[7] 四〇代の彼は、心身ともに充実した男盛りだった。これに対して、マザランより八か月だけ先に生まれたアンヌにとって、加齢の代償は大きかった——肥満、二重顎(あご)、顔色のくすみ。しかし、彼女の手は以前と変わらず白かった。美しい季節の名残を残した晩秋の魅力がまだ感じられる女性であった。ヨーロッパの宮廷において色恋沙汰と政治の結びつきがいかなる災禍を引き起こすか分からぬほどおろかではなかったマザランをまどわすほど？　人々は想像をたくましくし、政治攻撃文書の作者たちは猥褻な文言をつらねて二人の関係とされるものを生々しく描写した。だが、二人をよく知る者たちはそのような噂を一切信じなかった。倫理上および宗教上の理由から二人が自制せぬはずがない、という理由以上に、母親の身近で暮らし、マザランを独占したいと思うほど強い愛情をいだいていた幼い国王ルイ一四世[8]の存在こそは、噂を一蹴する決定的な論拠である。

　こうした条件下では、王妃と親しい篤信派がよそ者のイタリア人に対していっせいに開始した攻撃は不発に終わった。アンヌは、彼らの意見は自分と自分の権威を侮辱するものだ、と受けとめた。わたくしが自分の意思で自分に仕える者を選ぶことを妨げようというのか？　噂の種となるような言動とは無縁だと自負するゆえに彼女の怒りは大きく、自分が選んだ宰相を断固として擁護した。この騒動で、マザランの地位は以前よりも安泰となり、その権威は高まった。その後、「マザリナード」の攻撃を受けたときも、同じことが起こる。もしアンヌと宰相が親密な関係をもっていたとしたら、篤信派のマザラン排斥運動は成功したはずである。マザランが宰相の地位にとどまったことが、すべての疑問に対する答である。

しかしアンヌはセンチメンタルであり、「友情」を必要としていた。彼女は、騎士道物語を読みふけり、『ラストレ』[9]を愛読した世代に属する。『ラストレ』の主題は、男女の羊飼いが障害だらけの恋を成就させるための艱難辛苦(かんなんしんく)である。男主人公が恋人の美点をたたえる語りが挿入され、愛し合う二人は俗世界では許されない美しい関係をバーチャルな形で築く［女羊飼いは貴婦人の、恋人である羊飼いは貴婦人を慕って誠を捧げる騎士のメタファーである］。この小説が、後にアンヌとマザランが交わす書簡の手本となる。『ラストレ』をなぞり、別れや、再会を待ち望む気持ちが、欠かせないライトモチーフとなるのだ。この文学的戯れは、二人の本心を反映していたのだろうか？　実のところ、二人のあいだの絆は恋愛ではなかったが、たんなる友情でもなかった。むしろ、ともに王国を統治し、合同責任で養育している幼いルイ一四世のためにともに戦う仲間、戦友が育む友愛であった。二人が力を合わせたのは、幼い国王の教育というつとめをつつがなく果たすためであった。ある意味で家族となったのだろうか？　家族という言葉がもつ最善の意味において、三人の関係は家族に近かった。

さて、その後の時の流れのなかで「現場に降り立った」アンヌが、まずはマザランとともに、ついでマザラン抜きで、どのように行動したかを検証することにしよう。それまで宮廷から出たことがなかったアンヌは、自分に忠誠をつくす者を除いた「臣民」について何の知識もなかった。彼らが自分に抵抗する準備を整えていたことは、彼女にとって寝耳に水だった。一徹そのものだったアンヌにとって、妥協という選択肢は思いもよらなかった。ゆえに、アンヌが統治者として目覚めるのは、権威の順風満帆な行使を通してではなく、フロンドの乱の混沌のなかで守勢にまわったときであった。

初期の衝突

一六四八年はまず、大成功で始まった。スウェーデンやネーデルラントの軍勢の支援を受けたテュレンヌ子爵に敗れた神聖ローマ皇帝は、三〇年戦争で疲弊したドイツをプロテスタント圏とカトリック圏に分けるヴェストファーレン条約を締結することを受け入れた。だが、喜びに水をさす大きな失望があった。スペインが同条約締結を拒否したのだ。ゆえにフランスは、同盟国の一部が脱落した状態でスペインとの戦いを続けねばならない。戦争は高くつく。戦費は膨大な額となった[10]。国庫は空であるが、増税のためにはパリ高等法院[11]の了承をえなくてはならない。そうこうしているうちに、二つの重大な危機が発生した。まずは、重税に対する反発から始まった叛乱。高等法院の司法官である法服貴族と、パリ大司教補佐ゴンディ[12]に焚きつけられた民衆が結託した、いわゆる法院フロンドである。つぎは王族のフロンド。これを先導したのは、中央集権をめざしたリシュリューに奪われた自由をとりもどそうと考えた高位貴族たちである。

アンヌ・ドートリッシュにとっては耐えがたいことだった。あらゆる抵抗は、彼女のうちに激高を呼び覚まし、理性は働かなくなった。増税に対する高等法院の抵抗は、彼女の目には「国王の権威の殺戮」と映り、懲らしめてやらねば、と思った。法院が反対する理由を説明するために代表として送りこまれた礼儀正しい法服貴族たちを、アンヌはいかにも高慢に見下し、彼らを罵倒し、「年老いた愚か者たち」とよび、子孫もふくめて罰してやる、とおどした。パリの中央市場の魚売り女たちに「ご慈悲を」と懇願されると、彼女たちを「卑しい者ども」と見なし、耳を貸そうとしなかった。モットヴィル夫人が女主人をかばって何をいおうと、アンヌは穏やかでやさしい女性ではなかったし、同情心にあふれてもいなかった[13]。彼女の性格の芯の部分には激情がひそんでいて、結婚生活で押さえつけられたが消え去ってはおらず、機会があれば噴出した。パリの民衆蜂起の偶像的存在だったブルセル老人を釈放するよう周囲から迫られたときは、「(自分の頭にあるのは、ブルセルを)この手で絞め殺してやる」ことだけだ、とジェスチャーをまじえながら述べ、興奮のあまり甲高い声は裏返ってしまった。状況が悪化すると、「臣民に話しかけるのは、大砲の口をとおしてだけにしよう」とさえ考えた。

とはいえアンヌは賢かったから、怒りを爆発させたあとに、暴力的な言葉づかいは国内の平和へと続く最良の道ではないと気づいた。マザランも、心理学者と教育者としての資質を生かしてアンヌの理解をうながした。何よりもまず、彼女を安心させることにつとめた。彼女を激高させた事象そのものを冷静に評価し、なによりもその危険度を正しく見きわめ、制御可能です、と告げた。モラリストであったならばアンヌに罪悪感をあたえてしまったであろうが、マザランは「王太后さまのお気持ちは十分に理解できます、きわめて当然の反応です」と述べたうえで、「しかし、国家の利益を優先せねばならない王権の行使とはあいいれません」と指摘した。アンヌは納得し、自分の衝動を抑え、焦れる気持ちを制御し、「必要な時間を必要なだけかける」ことを心がけ、人の話に耳を傾け、議論し、交渉するようつとめた。本心を隠すことにもつとめたのだろうか？ 王妃だったころはいつも本心をおしころしていたからお手のものだったろう。マザランに倣って人を許すことにもつとめたのだろうか？ これは確かではないが、ありえない話ではない。アンヌは真摯なキリスト教徒だったからだ。マザランは一歩、一歩、彼女を導き、不適切な介入を彼女が始めると目配せ一つでやめさせ、何を言うべきかを事前に指導し、必ず出てくると予想される質問への答を教えた。王族のフロンドが始まるころ、アンヌはもはやマザランの指導を必要としなくなった。しかし、一徹なところはあいかわらずだった。戦闘的で、なにも怖がらなかった――危険に無意識だったから？ それとも、自分は物理的危険にはさらされない、と知っていたからだろうか？ いや、高貴な血筋を背景とした威厳、生まれもっての勇ましさゆえだろう。彼女は自分から試練を求めることなどせず、試練との対決になんの満足も覚えなかった。ただし、戦術的退却は大嫌いで、卑屈な態度に出ることをこばんだ。彼女には方策をあみだす知恵と、信じられないほどの耐久力があった。

二つのフロンドの乱

法服貴族の叛乱は、アンヌにとって初めての試験のようなものだった。パリ全都をバリケードで覆いつくすほど大規模な民衆の蜂起に不意を突かれたアンヌは、パリを力で押さえつけることを選んだ。そのために彼女は、コンデ公の肩書をえたアンギャン公の戦力に頼った。彼女は人たらしの術を駆使し、コンデ公をほめそやして将来を約束し、危険にさらされた女性——すなわちアンヌ本人——の救世主となれる可能性を描いて見せた。コンデ公は納得し、パリを鎮圧することを請け合った。アンヌは、人目をしのんでパリを脱出すればよいだけとなった。一六四九年一月五日（公現祭）の夜、計画をおくびにも出さずに素知らぬ顔をして、ソラマメを引きあてる遊び［公現祭では、ケーキにソラマメもしくは小さな陶器の人形を入れて焼き、切り分けて配り、ソラマメがあたった人が王もしくは女王となる］を主宰した。その後に、自分に仕える宮廷人全員とともに待機していた馬車に乗りこんでサン＝ジェルマン＝アン＝レー城に向かい、毅然として寒さと不便に耐えた。コンデ公による攻囲で物資納入ルートを遮断されたパリは食糧不足となった。くわえて、セーヌ河の増水でパリは小ヴェネツィアとなってしまった。その結果、叛乱を起こした民衆は短期間のうちに降参することになる。三月一一日にリュエイユ和平協定が結ばれ、法院の反乱は終わった。

だが、これで終わりとならなかった！　コンデ公が第二のフロンドの主人公となったのだ。パリ攻囲で功績があったコンデ公は、自分の働きへの見返りとして、軍の上から下までのすべての任命権を要求した。「ランスに行って（国王の代わりに）聖別される」ことを求めるのと変わらない、とレ枢機卿も皮肉っている！　アンヌがこの要求をしりぞけると、コンデ公は憤激し、数多い一族郎党を動員して王太后個人を直接狙って侮辱する大がかりなキャンペーンをくりひろげた。アンヌは、この侮辱の大きさに見合った返礼で応じることにした。コンデ公、その弟コンティ公、および義兄ロングヴィル公の逮捕である。言うはやすし、行うはかたし！　彼らの住まいは要塞であり、三人のいずれも護衛なしで外に出ることはない。彼らが武装解除された状態で足を踏み入れざるをえない唯一の場所は、国王の住まいである。入念に準備された罠がうまく機能するかは、アンヌの手腕にかかっていた。一六五〇年一月一八日、ささいな理由にかこつけてアンヌから個別に呼び出された三人は、パレ・ロワイヤル宮で顔を合わせて大いに驚いたが、心配はしなかった。会議が開かれることになっていたからだ。王太后はご不例(ふれい)に渡らせられる、と告げられた三人がアンヌの部屋を訪れると、彼女は寝台に横たわり、部屋のかたすみで遊んでいる息子に視線を向けることなく、客人にあいさつした。次に三人はいとまごいして隣の部屋に引き上げ、他の会議参加者を待った。突然、一一歳のルイ一四世が姿を現し、「歩廊に行ってください、とママンが言っています」とのメッセージを告げると、姿を消した。三人が歩廊に向かうと…待ちかまえていた衛兵に拘束された。自分個人の小礼拝堂に逃げ込んでいたアンヌは神に感謝しつつ息子を抱きしめた。

幼い王はアンヌにとって切り札であったが、それまではイメージを通してのみだった。とてもかわいらしい少年であり、その絵姿は版画となって普及し、とくに女性のあいだで人気が高かった。実物を見たことがない者も国王を愛し、母であるアンヌも息子の人気の恩恵を受けていた。だが、ルイ一四世が政治の表舞台に立つことはこれまで一度もなかった。この日を境に、国王はアンヌの重要なパートナーとなり、同時に国王の運命を左右する内戦の争点ともなった。

恐ろしき年

リーダー三人がル・アーヴルで投獄されたため、王族のフロンドはいったん鎮静化し、アンヌも一六五〇年末までは息をつくことができた。地方巡視を実施し、摂政としての権威を見せつけることにも成功した。しかし、翌年の一月になると状況は一気に悪化した。「旧フロンド［法院のフロンド］」の残党がコンデ公によるパリ封鎖の恨みを帳消しにし、コンデ派と手を結んだ。そして、性こりもない陰謀家のオルレアン公ガストンがこれにくわわった。彼らの思惑をぶちこわした張本人であるマザランへの怒りが高まった！　パリ高等法院はマザランを「公安をかき乱す不穏分子」とよび、公共の敵として狙うことをいわば正当化した。外出することもままならなくなったマザランにとってパリに留まることは危険となった。そこで、二月の六日から七日にかけての夜にパリを脱出してサン＝ジェルマン＝アン＝レーへと向かった。アンヌとルイ一四世も合流することになっていた。アンヌは不安にさいなまれた。

ずっと夜であって欲しい。眠ることはできないが、夜の静けさと孤独は好ましい。日中、わたしが目にするのは裏切り者ばかりだから。

裏切り者に対しては、彼らと同じように二枚舌を使うほかない。九日から一〇日にかけての夜に、彼女もパリを抜け出す予定だった。しかし情報が漏れていた。コンデ公の仲間たちが武装して通りを歩きまわり、市民たちは大声をあげてパレ＝ロワイヤル宮を取り囲んだ。アンヌは、以前にも増して陰湿となったオルレアン公ガストンがこの騒ぎを利用してルイ一四世を自分から奪うのでは、と恐れた。しかし、彼女はパニックにおちいることなく熟考した。暴徒たちの叫び声に耳を傾けたアンヌは、市民がパリ封鎖の苦しみを忘れておらず、彼らの要求はただ一つ、国王がパレ＝ロワイヤル宮に留まることである、と理解した。国王がここにいるかぎり、軍が再び介入してパリを封鎖することはない、と考えていたからだ。ゆえに、ガストンが送り込んだ使者と会ったときのアンヌは落ち着きはらっていた。眠っている——もしくは眠っているふりをしていた——ルイ一四世を見せられた使者は、摂政は国王をつれてパリを去ることなど夢にも思っていない、と確信して宮殿を退出し、パリ市民たちにこれを伝えた。しかし民衆は半信半疑だった。使者が見たのは本当に国王だったのか？ 大胆な者たちは、自分たちに国王を見せろ、と叫びながら宮殿の鉄柵をのりこえた。だが彼らは攻撃的ではなかった。そこでアンヌは大胆にも、彼らを招じ入れ、国王の寝室まで案内するように命じた。国王の寝姿を目にした一行は、崇敬と称賛の念で胸をいっぱいにして、われらの幼き国王をお護りください、と神に祈りながら退出した。アンヌは、町民衛兵隊［ブルジョワが自分たちの財産を守るために結成した民兵組織］の士官たちも招き入れて、同じようにルイ一四世の寝姿を見せた。そして、士官のうちの二名を呼び止め、彼らを「ムッシュー」と呼んで友好的に会話を交わし、二人のうちの一名が宮廷の従僕であったころの思い出話に興じた。退出したときの二人は、摂政をほめちぎっていた。アンヌ・ドートリッシュは長足の進歩をとげていた。政治家としてのセンスを身につけ、自分たちを追いつめようとしている王族に対抗する手段として民衆を手なずけたのだ。彼女は古代ギリシアの民衆扇動政治を自己流に蘇らせた。

アンヌの状況は奇妙なものだった。民衆によって移動の自由を奪われているが、民衆によって敵から守られている。マザランは、彼女が釈放すること余儀なくされたコンデによって執拗に追いまわされているから、頼ることもできない。マザランはブリュールに逃れ、ケルン大司教に保護された。彼は書簡で政治の舵取りをアンヌに指南しようと試みたが、これについてここで紙幅を割くのは無意味だ。状況の変化のスピードがあまりにも速いので、マザランの忠言は役に立たなかった。マザランを追いやったフロンド派は、マザランに替わる助言者がいないアンヌをあやつるのは簡単だ、と考えた。だが、実際に起こったことは逆であり、彼らのお陰でアンヌは思いがけない能力を発揮するようになった。摂政とは名ばかりで無気力だと思われていた女は一六五一年、一人でフロンドと立ち向かい、国家指導者としてついに自立を果たし、固有の政治スタイルを編み出した。

剛腕で手に入れた勝利

アンヌは一六五一年の二月なかば、目標達成は目前だと思った。ルイ一四世は九月五日に一三歳となる。成人として、自分に替わって国を統治できることになる。だが、そう考えたのは彼女一人ではなかった。ルイ一四世がすべての官職の配分を見直すのでは、と考えると、王族のフロンド加担者たちは夜も眠れなかった。そこで、成人年齢を一八歳まで引き上げ、オルレアン公ガストンを摂政にまつり上げることを思いついた。ガストンが若い国王を母親から引き離し、フロンド派に都合がよいよいに「再教育」を施せばいい。この計画の実現に不可欠な高等法院の賛同をえるためには、最初のフロンド、すなわち法院のフロンドの参加者たちの協力が必要だ。こうして、一月末には新旧フロンド派は大同団結した。

アンヌ・ドートリッシュにとって、フロンド首謀者たちは全員、顔なじみであった。古い諺に従って、彼女は敵の分断をはかることにした。「古いフロンド［法院のフロンド］」の残党の王族に対する恨みをアンヌがかきたてる必要などなかった。その役目は、コンデ公の傲慢な性格が果たしてくれる。だが、もっと良い策があるのではないだろうか？　ある。彼らが自壊するようにもってゆくことだ。突破口となりうるのは、法院のフロンドを先導した一人であるパリ補佐司教ゴンディ［のちのレ枢機卿］だ。ゴンディは、貴婦人に対して礼儀正しい騎士としてふるまうのが好きなうえ、枢機卿の地位を夢見ている。本人が書いた回想録を読むと、夜にパレ＝ロワイヤル宮に出入りしたゴンディを相手にアンヌが手練手管を駆使し、枢機卿の地位を約束することでいかに彼を丸めこんだが手に取るように分かる。[14] アンヌの「最良の友人」となるため、ゴンディはパリ高等法院でコンデ公の友人たちに立ち向かうことになる。ゴンディにとって危険はなかったのか？　危険だからこそ、ゴンディはなおのこと張りきったのだ。

八月二一日、司法界のエリートたちが一堂に会し、アンヌ・ドートリッシュのコンデ公に対する告発を審議することになった。アンヌの代弁者はパリ補佐司教ゴンディであった。コンデ公とゴンディは、支持者としてかき集めることができた高位貴族を引きつれて――数の上で、ゴンディ陣営は劣勢であった――、裁判所の大法廷に姿を現わした。大勢いた、その他の支持者たちは、グランド・サル（現代ならば待合室とよばれる部屋）で待機していた。このグランド・サルと大法廷は、法廷執行吏の詰め所である扉つきの部屋でへだてられていた。審理が開始されるとコンデ公は、自分よりもはるかに身分が低い者を相手に議論することはできない、と論戦を拒否した。これに対してゴンディは、自分は摂政の代理として、すなわち国王の代理として議論するのだ、と反駁した。舌鋒鋭いやりとりは大騒ぎを引き起こした。傍聴している貴族たちが刀の柄(つか)に手を掛けたのを見て、高位司法官たちが中に割って入り、コンディ公とパリ司教補佐ゴンディの双方に友人たちを退出させるよう命じた。ゴンディが、法廷執行吏詰め所を通って仲間を見送ろうとしたとき、熱烈なコンデ公派であったラ・ロシュフーコー[15]が、扉の跳ね板二枚でゴンディを押さえつけ、跳ね板を鉤つきの棒で固定することで、ゴンディの頭と体が動けないようにした。ラ・ロシュフーコーは「殺せ、殺せ！」と叫んだが、ゴンディは高位貴族が殺す相手としては身分が低すぎると思われたのだろうか、誰も手を出そうとはしなかった。悲劇となるかと思われた状況は滑稽な様相を呈し、その場にいた全員が安堵(あんど)した。翌日、コンデ公は刺客に襲われることを懸念し、闘争の場をパリから地方に移すことを決め、あからさまに王権に歯向かう戦いを開始する。最終的にコンデ公の武運がつきることは知ってのとおりである。

　アンヌ・ドートリッシュは、自分の希望や不安について何も明かさなかった。ラ・ロシュフーコーが推測していたように、多くの血が流れることになれば自分にとって邪魔な者が一掃される、と考えていたのだろうか？　漁夫の利をえることができるので、これは彼女にとって悪い話ではない。非難を浴びるリスクを一切おかすことなく、彼女は賭けに勝った。事態は急速に展開した。ルイ一四世の成人を認めさせることについては、有力貴族たちから邪魔されることはなくなった。高等法院も賛成の意向を示したが、マザランの罷免を条件として付きつけた。アンヌは本心をいつわって、これに同意する姿勢を見せた。ルイ一四世が国王の権限でマザラン排斥を無効とする、と確信していたからだ。亡命の身であったマザランはやきもきしたが、無用な心配であった。アンヌはマザランのことを忘れたのではなく、たんにものごとの優先順位を考えて動いたにすぎなかった。マザランから政治を学んだアンヌは、先生が考えていた以上に教えを身につけていたのだ。

一六五一年九月七日、パリ高等法院でルイ一四世の成人が厳（おごそ）かに宣言された。フロンドの乱を起こしている王族たちの姿はなかったものの、華やかな式典であった。アンヌ・ドートリッシュは摂政の任務から身を引き、王権を全面的に息子に譲りわたす、と述べた。これに対してルイ一四世は次のように答えた。

> 母上、これからもありがたい助言をわたしにおあたえくださいますよう、お願いいたします。国務会議では、わたくしにつぐ、議長をお務めください。

むろんのこと、この時点ではブリュールで亡命の身をかこっているマザランへの言及は一切なかった。心身をすり減らす戦いの勝者となったアンヌは休息を望んでいた。ゆえに、彼女は息子に国の統治をすぐさま託した。ルイ一四世は積極的に動いた。若い国王の指揮下に置かれた国王軍はコンデ公の追撃を始めた。ルイ一四世はマザランを復職させる決定をくだし、ポワティエで出迎えた。マザランはルイ一四世に残りの帝王学を授け、フロンドの乱で引き裂かれたフランス国内の融和を図り、欧州の和平を確立するのを補佐した。

溺愛した息子の自立

アンヌの仕事はなくなった。統治者としての能力を発揮できるようになったときに、彼女は権力を手放した。肩の荷がおりた、と思ったアンヌであったが、表舞台からの撤退によって自分がどれほどのものを失うかは理解していなかった。マザランはただちに、紛糾していた諸問題の解決にのりだし、アンヌを満足させる答を出した。王権に対する反乱はおさまった。優秀な武人であるコンデ公が肩入れしたにもかかわらず、スペインはダンケルク近くのレ・デューヌで大敗を喫し、フランスが出した条件をのんで和平を結ぶことを余儀なくされ、多額の持参金をそえて王女マリア・テレサ（フランスではマリー＝テレーズとよばれる）をルイ一四世の配偶者として差し出すことになった[16]。一六五九年一一月七日にスペインとのあいだにピレネー条約を締結したのち、マザランは、フランスと紛争をかかえていたヨーロッパの複数の君主たちから和平をもぎとるという剛腕ぶりを見せた。ルイ一四世の結婚式は一六六〇年六月九日にとりおこなわれ、数週間後に新婚君主夫妻のパリ入市式が盛大に祝われ、まだ二二歳という若さのルイ一四世が西欧キリスト教圏でもっとも権勢ある国王であることを印象づける。

アンヌ・ドートリッシュこそが、世界一幸せな母親ではないか？　彼女が喜びをかみしめないはずがない。むろん、彼女は喜んでいた。しかし、溺愛していた息子をとられてしまった。長いあいだ、母子の結束を固めていた共生関係は終わってしまった。ふだんは高圧的なアンヌだが、とくにしかる理由がなかったので、幼い長男にきびしくあたったことは一度もなかった。だが、思春期を終えた息子が若い侍女たちの部屋にしのびこむために壁によじ登ろうとしたとき、アンヌはかわいかった息子が血気盛んな若者となり、自分が何を言い聞かせてもむだだと知って狼狽した。もし息子がプラトニックな恋心をいだくのであれば、まだ許容できる。しかし、すでに婚約していた息子がマザランの姪の一人、マリー・マンシーニに夢中になったとなると、問題だ。マリーは刺激的で積極的な娘であり、アンヌの好みではなかった。ルイ一四世は隠そうともせずにマリーをそばに侍(はべ)らせたので、その噂はスペイン王室にまでとどいた。だがアンヌは口出ししなかった。

サン＝ジャン＝ド＝リュズで、スペイン王女とルイ一四世の結婚の契約を交渉していたマザランは、この噂を耳にして激怒した。マザランは、この恋愛沙汰にただちに終止符をうつよう、きつく申し入れた。感情が豊かですぐに目に涙が浮かんでしまうルイ一四世は母親の膝につっぷして泣いた。アンヌは、手紙のやりとりでマリーとのつながりをたもったらどうか、という折衷(せっちゅう)案を出した。マザランは、いけません、ただちに絶縁すべきです、とにべもなかった。わたくしが申し上げることが通らないのであれば辞任します、と述べてルイ一四世を動揺させた。そして、陛下は偉大な君主になるとつね日頃(ひごろ)口にされていますが、今こそ偉大な君主としてふるまわねばなりません、と諭(さと)した。マザランが送った数通の書簡には、君主のつとめが詳細に記されていた。君主の威信、名誉、栄光を説き、神から託された臣民を保護する義務を強調した手紙である。ルイ一四世は反論したが、やがて自分の立場を理解し、スペイン王女と結婚する前にマリーと別れた。ルイ一四世はこの件で母親を恨んだりせず、以前と変わらず愛情を寄せつづけた。しかし、息子と母親の関係は逆転し、母親の立場は弱くなった。君臨するのは息子であり、母親を大切にするが、彼女の意見をたずねることはなくなった。

蚊帳（かや）の外

マザランとの距離は広がっていたものの、彼の存命中は、アンヌもまだいくらかの影響力を保持していた。人々は彼女の口ぞえを求めつづけた。しかし、激務にやつれたマザランは一六六一年三月九日にこの世を去った。ルイ一四世は直ちに、宰相をおかずに親政を開始する、と宣言し、母親に「これからは国務会議への御出席は無用です」と告げた。自分の家族を政治からしめだす、と決めたからだ。九月になると、アンヌ・ドートリッシュの大のお気に入りだった大蔵卿ニコラ・フーケ――フーケはアンヌの慈善事業に内密で資金を提供していた――を公金横領の罪で逮捕した。アンヌはフーケを擁護したが、息子は耳を貸さなかった。これを機に、アンヌは決定的に蚊帳の外におかれた。彼女は、過剰な母性愛のつけをはらわされたのだ。ルイ一四世は母親をつき放すことで、子ども時代を卒業したことを自分自身に証明し、母親から完全に自由となった。

もう一つ、彼女が蚊帳の外に置かれたことを象徴する出来事があった。アンヌは、息子の妻マリー＝テレーズ［アンヌにとってはじつの姪でもある］の後見役にまわり、宮廷で最高位の女性の地位を嫁に譲らねばならなかった。内気なマリー＝テレーズがアンヌを日陰に追いやる心配はなかったが、宮廷第二位の女性となったために引っ越しを余儀なくされたのが痛かった。このころ、王室は暴徒が押し入る心配のないルーヴル宮に移っていたが、アンヌはそれまで住んでいた二階の豪華な居住空間を息子夫婦に譲り、セーヌ川に面した一階に移動した。ロマネッリがアンヌの栄光をたたえて描いたフレスコ画は、格下げとなったという悲しみを和らげてくれただろうか？　やがて、すべての戦争が終わって初めて迎えた夏にも、アンヌは悲哀を味わう。宮廷はフォンテーヌブロー宮でこの夏を過ごした。恋愛沙汰や遊びに興じる二〇歳から二五歳という若い宮廷人たちに囲まれたアンヌは、彼らの祖母の世代に属していた。

死を見すえて[17]

ルイ一四世は多情であった。弟の妻と浮名を流したのちに公妾をおいた。眉を顰めたアンヌはルイ一四世に徳を説いたが馬耳東風で、いっこうに聞き入れてもらえなかった。失望したアンヌは、ヴァル＝ド＝グラースのベネディクト会女子修道院に隠棲することを望んだ。しかし、そうなると、王太后が息子である国王の行状を批判している、と受けとられるのではないか？　ルイ一四世は秩序を愛していたから、少なくとも秩序のうわべだけでも守りたかった。王太后がいるべき場所は宮廷である。宮廷にいても、何もすることがないのに？　やることがあろうとなかろうと、母上は宮廷に留まるべきだ。母上が患っている乳癌が悪化した場合、宮廷にいたほうが、よい治療を受けることができるだろうし。国王一家の暮らしは出産をふくめて公開されているから、治療も人目にふれるのが当然だ。以上がルイ一四世の考えだった。それから三年間、癌の苦痛を神への捧げものとして耐えたアンヌは、一六六六年一月二〇日にルーヴル宮で亡くなった。息を引きとるまで意識は清明で、生に執着することなく迎えた死であった。

彼女の遺体はサン＝ドゥニ大聖堂に運ばれ、ルイ一三世の隣に葬られたが、心臓だけはアンヌが愛してやまなかったヴァル＝ド＝グラース女子修道院に納められた。

月日が流れ、記憶も薄れた。歴史は修正され、古文書館に保管されている記録簿からは、騒がしく憤怒に満ちた時代を思い出させるページが切りとられた。もう思い出したくもないからだ。フロンドの乱を忘れよ、これが至上命令だった。フロンドの乱の記憶が消されると、この乱の勝者たちの記憶も同時に消された[18]。こうした勝者忘却の一番の被害者はマザランであり、ルイ一四世は自身の回想録の中で、自分と母親に忠実だった宰相をたいして賞賛していない。アンヌ・ドートリッシュだけが忘却から逃れたのは、ルイ一四世を産んで王朝の存続に寄与したからだ。しかし、ルイ一四世がアンヌに負っている恩はそんなことに留まらず、ずっと大きい。彼女は努力して統治することを学んだ。まずは、自分自身を制御することを。すべては、長男のためであり、自己犠牲精神の塊だった。ただし、彼女が息子の王位を守った、というのは正しくない。だれもルイ一四世から王位を奪おうとは考えていなかったからだ。彼女は、君主の権威を蚕食（さんしょく）しようと狙っていた者たち——王族や高位貴族——や、国王の権限をせばめようと策動していた者たち——司法官、すなわち法服貴族——と闘い、つぎにレ枢機卿の失墜をきっかけとして聖職者階級の掌握にも手をつけることで、息子のために国王の権威を全面的に守りぬいたのだ。彼女は、暴力に訴えることを可能なかぎり避けつつ、目的を達した[19]。彼女は、内戦が終わって統治が可能となった王国を息子に譲りわたすことができた[20]。こうした基盤があったからこそ、ルイ一四世はいわゆる絶対王政を確立し、偉大な世紀と呼ばれる一七世紀を輝かしいものとしたのだ。

死の床の母に、彼女にふさわしい敬意を捧げようとしたルイ一四世が考えついた最大の賞賛は、母を男性と同一視することであった。ルイ一四世にとってアンヌは、「偉大な王妃であったのみならず、もっとも偉大な国王たちと同列におかれる価値がある」女性だった。アンヌ本人は、こうした昇格を喜んだであろうか？　ルイ一四世の賞賛の言葉に異議を申し立てる者は皆無であろう。勇気、強い精神力、そして非妥協的な性格が、彼女が激動の時代をのりきることを可能としたが、当時、これらはすべて男性のみにみられる特性だと考えられていた。しかし、同じような特性をもっていた男たちと彼女とのあいだには、権力との関係において大きな違いがあった。彼女は一度も権力欲に駆られたことがなく、もちあわせの貧弱な手段をもちいて権力を行使したのは、それを無傷の状態で息子に引きわたすという目的のためだけだった。彼女は権力中毒におちいることがなく――まれなことである――、惜しむことなく手放し、ごく自然に、王太后の役割にたちもどった。生来のものぐさな性格がふたたび頭をもたげたのだろうか？　それともきわめつきの叡智の結実だろうか？　神だけが答を知っている。

◆原注

1　一六一五年一一月二五日の初夜には本当の意味で結婚は成就しなかったが［ルイもアンヌも一四歳だっ

た」、まだ十代であった二人は一六一九年にようやく結ばれ、一年間は仲むつまじかった。
2　戦中にえた権益を双方が放棄して結ぶ和平。フランスがスペインとの戦いで優位に立っていたので、ルイ一三世やリシュリューにとっては受け入れがたい和平であった。
3　フランス王国の基本法に従えば、国王は自分の後継者をしばることはできない。ゆえに、ルイ一三世はアンヌに自分の考えに従うことを誓約させた。しかし、適切な助言を受けたアンヌはあらかじめ、自分は誓約するよう強制されたのであり、ゆえに誓約は無効である、という旨の文書を作成し、公証人を通じてこれを法院に登録させていた。
4　ラ・ロシュフーコーの回想録には、このころに彼がアンヌにいだいた不満が記されている。
5　マザリナード［反マザラン風刺文］にとって、マザランのイタリア語訛りはかっこうの標的となった。ポール・ド・ゴンディ［レ枢機卿、回想録の著者として知られる］は、マザランこそ、コンメディア・デッラルテ［イタリアの即興劇］の登場人物トリヴェリーノの原型である、と述べている。
6　ルイ一四世は回想録のなかでマザランを「わたくしを愛していた、そしてわたくしが愛していた」宰相、と呼んでいる。
7　聖職者ではなく外交官として教皇庁に仕えたので、マザランは貞潔を神に誓っていない。だが、フロンドの乱の最中に流布されたマザリナード［反マザランの攻撃文書］がきわめて露骨な言葉づかいでありとあらゆる性的趣向の持ち主としてマザランを描いたものの、現在にいたるまで、マザランの性生活が乱れていたという証拠は何一つ見つかっていない。
8　ルイ一四世とマザランがかわした書簡のなかで、後者のコードネームは「ル・コンフィダン［秘密を打ち明けられる友］」であり、二人の信頼関係がいかなるものであったかを雄弁に物語っている。
9　一六一〇年から一六二七年のあいだに出版された、オノレ・デュルフェ作の小説。田園風景を背景として、理想的な社会を描いたこの小説は、一世代の人々にとって典雅な社交生活を学ぶためのバイブルであった。

10　軍を指揮する将校たちはすべて貴族であるが、歩兵は傭兵であり、彼らは一番高い俸給を提示する国の軍にくわわった。

11　パリ高等法院は、立法権をもつ議会ではなく、国王が発布しようとする法案が法体系と齟齬ときたしていないかをチェックする機能をそなえた裁判所である。

12　後にレ枢機卿となり、回想録の著者としても名を残すポール・ド・ゴンディ。

13　モットヴィル夫人が回想録の中で伝えるところによると、第二次ネルトリンゲンの戦いでの勝利を知ったアンヌがはしたないくらいに喜びを爆発させると、マザランは「王太后さま、多くの死者がでたのですよ…」と言ってたしなめた。

14　アンヌは約束を守り、ゴンディは枢機卿となるが、枢機卿の肩書にもかかわらず投獄はまぬがれなかった。

15　フランスでもっとも身分の高い一族（この一族は現在にいたるまで断絶していない）の一つの宗主であったラ・ロシュフーコーは、回想録、そしてなによりも箴言集の著者として文学的名声を誇る。

16　決められた額のほんの一部しか支払われなかったことが、フランスが戦争を仕掛ける口実となる。

17　アンヌ・ドートリッシュの最期にかんする詳細については、ジャン＝クリストフ・ビュイッソンとジャン・セヴィリアが監修した『王妃たちの最後の日々』（ペラン社、二〇一五四年――同名の邦訳は原書房から出版されている）を参照されたい。

18　回想録作者となった敗者たちが恨めしい思いをこめて書き留めた記憶だけが残った。

19　暴力の行使をさけるようにというアンヌの指令はかならずしも守られなかった…

20　プロテスタントたちはフロンドの乱から距離をおき、マザランは一六二九年のアレスの勅令の枠組みにおいて、プロテスタントたちに迫害をくわえないように戒めた。

＊参考文献

Bertière, Simone, *La Vie du cardinal de Retz*, Paris, Editions de Fallois, 1990.

—, *Les Deux Régentes*, Paris, Editions de Fallois, 1996.

—, *Mazarin*, Paris, Editions de Fallois, 2007.

—, *Louis XIII et Richelieu. La malentente*, Paris, Editions de Fallois, 2016.

Dulong, Claude, *Anne d'Autriche*, Paris, Hachette, 1980.

Kleinman, Ruth, *Ann of Austria, Queen of France*, Ohio State University Press, 1985 ; traduction françaisepar Ania Ciechanowska : Anne d'Autriche, Paris, Fayard, 1993.

Motteville, Mme de, *Mémoires*, Paris, Petitot, 1824 ; rééd. Michaud et Poujoulat, 1838.

Petitfils, Jean-Christian, *Louis XIII*, Paris, Perrin, 2008.

Solnon, Jean-François, *Anne d'Autriche*, Paris, Perrin, 2022.

Teyssier, Arnaud, *Richelieu. L'Aigle et la colombe*, Paris, Perrin, 2014.

8 スウェーデン女王クリスティーナ（一六二六～一六八九年）
予測不能の「王」

ギヨーム・フランツヴァ

一七世紀の歴史の舞台に登場する型破りな人物、スウェーデン女王クリスティーナ。矛盾する行動を繰り返し、かかわった人のすべてと悶着を起こしたと思われる。第一に同時代の人々をとまどわせたのは、男性優位の世界で女王であったことだ。スウェーデン王家でただひとりの王位継承者だったクリスティーナは、即位に際し、王家の安定を願う父の意向によって「王」の称号を与えられた。しかし、そのほかのヨーロッパの国々は、たんなる呼び名にすぎないのだからと目をつぶったりはせず、断固として「クリスティーナ女王」と呼んだ。第二の矛盾は、宗教改革の擁護者となるべく育てられていながら、カトリック陣営に転向したことである。退位した直後のこの大転換は、当時の人々にとってはまさに青天の霹靂で、その衝撃は測り知れなかった。第三のやっかいな問題は、聖座［ローマ教皇庁］から厚遇されていたにもかかわらず、聖女とはほど遠い生活を送ったことである。当初、教皇庁は反プロテスタントの宣伝にうってつけの、クリスティーナという驚くべき「獲物」を喜んだ。しかし、まもなく、かつての「良き兄弟と従兄弟たち」は、彼女の色恋沙汰と王位回復の主張を疎(うと)ましく思うようになった。これらいくつもの相反する行動のために女王の名は存命中から知れわたり、またその亡きあとも長くその伝説をふくらませてきたのである。

実権を握るまでの長い歳月

ルター派の名門王家であり、一五二三年にデンマークからスウェーデンの独立を勝ちとったヴァーサが興した王朝、その一〇〇年以上続く王朝のただ一人の後継者として、クリスティーナは一六二六年一二月一八日にストックホルムで生まれた。[1] 父のスウェーデン王、グスタフ二世アドルフは天才的な戦略家だった。王の外交面での野心は幸いにもフランスのそれと重なったのだが、いっぽう手に負えないこれら二つの国々に長らく国土を荒らされてきたドイツにとって、これは大きな痛手となった。「北方の獅子」とよばれたグスタフ二世は、才知にすぐれたその政治手腕によって、一〇年のうちに、ヨーロッパにおけるプロテスタント陣営の指導者となった。ハプスブルク家がカトリック再興のためにドイツを舞台に戦った、あの破壊的な三十年戦争（一六一八～一六四八年）の時代である。一六三〇年に、スウェーデンは一万二〇〇〇の騎兵と三万の歩兵を動員して、ポメラニア［ドイツ北東部からポーランド北西部にかけて広がる地域］に上陸し、小公国が集まるこの地域をその軍事力で席巻した。クリスティーナの母である、ブランデンブルク家のマリア・エレオノーラは、神聖ローマ帝国選帝侯の名門の家系出身だったが、その陰鬱な気質を夫は疎ましく思うようになった。成人したクリスティーナは、青い目に際立つあごと鼻という父親の特徴をはっきりと受け継いでいたが、豊かな茶色の髪は母親譲りだった。その顔立ちはけっして釣り合いが取れているとはいえないが、求婚者たちの目には、権力という魅力が欠点をじゅうぶんに補って映った。美人でもなく背もそれほど高くはなかったが、その個性は強烈な印象を与えた。誇り高く、必要となれば計算高く、巧妙な如才のなさを発揮するかと思えば粗暴にもなり、その予測不能な一面がクリスティーナの伝説を興味深いものにしている。彼女の性格は、厳格で肉体的な教育――父親が切実に望んでいたであろう男の子のための教育だった――によって形成されたが、それでもその鋭い知能の早熟な発達が妨げられることはなかった。

クリスティーナも、人生のごく早い段階では、当時の王族の子弟と同じような幼年時代を送った可能性がある。つまり、居心地のよい城の中で古くからの価値観に基づいた教育を受け、一族の権力強化のための結婚に向けて準備をしていたのかもしれないのだ。だが、六歳で権力の非情な掟を受け入れざるを得なくなる。常から戦地で陣頭指揮をとっていた父王が、一六三二年のリュッツェンの戦いで名誉の戦死を遂げたのだ。王の死後の栄光は確固たるものとなった。なぜなら、王の死を代償とするこの勝利のおかげで、ハプスブルク帝国軍を退けることができたのだから。しかし、優れた指揮官を失ったスウェーデン軍にとっては大きな痛手だった。幸いにして王位はまったく揺らぐことはなかった。何年も前から男子の後継者不在のまま戦死することを恐れていたグスタフ王は、しかるべく手はずを整えていたからだ。王国の統治を母后にゆだねることは初めから問題外だった。よって、この任務は、王の信頼が厚かった宰相オクセンシェルナの主導により、王家の方針を支持して必要な資金を出してくれる、スウェーデン元老院の支持を得た摂政体制で担うことになった。王国の各州の代表が参列する中、幼い女王はただちに王位に就いた。これは、まだ七歳にもならない彼女が初めて経験する政治の世界だった。未亡人の母はまだ娘の教育にいくばくかの影響をおよぼすことはできたが、それ以上のことはなかった。マリア・エレオノーラは、幼い娘を外国の王家に嫁がせたい、あるいはデンマーク——一世紀以上もライバル関係にあった国である——との距離を縮めたいといった意向をみせたものの、宰相と対立したあげくの果て、一六四〇年には国外に脱出した。このことは、ある意味では二人目の親まで失うことになったクリスティーナを、絶望の淵に突き落としたのである。

亡き王グスタフ二世アドルフの粘り強い戦いを一六三二年以降は摂政たちが引き継ぎ、また、リシュリューの主導によって一六三五年に参戦したフランスからはそれまで以上の援助を受けて、スウェーデンはドイツでの闘いを継続した。摂政時代のスウェーデンとフランスのあいだの同盟条約は常に若い女王の名で締結された。フランスとの旧交を再確認する最初の条約は一六三三年に結ばれ、その後は一六四三年まで定期的に更新された。摂政政治が続いた一二年間は、未成年の女王が政治に実質的な影響をおよぼすことはなかったとはいえ、ただ公(おおやけ)の儀式で堂々と役割を果たすためであっても、王位に就く者として事情に通じておく必要があった。クリスティーナは年端も行かぬうちから定期的にフランス大使たちを接見していた。大使たちは、母后が日頃から娘と距離を保ち、時おり娘が責務を果たす手助けをする程度の関与しかしないことに驚いた。実際のところ、交渉にかかわるのは摂政である大臣たちや元老院だった。フランスから同盟国として大いに頼られていたスウェーデンは、反ハプスブルクの諸侯たちの戦線で主導権を握りたいと欲していたが、作戦の実質的な総責任者の地位はリシュリュー枢機卿に譲らざるを得なくなった。その証拠に、作戦にとって戦略的な地点はフランスに明け渡され、ドイツの諸侯の保護を約束するのはフランスとなったのだ。この水面下の対立は外交の世界では周知のことで、両王室のあいだには時として事件が起こった。たとえば、一六三六年六月四日、元老院での審議中にフランス大使が外交上の取り決めからの明白な逸脱を告げた（このために両国の関係が一時的に冷えこんだ）ことや、その前月の五月には、スウェーデンの裁判所が外交特権を無視してフランス大使館の従僕を起訴した事件などがある。[2]

しかし、軍の指導者を失ったスウェーデンはこの状況を受け入れるしかなかった。とりわけ、ルイ一三世とその宰相リシュリューは資金援助を惜しまなかったから、なおのことである。フランスはすぐにこの北欧の国の主要な貿易相手国となった。スウェーデンの軍事産業は当時ヨーロッパでもっとも発達していたのだ。フランス王は莫大な資金を投じて船や大砲を購入し、その火力がフランス軍の戦力を支えた。そして同様に、フランスの資金がスウェーデン軍のザクセンからロレーヌまでの進軍を支えたのだ。つまり、スウェーデンが、自国の領土が戦場にならない紛争から多大な利益を得て、王室だけでなくその臣下たちをもうるおすことができたのは明らかだ。領土拡大の意欲に駆り立てられたスウェーデンは、バルト海沿岸地帯の大いなる支配者になることを夢見たのである。

成長するにつれ、クリスティーナはすぐに大人たちの自己主張ばかりのおしゃべりとは距離を置くようになった。七歳のころからすでに、周囲の人々が宗教的教義を振りかざして自分をあやつろうとすることに警戒心をいだいていた。そういった人々は、彼女が教義から離れようものなら、鞭打ちという脅しをかけて教義を押しつけるのだ。一六三四年に着任したフランス大使は、女王が年齢の割に非常に成熟していることに驚き、彼女はすでに「自信に満ちた態度を身につけており、その顔には大胆さが見て取れる。まさにあの父王の娘である」と報告している。年若い女王は、晩年になって初めて自身の心の内を明かしているが、その中で、幼いころはつねに監視されていて、公的あるいは儀礼的な声明を出すことくらいしかできなかった、と認めている。また、女王の姿勢には早くから平和への愛が見られた。だが、王国の政策はそれとは逆に侵略的で、一六四三年にはデンマークに対して新たな戦線を開いている。より多くの地方を獲得し、長年対立していたこの国に関税の停止を迫るためである。常に戦いが影を落とし、外交官が頻繁に出入りする宮中で孤独な幼少期を過ごしたからこそ、クリスティーナは平穏を希求し、成人するまでぬぐいさることができなかった不安の原因を遠ざけたいと願ったのかもしれない。そうすると、一六四二年のリシュリューの死去を知ったクリスティーナが示した動揺――フランス大使が報告書に記している――をどう考えるべきだろうか。強力な同盟国におもねるために、大臣に指示された言動にすぎないのか？　それとも、成人を目前にして味方を失うことを恐れた、女王の真の不安の表われだったのだろうか？

理解されなかった選択

一六四四年、スウェーデン「王」クリスティーナは一八歳になった。摂政政治が終わり、大臣たちは自由に権力をふるうことができなくなった。一八か月前からすでに許可を得て国会に出席していたクリスティーナは、ここに至って施政方針を転換する。議員たちに、今度はフランスの支援を得て、一刻も早く講和を結ぶよう求めたのだ。当時、フランスの関心は、戦争を終結させ、ルイ一四世が未成年のあいだの秩序を確保することだった。リシュリューの後継者であるマザランは、スウェーデンの外交官たちの非妥協的な姿勢にあきれ、要求を抑えるよう訴え続けていた。マザランと同じ考えをもっていたクリスティーナは、助言者たちとの対立を承知で主張を貫き、やがて宰相のオクセンシェルナとも不和となる。一六四五年の夏、若き女王は自らの政策の実践として、デンマークを相手に有利な講和を結んだ。これによってデンマークの関税は廃止され、バルト海に浮かぶ大きな島々と新しい国境地帯を新たにくわえたスウェーデン王国は、その領土を拡大した。かつては好戦的だった王国の政策がかくも急激な変化を遂げたのは、父親の死に起因する女王自身のトラウマの表れとも、治世の最初に明確に自己主張しておきたいという意欲の表われとも解釈できるだろう。だが、ここで、女性が意見を述べるといえば連想されそうな陳腐な要素――いわゆる優しさとか思いやりとか――は、排除されるべきだ。なぜなら、このころすでにクリスティーナは、「弱い」性、すなわち女性に対する強い軽蔑の念を表明していたからだ。この侮蔑はしばしば単純な女性蔑視と解釈されていたが、女王は回想録の中でこう説明している。女性は無知で人の上に立つことができないが、それはそうあるように強いられているからだ、と。

しかし、女王のこの最初の一歩は、ドイツがスウェーデンとその同盟国の勝利を認め、全般的な講和を結ぶことで完結させる必要があった。一六四一年にそのための議論が始まったものの、この終わりのない戦争に終止符を打つ最終的な合意に達したのは、一六四八年のヴェストファーレン会議においてだった。一六四八年一〇月二四日のオスナブリュック条約［ヴェストファーレン条約を構成する二つの条約のうち、神聖ローマ皇帝とスウェーデン女王のあいだで結ばれた条約］は、スウェーデンにとって有利なものであった。王国はその結果、西ポンメルン［現在のドイツとポーランドにまたがる地域］と神聖ローマ帝国北部沿岸地方のブレーメンとフェルデンの司教領を獲得した。グスタフ二世がすでに征服していたポーランドとロシアに接するリヴォニア地方［現在のラトビアの東北部からエストニアの南部にかけての地域］に、これらの地域が新たにくわわったことで、クリスティーナは近隣諸国すべてに介入できる小さな海洋帝国の統治者となり、そこでの貿易の大部分を自らの支配下におくことになった。スウェーデン「王」は、今や北ヨーロッパの主導権を握り、プロテスタントの世界における第一人者であると主張できるようになったのだ。好戦的な国民の君主たる若き女王は、第一級の交渉者であり、時代に先駆けた平和主義者でもあった。報奨めあてに戦争を望むスウェーデン貴族の強欲とは対照的な、女王の国家や幸福に対する考え方のよりどころは、スウェーデン各州の平民層だった。

平穏な治世を望めるようになったスウェーデン女王クリスティーナは、手にしたばかりの自身の栄光を世に知らしめたいと考えた。彼女の宮廷はそれまで、さほど豪華とはいえなかった。女王は一年の大半をストックホルムのトレ・クロノール（スウェーデン語で「三つの王冠」）城で過ごしていた。一三世紀の要塞をルネサンス建築様式に増改築したルーヴルのような宮殿だが、要塞時代の背の高い円形の主塔がなおもそびえ立っていた。彼女はそこで、その時代のもっとも輝かしい統治者になりたいという野心をいだいた。そこで、イタリアやオランダの美術品の購入をくりかえし、華麗な宮廷を営んだ。パリから招いた学識豊かな司書、ガブリエル・ノーデの働きによって、中世や東洋の写本を集めた驚くべき蔵書を数年でつくりあげた。また、フランス人を中心とした外国の人材を誘致して、宮廷を当時の他の大国の水準に引き上げ、少し前まで同盟国だったフランスとの友好関係を維持しようと努めた。たとえば、フランス大使の勧めに従い、著名な科学者であり哲学者でもあるルネ・デカルトが、一六四九年に女王の家庭教師として招かれた。デカルトは年末にはストックホルムに赴き、教え子のもとへ規則的に伺候するようになった。このころクリスティーナの教養はすでに高い水準にあり、ヨーロッパの大学で教鞭をとる学者たちとラテン語で文通ができたという。しかし、北欧の気候と、早朝五時前には授業を開始しなければならないという女王の厳しい生活のペースのために、デカルトは健康を害し、一六五〇年二月一一日に死去した。それでも、この高名な思想家との交流は女王の知的視野を新たに広げ、彼女に大きな影響をあたえた。女王はさらに積極的にフランスの芸術家や学者を招聘し、ついにはフランス大使館の大使館員（アタッシェ）を秘書に迎えている。ほどなく彼女の教養の高さはヨーロッパ中に知られるようになった。一六五二年には、パスカルから彼の発明による、電卓の原型にあたる計算機が送られている。文化人や知識人との交流と並行して、女王は自身の好みにあったとりまきを周囲に集め、なかでも年齢の近い貴族を寵愛した。その一人であるスウェーデンの元帥の息子マグニュス・ガブリエル・ド・ラ・ガルディは、庇護者である女王に寵遇され、リヴォニア州の総督にもなった。

しかし、これら二つの行動のために、女王の人気は低下する。というのも、美術品などの購入や寵臣の優遇には戦争に匹敵するほどの費用がかかったからだ。それまでスウェーデンの宮廷はむしろ簡素だった。しかも、いまだに独身であった彼女の道徳性については深刻な疑惑――女王をバイセクシュアルの色情症（ニンフォマニア）だという者もいた――の影がつきまとっていた。女王が自由を享受していたこの頃の宮廷では、噂や誹謗中傷がはびこっていた。そういった時期にクリスティーナは外国人や寵臣を優遇したので、それを見て「罪深いことをしているにちがいない」と考える者もあったのだ。女王は忠誠を勝ちとるために、臣下の中から多くの者を貴族の身分に引き上げるいっぽうで、一六五〇年にこの上もなく豪華な戴冠式をおこないたいと考えた。戴冠式に続いて贅沢な祝典が催された――今日（こんにち）でもスウェーデン王室の式典で目にするすばらしい銀の玉座が、寵臣のド・ラ・ガルディから女王に贈られた――のだが、臣下の安堵にはつながらなかった。王朝の先行きが不安なうえ、新たな出費で国庫はいっそう干上がったからだ。国民のさらなる心配の種となったのは、結婚すれば人に頼らない生き方が大きく損なわれるであろうことを知るクリスティーナが、時がたてばたつほどいっそう結婚を考えなくなっていることだ。事あるごとに彼女がこれ見よがしに男装していたのはおそらく、自立したいという意志を示し、女性という枠に押し込められるのをこばむ意味があったにちがいない。大国の玉座がすべて男性に占められていた当時のヨーロッパにおいて、女性であることよってこうむる不利益は大きかったのだ。しかし、このメッセージはついに理解されず、中傷を煽っただけに終わった。つまり、女王は政治においても趣味においても、自分が切望するものと女性君主として期待されるもののとのギャップに苦しんだのである。

何度か結婚話をしりぞけたクリスティーナは、自分は独身を貫くこと、そして後継者を父グスタフ二世の姉の息子である従兄のカール・グスタフとすることを、徐々に元老院に認めさせていった。この策略によって王朝継続になにがしかの担保をあたえることはできたが、だからといって女王の生き方が賛同をえたわけではなかった。在位期間二二年のうち、親政の開始から一〇年がすぎた一六五四年、この若き女王は、おそらく倦怠感のため、また自分のイメージの悪化に対して健全で明敏な判断を下した結果でもあろう、思い切った選択をする。それは王位の放棄であった。退位は一六五四年六月六日に発効した。スウェーデン国内のさまざまな所領からえられる、ゆとりある金銭的補償によって将来は保証されたので、なおさら名誉ある退位——退位しても女王の称号を使用できた——を果たすことができた。これらの手配が終わり、王位が新スウェーデン王カール一〇世に移るや否や、クリスティーナは二七歳のエネルギーを解き放ち、世界を発見する旅へと出発したのである。

認められたいという思い——承認欲求

こうして始まったクリスティーナの新しい人生は、やっと手に入れた自由な生活での無茶な暴走と、自身が生涯使用することになる王の身分を正当化したいという願望とが交互に繰り返され、そのさまはまるで小説か何かのようである。一六五四年の秋、貴重な蔵書と身のまわりの世話をする人々とともに、王国をもたない女王は北の国をあとにし、ヨーロッパをめぐる長い旅に出る。三〇年戦争で壊滅的な打撃を受けたドイツがスウェーデンを嫌っていたため、スカンディナヴィアの若き女王は神聖ローマ帝国に足を踏み入れるのを避け、海路をとって、一六五五年初頭にスペイン領ネーデルラントの首都ブリュッセルに着いた。この目的地の選択には驚くほかない。ネーデルラントの支配者であるハプスブルク家がかつての敵に好意的だったはずはないからだ。しかし、女王と同じように芸術と音楽を愛するレオポルト・ヴィルヘルム大公は、丁重に迎え入れただけでなく、女王のためにバレエを上演させている。

クリスティーナは、主として生き延びるための本能から、すでに国外脱出前にカトリックへの接近を考えていたのだろう。なぜなら、今やプロテスタントの世界に彼女を受け入れてくれる場所はどこにもなかったからだ。スウェーデンとドイツのあいだにくすぶる遺恨のほか、デンマークは依然古くからの宿敵で、イギリスは当時考慮の余地もなかった。というのも、恐るべき暴君で王殺し（レジサイド）のクロムウェル――国王チャールズ一世の処刑裁判をすすめ、一六四九年に斧で斬首させた――が最初の革命を起こしたばかりだったからだ。カトリック陣営はといえば、スウェーデンの王位継承権をめぐって一六五五年から新たな戦争が始まったポーランドは除外される。フランスは、クリスティーナ前国王の存在がマザランと新スウェーデン国王の関係に水を差す危険性さえなければ、うってつけの行き先だったかもしれない。また、これまでの戦争の経緯から、スペイン、オーストリア、イタリアなどのハプスブルク家は彼女を受け入れる見込みなどまったくなかった。つまり、ネーデルラントでの滞在は一時しのぎの解決策にしかなりえなかったのだ。こうして、最後に残ったのがローマである。全ヨーロッパの外交の十字路である聖座は、カトリック世界の精神的な中心であると同時に、政治的には中立の立場を保つ勢力だった。

クリスティーナが追い出されないのはここだけだ。先祖代々の信仰を捨てることが条件となるが。レオポルト・ヴィルヘルム大公の後押しもあってか、彼女は新天地を求めてプロテスタント信仰の棄教を決意した。後年、彼女は未完に終わった回想録の中で、自分は若い頃からプロテスタントの教えに対して懐疑的で、説教や家庭教師から叩き込まれる教義を不可侵の真理として受け入れるどころか「自分の流儀の宗教」を作り上げていた、と明かしている。多くの人々が改宗後の彼女を無信仰者と呼び、あるいはイエズス会の犠牲者と決めつけたが、彼女は死ぬまでそれを否定しつづけた。後悔の念に苛まれたのか、それとも手にした自由を保ちたかったのか、クリスティーナは当初、改宗を公にすることを望まなかった。この改宗には今でも謎が残るが、彼女の存命中には大論争がまきおこった。カトリックが固く禁じられていた自身の王国では到底実践が許されない、その信仰や教義に彼女が心惹かれていたしるしはまったく見られなかったと思われるからだ。

しかし、一六五五年、「永遠の都」［ローマ］はまだ遠かった。教皇アレクサンデル七世は、クリスティーナの定住を許可する条件として、ヨーロッパのプロテスタント陣営を率いていたこの元指導者の信仰放棄の公表を要求した。ハプスブルク家の土地を横断する旅をへて、イタリアへの玄関口となるインスブルックで公式のルター派信仰放棄に同意し、そして一六五五年一二月二〇日にローマに入って盛大な歓迎を受けた。反宗教改革の真っただ中にあって、その影響は絶大で、クリスティーナは祖国から完全に分かたれることになった。だが、教皇庁の典礼の黄金色に輝くきらびやかさや、滞在していたパラッツォ・ファルネーゼの豪華さにすっかり目を奪われて、しばらくはそのことに気づかずにいた。そして、スウェーデンからの年金が間遠になりはじめ、キリストの代理人［教皇］がこの宮殿に飾らせた金銀細工やタペストリーを、従者を使って売り飛ばさざるを得なくなって初めて、生計の問題が浮上した。それ以来、不幸なことに、新たな王位につくことで収入を確保しようとする焦りは彼女を幻想へと誘い込み、しかもそれが幾度となくくりかえされることになる。緊急に資金の補充が必要な事態となったため、従兄のカール・グスタフに契約の履行を催促しようと、クリスティーナは一六五六年七月にローマを出発した。退位と引き換えに終身受け取ることになった、あのスウェーデンのいくつかの都市と領地の収入を確保するつもりだった。しかし、北欧への帰郷は九月にパリで足止めをくらった。クリスティーナはパリでフランス宮廷と出合ったのだが、両者は互いに相手を驚かせることになった。すなわち、遠い北欧の粗野な王家と、ラテン系の国々の洗練と婦人に対する礼儀正しさ、この風俗習慣の根本的な違いが示してみせたのは、フランスの宮廷人に見られる宮廷文化の気取りがいかに過剰であるか、そして、クリスティーナ女王がいかに礼節を欠いているか、であった。女王は悪口雑言を吐き、粗野な態度をとり、その優雅さはほめたたえながらもフランス宮廷の女性たちを見下した。アンヌ・ドートリッシュに仕えていた女性の一人、ド・モットヴィル夫人は回想録において、クリスティーナをあからさまに非難している。

「王と王妃をはじめ宮廷のすべての人々の面前で、女王は自分の座る椅子と同じ高さの椅子に脚をのせて、両足があらわになっても平気だった。また、すべての女を無知だと軽蔑するいっぽうで、男たちとは会話を楽しむが、その内容は善良なことばかりではなく、ふしだらなことにもおよぶ。さらに、人から受ける敬意に対して王たちが守るあらゆる規則を、一切守ろうとしなかった」

スウェーデンとの仲介をうまく進めたマザランは、手に入るかどうかもわからないナポリ王国をクリスティーナにちらつかせ、アレクサンデル七世をフランスの味方につけてスペインに対抗しようと考えた。教皇をスペイン陣営から引き離そうとするしたたかな枢機卿と、南国の女王になることを夢見て慣れない策をめぐらすクリスティーナのあいだで、詐欺まがいの取引が成立した。スペインがナポリをそう簡単に手放すはずがない、などとは両者とも考えもしなかったのだ。すぐにローマに戻った女王だったが教皇を味方につけることには失敗し、翌年にはフランスにまいもどって、ルイ一四世の宰相をつとめるマザランと新たな計画を練ることになった。退位した女王にあると思われた影響力は、本人が主張するほどではまったくないとわかった以上、前回ほど熱のこもった歓迎を受けることはなかった。さらにクリスティーナの立場を悪くしたのは、彼女の道徳性を疑う数多の陰口を裏づけるかのような、一大スキャンダルだったのだ。

発端は女王の侍従で当時の寵臣であった二人が企てた陰謀だった。その一人、ジョヴァンニ・モナルデスキは、ライバルを誹謗し、女王に対しては裏工作をおこなったと断じられた。女王の名誉が傷つけられることをけっして許さないクリスティーナは、彼の処刑を命じた。そして、一六五七年一一月一〇日、フォンテーヌブロー城内の「雄鹿の回廊」で、クリスティーナの部下による剣の三突きによって死刑が執行された。のちに、この衝撃的な事件からインスピレーションを受けたアレクサンドル・デュマは、戯曲「フォンテーヌブローのクリスティーナ」を書くことになる。フランスの宮廷人たちは、異国の女王が王宮の敷地内での殺人を指示したことに驚愕し、悲鳴を上げた。当の本人はひとかけらの悔悟の情も見せず、マザランに宛てた手紙の中では、自分は北欧の流儀に忠実なだけなのだと書いている。つまり、「人を恐れるより、絞め殺せ」である。この性急な処刑の動機そのものもスキャンダラスで、女王は自分が独身でいることを好んだとはいえ、女性に性的自由が一切認められなかった時代に貞操を軽んじていたことはもはや疑いようがない［モナルデスキはクリスティーナの寵愛を取り戻そうとして、当時彼女が愛人としていた寵臣サンティネッリが書いたとする手紙を捏造し、サンティネッリが女王を誹謗中傷していると思わせようとした」。マザランは、政治的犯罪だったことにして体裁を取りつくろおうとした。つまり、口の軽い近習［モナルデスキ］は、クリスティーナがフランス側につくという密議の証拠をスペインに報告したために反逆罪に問われた、というわけだ。だが、マザランの努力の甲斐なく、王国じゅう、さらに国境を越えて誹謗文書が出まわった。そして、以後クリスティーナは、バビロンの女王となった伝説の毒婦になぞらえて「スウェーデンのセミラミス」と呼ばれるようになった。こうなると、フランスの急務はただ一つ、この厄介者を追い出すことである。こうして彼女はイタリアに戻ることになり、宮廷は大いに安堵したのだった。

一六五八年五月に彼女がローマに戻ると、周囲の反応は目に見えて冷ややかになっていた。アレクサンデル七世はみずからの都市に女王を滞在させることを許可した。なんといっても彼女は、カトリックに改宗したただ一人のプロテスタントの君主だったからだ。だが、教皇は彼女に会うことをこばんだうえ、二度と公的な場に関与させることはなかった。それでもクリスティーナは、権力志向と同時に独立心から、ふたたび王位につくというこの新たな冒険で芽生えた野心をあきらめることはなかった。そしてそれから一〇年にわたって王冠を戴く夢を追いつづける。くしくも、一六六〇年二月一三日、スウェーデン王カール一〇世が幼い息子を残して崩御した。クリスティーナはこれを好機と見る。六年前に祖国を離れた彼女は、以来金銭を求め、王冠の夢を追いかけて、その半分の時間を旅に費やしてきた。幼い王が死亡する可能性もある。そうなれば、かつて軽率にも王座を放棄した自分が帰郷して復位しよう、と女王は考えた。さらに、カール一〇世が設置した摂政府と折り合いをつける必要があった。この摂政府の議長をつとめる新宰相が、誰あろう、クリスティーナのかつての寵臣ド・ラ・ガルディだった。一六六〇年一〇月、自身の権利を主張するためにストックホルムに帰還した元君主は、すぐさま幻想を捨てることを余儀なくされた。かつての臣下たちは女王を冷淡に迎えた。王位にもどす気などさらさらなかった。ルター派の聖職者たちの態度はよそよそしく、彼女がおこなった誓絶［異端放棄の宣誓］を許そうとはしなかった。貴族たちも、風変わりで信用を失った女王の締めつけの強い権力行使よりも、陰謀を起こすチャンスがある摂政政治のほうを好んだ。クリスティーナは自分が嫌われていることを自覚し、一六六二年にローマに戻っていった。不満ではあったが、まだあきらめたわけではなかった。一六六六年には新たにスウェーデンでの滞在を試みたが、到着時に自尊心を傷つけられる出来事――自身の聴罪司祭がスウェーデンの地に足を踏み入れることを禁じられた――があり、北欧の王国の君主に返り咲く夢にはもはや手がとどかないことを痛感させられたのだった。

スウェーデンに対する幻想が消え去った今、クリスティーナは最後の望みを託して、今度は一六六八年にポーランドの王位に名乗りを上げた。ポーランドの国王は一世紀にわたって選挙で決められており、過去三人の王はクリスティーナと同じヴァーサ王朝の血を引いていた。この血統の威光は、みずからの立候補をポーランド国会に認めさせるのにじゅうぶんだとクリスティーナには思われた。しかし、一六六五年にスウェーデン王カール一〇世が仕掛けた「大洪水[3]」と呼ばれる恐ろしい戦争は、ポーランドに大きなトラウマを残していた。そのため、スウェーデンの女王の選出などありえようはずもなく、ローマ法王の支持があったにもかかわらず、この画策は完全な失敗に終わった。これがクリスティーナの最後の幻滅で、国際政治を舞台にした最後の行動となった。一六六八年以降、女王はコルシーニ宮殿に住み、文芸の庇護者として晩年の二〇年間を過ごした。芸術家、文筆家、学者たちを集めた彼女のサークルはもっともすぐれたものの一つとなり、常連の中には彫刻家のベルニーニや作曲家のスカルラッティがいた。このサークルが一六七四年から「リアリオのアカデミー」と呼ばれるようになったのは、女王の最愛の友であったデチオ・アゾリノ（一六二三〜一六八九年）の目的の達成に役立ったからだ。教皇領の小貴族を出自とするアゾリノは、クリスティーナがスウェーデン国王を退位した年に枢機卿となり、一六六九年には教皇庁を離れた。

アゾリノは、教皇選挙（コンクラーベ）の時期にはとくに熾烈になる外国の影響を完全に排除し、聖座を守りたいと考えていた。枢機卿を中心とした一党は、「スクアドローネ・ヴォランテ（機動隊）」と呼ばれる、ローマで活動する外国の党派の無力化を目的としたイタリア人高位聖職者の集団を結成した。彼らの活動を女王は全面的に支援したが、それが時に外交筋からの批判を招いた。ルイ一四世が自国のプロテスタントを強制的に改宗させるために命じた「竜騎兵の迫害」を女王が糾弾したことで、フランス大使館からは危険な言動だのプロテスタントの隠れ信者だのと非難を浴びたが、彼女の存在が脅かされるまでにはいたらなかった。しかし晩年は、政治よりも、自身のイメージ、知識人との文通、そして、自らの生存がかかる北欧の領地の管理にたずさわることが多くなった。そのためクリスティーナは、評価と歴史の観点から、たんに「クリスティーナ」（これでは、一私人にすぎないかのように思われてしまう）ではなく、ただ「女王」でもなく（自分が特別な君主であり、王の妻や母ではなく、直系の王位継承者であることを知っているがゆえに）、「クリスティーナ女王」と呼ばれるように細心の注意をはらった。

表舞台を降り、老年を迎えて以前よりも敬虔になった女王は、自身の人生で選択してきたことを説明する義務があると考え、アゾリノ枢機卿の勧めで回想録の執筆に着手した。おかげでその人となりに対する理解は進んだが、彼女は自分の謎をすべて明かしてはいない。一六八九年四月一九日、少し前から丹毒を病んでいたクリスティーナは、六二歳でこの世を去った。聖女の気質を表わすようなものは彼女には何一つなかったにもかかわらず、サン・ピエトロ大聖堂内にある教皇たちの墓所の一角に女王は眠る。王族のあかしである王冠と王笏がこれ見よがしに飾られたその墓は、その時代に生きるには自由すぎた女性の誇りを永遠に人々に思い起こさせる。

王冠を戴くという望みは絶たれたが、スウェーデンの女王クリスティーナはその聡明さゆえに、生前の不幸よりも死後のイメージのほうが自分の栄光にとってはるかに重要であることを理解していた。その回想録は自身の複雑な心理を解き明かし、また、近しい人々——愛人、大使、文通相手など——が残した文章は、この女性が生きた世紀においては、彼女があまりにも多方面に、あまりにも秀でたいくつもの面をもっていたことを証明している。一八世紀になると、彼女の矛盾や政治は人々を魅了し、さらにその常軌を逸した行動はロマン派作家たちの作品に刺激をあたえた。二〇世紀には、型破りな彼女の特徴が精神分析によってとらえられるようになった。すべての思索、空想、批判をへた今、彼女はありのままの姿で立ち現われる。天性の女性政治家であり、時代が時代ならば、性革命の象徴的人物の一人として堂々とその位置を占めていたことだろう。

まさしく、スウェーデン女王クリスティーナは引き裂かれた人格の完璧な例である。彼女の人格は、深く複雑で常識にとらわれない自己のアイデンティティを表現する必要と、肩書きだけでなくさまざまな意味で例外的存在であることの自覚と、この時代の順応主義の重圧とのあいだで引き裂かれていた。後世の人々はこのことを、死後に出版された彼女の書簡から読み取ることができる。

「わたしに対して人々がこれほど卑しい感情をいだけるのだから、自分はスウェーデンではすっかり忘れられてしまったのだとわかる。それでも、不在の者は必然的に忘れられるものなのだと、自分を慰めている。わたしが死ぬのは神がお望みになる時だが、それはクリスティーナにふさわしい死に様になるだろう。そして、神の御心にかなうなら、それがいつ訪れようとも、わたしの死は決してわたしの生と矛盾することはないのだ」

◆原注

1　スウェーデン女王クリスティーナについては、主に外交文書センターで政治書簡（123CP/1～5、22、86CP/10）と条約集を参照することができる。また、彼女の人脈や知的活動にかんするその他の情報は、フランス国立図書館とヴェルサイユ市立図書館で見ることができる。

2　この従僕は乱闘にまきこまれた。この乱闘は仕組まれたものだったと大使は主張した。

3　「大洪水」は、カール一〇世が自身の即位に対してポーランドが抗議したことを口実に始めた激烈な戦争をさす。ポーランドの国土の大部分が三か月で侵略され、占領された。

＊参考文献

Archenholtz, Johann, *Mémoires concernant Christine reine de Suède [···]*, Amsterdam/Leipzig : Pierre Mortier ; Amsterdam/Leipzig, Jean Schreuder & Pierre Mortier le jeune, 4 tomes, 1751-1760.

M. L., *Lettres choisies de Christine, Reine de Suède à Descartes, Gassandi, Grotius, Pascal*···, Villefranche, chez Hardi Filocrate, 3 volumes, 1759.

Motteville, Françoise de, *Mémoires*, Collection des mémoires relatifs à l'histoire de France, Paris, Foucault, 1824.

Peter, Cécile, « Les voyages de la reine Christine de Suède en France (1656-1658) : regards croisés d'hier et d'aujourd'hui », in *Voyageurs européens à la cour de France, 1589-1739*, Rennes, Presses universitaires de Rennes, 2014.

Quilliet, Bernard, *Christine de Suède*, Paris, Fayard, 2003.

« La République des Lettres et Christine de Suède », *Revue d'histoire nordique*, Toulouse, Presses universitaires du Midi, 2017.

9 マリア・テレジア（一七一七〜一七八〇）
オーストリアの肝っ玉おっかあとその子どもたち

ジャン＝ポール・ブレッド

いかなる運命も、若き大公女マリア・テレジアをオーストリアと中欧に長く名を残し、死後二〇〇年以上も語り継がれる神話的君主になる、と定めているとは思われなかった。そもそも君主の座につかない可能性さえあった。父、オーストリア皇帝カール六世に後継者となる息子がいたなら、このシナリオは確実に現実のものとなっていただろう。だが一七一三年に発布されたプラグマティシェ・ザンクツィオン（家督相続規定勅令）は、皇帝に男子の後継者がいない場合を想定し、皇位を女子に譲ることができるとしていた。歳月とともにこの規定を支持する声が高まったが、皇帝は男子誕生に一縷の望みをかけていた。だがその願いもむなしく、一七四〇年一〇月にカール六世が急逝すると、二三歳の長女マリア・テレジアが皇位につくことになった。

マリア・テレジアの皇位継承が不確実だったため、カール六世はいざとなれば帝国運営の責任を果たせるような教育を、マリア・テレジアに施していなかった。大公女につきものの語学（イタリア語やフランス語）、宗教教育、それに歌や踊りなどの教育が中心だっだ。父の死が急だったため、国政にかんする知識が皆無だったことも大きなハンデだった。さらに悪いことに、各国の宮廷は女だから無能・非力と決めつけ、帝国に敵対する勢力の格好の餌食になるとの見方が大勢だった。最初に牙をむいたのはプロイセン王フリードリヒ二世だった。一七四〇年一二月、ハプスブルク帝国で最も豊かなシェレジエンを征服しようと侵攻したのだ。他の国もたちまち分け前にあずかろうと参戦し、さながらオーストリア帝国への総攻撃の様相を呈した。フランス、スペイン、ザクセン、サヴォワが大規模な連合を形成した。

抵抗精神の権化

即位直後から帝室を崩壊させかねない危機に直面したマリア・テレジアだが、動じることなく、一歩も譲らないかまえだった。自分が未熟であることも、十分自覚していた。たりないところばかりで、この試練に対処するには助言が必要とわかっていた。だがだれに相談すればいいのだろう？　亡き父への敬愛のしるしとして、彼女は父の側近たちを引き続き登用していた。だが老人ばかりで意固地な者も多く、行動的ではない。あろうことか妥協を勧める者さえ多かった。マリア・テレジアの夫、ロートリンゲン公フランツ・シュテファンまでが、プロイセン王と交渉するよう勧めた。だがこうした敗北主義の意見に耳を貸さず、彼女は意志をまげなかった。ロートリンゲン公との結婚をとりもったヨハン・クリストフ・フォン・バルテンシュタイン男爵だけは、側近中ただ一人、主君の抗戦の意志を全面的に支持した。しかし彼の能力と献身がいかほどであったとしても、それだけではどうにもならない。治世の最初の数年間、マリア・テレジアは毎日のように現実にぶつかり、問題に直面しながら、「王の重責」を学んでいった。そしてなにより、なみはずれた不屈の意志によって経験不足をおぎなっていった。苦難がその人の性格を明らかにするとすれば、彼女はそのことを最も完璧に示す実例だった。

治世初期のさまざまな教訓から、マリア・テレジアは自分と意見が一致する、信頼のできる協力者を見つけることに心をくだく。そしてほとんどの場合、満足のいく選択をすることができた。レオポルト・ダウン将軍、フリードリヒ・ハウグヴィッツ伯爵、ヴェンツェル・カウニッツ伯爵（のちに公爵）、エマニュエル・シルヴァ＝タルーカ伯爵、ジェラール・ファン・スヴィーテン男爵などである。唯一の例外は、マリア・テレジアが長い間（あまりにも長い間）信頼を置きつづけた義弟、ロートリンゲン公カール・アレクサンダーで、彼はプロイセン王フリードリヒとの戦いで失敗を重ねた。七年戦争初期の一七五六年にカールがまたも敗北を喫するにいたって、マリア・テレジアもようやく彼に軍事的才能がないことを認め、二度と指揮をゆだねることはなかった。だがそれで寵愛を失ったわけではなく、カールはオーストリア領ネーデルラント総督として手腕を発揮し、ベルギー人の記憶にその名を刻んだ。この例外を除き、彼女は晩年、こう述べている。

「わたくしがこの世で手に入れたささやかな栄光は、なによりも友人をうまく選んだおかげです」

実際、信頼にこたえた協力者の数は枚挙にいとまがない。彼らはみな、等しく君主個人への献身によって結ばれ、その治世の成功のために尽力した。一〇〇年後、彫刻家カスパー・クレメンス・フォン・ツンブッシュが製作したウィーンのリング通りの記念碑では、マリア・テレジアの像と重ね合わせるように彼らの姿が描かれているが、まさに正鵠を射た表現といえよう。

四面楚歌で崩壊に瀕した治世初期、まばゆいばかりの美貌に輝く若き金髪の君主は、なにもかもを自分で判断するしかなかった。彼女はすぐに、この試練をのり越えるのに役立つ資質を発揮した。第一は直感力で、その治世を通じてお気に入りの武器のひとつとなる。第二に、多くの人が弱点とみなしていた女性らしさを、彼女は強みに変えた。ハンガリーとの同盟関係はその好例である。一七四一年四月、マリア・テレジアは鋭い政治感覚と細心の配慮をもって、ハンガリーの首都プレスブルク（ブラチスラヴァ）へと向かう。ハンガリー女王として戴冠し、プロイセン王をはじめとする敵対勢力と戦うための数万の援軍を、ハンガリー国会に要請するのが目的だ。成功の可能性は万に一つもない。ハンガリーがハプスブルク領となって半世紀たらず。ハンガリー民族の象徴たる貴族たちは、従来の特権に固執し、これを奪われることを望まなかった。マリア・テレジアはこの複雑な状況において、あらゆる場面で適切な言葉とふるまいを選びぬき、驚くべき手腕を発揮した。この種の駆け引きにおいて、細部が大きくものをいうことを彼女は心得ていた。プレスブルク入城の際は、ハンガリー風の衣装を選んで人々の心をつかんだ。群衆は歓喜し、おしみなく歓声をあげた。

「われらが女主人にして王（ウィワト・ドミナ・エト・レックス・ノステル）、万歳！」

ハンガリー議会からも同意をとりつけなければならなかった。議場にのぞむにあたり、彼女はハンガリーの王冠をかぶり、黒い服をまとった。ハンガリーへの愛着を示し、時局の深刻さを強調するための選択だった。演説の内容も慎重に選んだ。

「だれからも見放されたわれわれは、ハンガリー人の忠誠心と古来より名高いその勇気に、唯一無二の救いを求めます。われらが身、われらが子、王室、帝国が絶滅の危機に瀕している今、有効な援助を遅滞なくわれらにもたらすよう議会に懇願します。われらにとり、われらの使命はハンガリーとその国民に、かつての繁栄と名声とをとりもどすことです。忠実なるハンガリーの諸身分は、あらゆる面において、われわれの心からの愛情がもたらす効果を味わうことになるでしょう」

みごとな弁舌だが、それ以上にきわめて計算された内容だった。第一に、ハンガリー貴族の騎士道精神と誇りに訴えている点。さまざまな出来事があいついで起こり、深刻な状況に追い込まれていることを正直に打ち明け、唯一の救いはハンガリー人だと伝えることで、弱い立場を逆手にとることを忘れなかった。演説の効果はめざましかった。代議士たちは一斉に立ち上がり、「われらが王、マリア・テレジアのために死のう」と叫んだ。彼女は交渉術にも長けていた。議会の開会前におこなわれたきびしい下交渉で、マリア・テレジアは開口一番、支援の見返りにハンガリーの自由を保証する一方、君主の権威がおびやかされるような譲歩は一切しなかった。こうして、ハンガリー訪問を不安視していた側近たちの懸念は払拭された。

滞在中、マリア・テレジアの政治スタイルは効を奏し、その後も頻繁に活用されることになる。その例をひとつあげよう。数か月後にフランス＝バイエルン連合軍がウィーン攻略の最後の砦、リンツに接近した事件である。戦いの前夜、彼女はふたたびたくみな弁舌の才を発揮する。オーストリア軍の指揮官ケーフェンヒュラー将軍に、自分と当時まだ一歳だった長男ヨーゼフ大公の肖像画をそえた手紙を送ったのである。

「親愛なる忠臣ケーフェンヒュラー！　あなたが目にしているのは、世界中から見放された女王とその嫡男です。この子の将来はいかなるものとお思いでしょうか。あなたのあるじは、忠実な僕（しもべ）であるあなたに語りかけます［…］。英雄よ、忠臣よ、神と人との前で良心が命じるままに行動せよ。正義を盾とし、正しいと思われることをおこない、偽誓を徹底的に断罪し、今や神のもとで安息する主君オイゲン[1]の範にならい、その永遠不滅の事績に従いなさい。そうすればあなたとあなたの家族は今日から永遠に、わが陛下とわれらが子孫から恩寵と感謝を受け、人々から栄光を受けることはまちがいありません。君主の名によって、余はそうあなたに誓います」

女帝は練達の技でこの書簡をつづった。数週間前のハンガリー貴族への演説と同じく、将軍の騎士道精神に訴えかけ、忠臣を前にした貴婦人のポーズをとっている。ケーフェンヒュラーは、将校たちと夕食をともにしている際にこの手紙を受け取ると、その場で読み上げた。将校たちは一斉に立ち上がり、剣を抜き、声をそろえて「マリア・テレジアのために死のう！Moriamur pro Maria theresia!」と叫んだ。翌日、マリア・テレジアの兵士たちは同じ言葉を叫んでリンツを敵から奪還した。

これ以上は不要だと思うが、もう一つの例をあげよう。七年戦争の初期、一七五七年六月一八日にコリンの戦いを勝利に導いたダウン将軍にあてた、マリア・テレジアの書簡である。オーストリアがフリードリヒ二世を相手に初めてあげた白星だっただけに、彼女は高揚していた。女帝はまたしても、相手の心に訴えかける語調と言葉を選ぶ才能を発揮した。

「一八日。帝国が誕生した日です。親愛なるダウン伯爵！　このすばらしい日を、心からの感謝をこめた祝辞を述べずに終わらせるわけにはいきません。帝国が救われ、わたくしが今ここにいるのはあなたのおかげです。生きているかぎり、このことはわたくしの心と記憶から消えることはないでしょう。それどころか年々、より強く、鮮やかに感じられ、あなたに対しても、あなたの家族に対しても、決して言いつくせないものとなるでしょう。真の親友であるあなたを、国、軍、そしてわたくし自身のために、これからもたえてひさしく、神がお守りくださいますように」

マリア・テレジアはここでも、自分と自分に仕える人々の間に、バロック風の味つけをくわえた中世の騎士道の伝統にのっとり、強い愛情の絆を作りだすことに成功した。この関係は、彼女がダウンを「首席騎士」に任命したことでいっそう強まり、翌年にはダウンのためにオーストリアの最高勲章、大十字勲章を創設し、これを授与したことで信頼はさらに強まった。

マリア・テレジアは帝政の死活にかかわる局面では、つねに権威をもってふるまった。オーストリア継承戦争では、当初からフリードリヒ二世への譲歩を勧める人々をきっぱり拒絶し、最後まで戦い抜く意志を貫いた。シェレジエンは失ったものの、他のすべての戦線で領土を回復したこの戦争が終わったのちも、その後の外交政策をどうするかをめぐって、マリア・テレジアはひとり孤立する。帝国の将来を左右しかねないこの重要問題をめぐって、イギリスとの同盟を復活すべきと主張する枢密院会議のメンバーと対立したのだ。プロイセン王を封じ込めるには、それ以外に選択肢はないというのが、彼らの意見だった。マリア・テレジアはこれに反対だった。シェレジエン奪還に専念したかったのに、対英同盟に手足をしばられて動きがとれなかったことから、彼女は決定的な教訓を引き出していた。障害となる対英同盟と袂をわかち、その代わりとして、フランスとの協定の可能性を探ろうとした。ハプスブルク朝とフランスのヴァロア朝、ついでブルボン朝との間には、何世紀にもわたる対立があったことを考えれば、まさに革命的ともいえる政策である。会議では、オーストリア継承戦争を終結させたアーヘンの和約で交渉にあたったカウニッツ伯以外、支持する者はいなかった。マリア・テレジアは人々の意見におとなしく耳を傾けはしたが、それに従うことはなかった。ハプスブルク朝オーストリアとブルボン朝フランスの同盟を中心とする新体制へと、全面的に舵を切ったのである。なにもかもが手つかずの状態から、マリア・テレジアはただちに動きだした。第一段階として、カウニッツをヴェルサイユに派遣した。一七五三年には第二段階として、カウニッツをオーストリア外交団のトップにすえた。一七五六年になるとそうした工作がついに完了し、同盟関係の総入れ替えという目的は達成された。この時に結ばれたフランスとの同盟は、彼女の治世の終わりまで外交政策の柱でありつづけた。

継承戦争での教訓は、内政の大改革をも決意させた。標的となったのは、特別待遇のハンガリーを除き、資産相続制度を改革することだった。継承戦争の暗黒時代をへて、マリア・テレジアは自国の行財政の強化が急務であることを確信した。そのためには、貴族が支配する地方議会の権限を弱めなければならない。その実現を託したのはハウクヴィッツ伯である。彼についてマリア・テレジアは「正直で裏表がなく、えこひいきせず、野心や党派心もない」と評している。ハウクヴィッツがめざす改革に反対派の妨害があった際も、つねに主君マリア・テレジアの支持があった。一七四八年一月二九日の枢密院会議で反対攻勢をかけたのは、ボヘミア貴族の代弁者ハラハ伯だった。彼はあろうことか、議会の権限を国家より上に置く案を提示。だが女帝はこの種の意見にも、賛成多数でこれらが支持されたことにも動揺しなかった。審議の終わり、彼女はみずからの政策に逆らう反対派に対し、自分の意思を重ねて明らかにした。女帝はハウクヴィッツを信頼する、そして国益のために必要な改革を思う存分やらせる…と。

こうしたさまざまな責務を果たすため、マリア・テレジアはそれまでの経験から有効と思われる公務スケジュールを導入した。これを助けたのが、治世当初からの側近、ポルトガル出身の貴族エマヌエル・シルヴァ＝タルーカ伯だった。この高貴な人物は枢密院会議のメンバーではなかったが、マリア・テレジアは意に介せず、むしろこれを利点ととらえた。自分の利得のために女帝をあやつるようなことはしないし、いかなる派閥とも距離をおいており、この点でも好ましい人物だった。シルヴァ＝タルーカ伯は、女主人の一日のスケジュールを、起床から分刻みでこなせるようととのえた。マリア・テレジアは多少の手直しをしたものの、基本的にそのルールにしたがった。

政務の合間には、食事や子どもたちとの面会、息抜きの時間なども取り入れた。午前九時三〇分には公務を開始。正午までは法案や書類に目を通し、閣僚の報告を聞いたり公聴会に出席したりする。午後四時に執務を再開し、午後八時半まで仕事をこなす。合計七時間と、前任者たちよりはるかに多くの時間を、君主としての公務に割いた。そして以後は、国政に没頭し、仕事におしみなく時間をつぎこむ君主が続出することになった。一七三七年から一七五六年の間には体力を消耗する妊娠を一六回も経験したが、それでも日々の職務をおこたることはなかった。ベッドにとどまらざるをえないときも書類を運ばせて、何事もなかったかのように側近たちを引見し、国政にいっさいの遅滞を生じさせなかった。その一方で、気晴らしの時間を確保することも忘れなかった。夜は劇場に出かけたり、ダウン将軍などの親しい友人たちとトランプに興じたりした。

癒しがたい悲しみ

一七六五年八月の夫フランツ・シュテファンの死は、マリア・テレジアの治世に大転換をもたらした。長年つれそっても、夫への愛が衰えることはなかった。インスブルックでの次男レオポルト大公の結婚式で夫が急死したことは、彼女に大きな衝撃をあたえ、一時は退位を考えるほどだった。実際は退位しなかったが、その日以来、喪服を脱ぐことはなかった。運命の一撃は政治にも影響をもたらし、治世の最後の一五年間に重くのしかかることになる。

女帝は即位後すぐ、共同統治者という特別な称号をつくって夫に授与した。多くの人はただちに、共同統治とは巧妙な見せかけであり、フランツ・シュテファンこそが自然の理にかなった真の主人である、と結論づけた。だがすぐに、こうしたうがった見方が誤りであることをだれもが悟った。フリードリヒ二世率いるプロイセンとの戦争の危機が迫るなか、マリア・テレジアは白黒をはっきりさせた。フランツ・シュテファンが主張した敵との交渉という選択肢をあっさり拒否し、徹底抗戦の意志を打ち出したのだ。実権がどちらの手にあるかははっきりした。マリア・テレジアが夫を共同統治者にしたのは心情的なものであり、この称号が政治的には中身のない、純粋な名誉職であることはもはや明らかだった。

とはいえ、マリア・テレジアは夫を怠惰な王様に仕立てるつもりはなかった。それどころか夫に名誉あるつとめを用意していた。女性である彼女は、先祖たちと同じように神聖ローマ帝国の王冠を受ける権利がなかった。したがって、帝位につくべきはフランツ・シュテファンである。ただしそれには条件があり、九人の選帝侯による選挙で選ばれなければならない。[2] オーストリア継承戦争さなかの一七四一年、フリードリヒ二世が仕掛けた（その背後にはルイ一五世のフランスもいた）強力な連合が彼の前に立ちはだかる。代わりに選ばれたのはバイエルン選帝侯カール・アルブレヒトで、神聖ローマ皇帝位にくわえ、ボヘミア王の称号も手にした。しかしその時期は長くは続かず、一七四五年のカール・アルブレヒトの死により、ついにフランツ・シュテファンがフランツ一世として神聖ローマ皇帝の座についた。

こうしてハプスブルク家、正確にはハプスブルク＝ロートリンゲン家が神聖ローマ皇帝位を奪還し、一八〇六年に神聖ローマ帝国が解体されるまで、その地位を手放すことはなかった。フランツ・シュテファンは名目上は皇帝として政務にあたったが、オーストリアの利益、つまり妻の意思を優先すべきことも心得ていた。共同統治者としての仕事は、それだけにとどまらなかった。マリア・テレジアは、帝室の財政管理を全面的に夫の手にゆだねた。彼はこの面でたちまち才能を発揮した。特筆すべきは「ファミリエンフォンド（家族基金）」を大幅に増額したことで、ハプスブルク家の財政は末期にいたるまで、これによって支えられることになる。

ヨーゼフ二世

マリア・テレジアは一七四一年の継承戦争の危機をくりかえすまいと、フランツ・シュテファンの存命中から、長男ヨーゼフ大公を神聖ローマ皇帝位につけるという安全策をとった。こうしておけば、いざというとき継承がスムーズにおこなわれ、夫死後の不測の事態を避けることができる。さらに重要だったのは、マリア・テレジアが夫の死後、夫の代わりにヨーゼフを共同統治者にすえたことである。今回もあくまで名目上の地位であり、息子に君主道を学ばせる反面、フランツ・シュテファンの時と同様、最終的な決定権はマリア・テレジアがにぎっていた。だがヨーゼフの考えは違っていた。必要に迫られて父の位を継いだ時点で、国益にかかわる重要問題について、自分なりの見解をもっていた。しかも、親子の間には重大な意見の相違があった。強い信念をもつヨーゼフは、マリア・テレジアの時代は終わり、自分が権力の手綱をにぎる時が来たと信じていた。

状況もヨーゼフに味方した。夫の死によるショックで、母親は集中力も仕事への熱意も失っていた。忠臣シルヴァ＝タルーカ伯に、彼女はこう打ち明けている。

「自分がわからなくなりました。まるで動物のように、気力も理性もありません。なにも覚えられません。朝五時に起きて、なにもしないで一日を過ごしています」

悲しみの未亡人は、なんとかこの危機をのりこえた。頑健な体だが、それでも年齢からくる衰えは隠せない。フランツ・シュテファンが亡くなった時は四八歳だった。とはいえ、ヨーゼフの自由にさせるつもりはなく、母子の衝突は避けられないかに見えた。

最初の衝突は、サンレーモ問題をめぐって起きた。ジェノヴァ共和国に属すが、歴史的には神聖ローマ帝国とつながりの深い都市、サンレーモへの権益を主張しようとするヨーゼフに対し、カウニッツはジェノヴァがフランスの同盟国であることを指摘し、ささいな問題で、ウィーンとヴェルサイユの関係を危うくしてはならないといさめた。だがヨーゼフは激怒し、自分は「大臣のあやつり人形」にはならないと言い放った。マリア・テレジアなら、決して口にしない言葉だ。カウニッツに対してこんな侮辱は許せないと、マリア・テレジアは手紙を通して息子をきびしく叱責した。

「あなたの心はまだ悪ではないが、そうなりつつあります。洒落ている、気がきいていると思って、ああした言葉づかいや言いまわしを弄ぶ(もてあそ)のはいい加減にやめるべきです。そのような発言をしていると、他人を苦しめ、侮辱し、ひいては誠実な人々を遠ざけ、人類は総じて尊敬や愛情に値しない、と考えるようになるでしょう」

さらに母は、辛辣に結論づける。

「あなたの心は性悪女のようです」

激しい言葉にヨーゼフは反発しただろうか。いやむしろ、前言を撤回したのだ。そうなると、今度はその誠実さに疑問をいだかざるをえない。マリア・テレジアとて、決してだまされなかったはずだ。だが、真相はもっと複雑なのかもしれない。こうしたことが何度もくりかえされ、そのたびに同じ結末にいたったからだ。ヨーゼフは、自分が必要不可欠と考える改革の推進には熱心だった。マリア・テレジアも、治世の前半において、改革をおそれなかった。国を変え、近代化する重要な改革を多数実現した。だがヨーゼフが望んだ改革は、伝統や配慮を無視した効率優先の精神にもとづいており、それでは良い政治につながらないとマリア・テレジアは考えていた。そして、彼の考えがどこからくるかも知っていた。ヨーゼフが参考にしている啓蒙思想家たちの書物に、彼女はまったく共感できなかった。筋書きはいつも同じだった。まずヨーゼフが自己主張し、傲慢な態度をとり、強気に出る。マリア・テレジアに否定されると、息子は不満を内に秘めつつ譲歩する。母の影響力は絶大で、息子は逆らえない。だが対立がくりかえされれば、わだかまりが残る。女帝にとってそれは苦痛の種でしかなく、息子を服従させても苦い後味は残る。ヨーゼフに宛てた別の手紙で、彼女はこうつづっている。

「互いに愛情をいだきながら、苦しめあうのはむごいことです［…］どんなに相手を思いやろうとも、わたくしたちはうまくいかないのです」

さまざまな対立の中で、マリア・テレジアがどうしても受け入れられなかったもの、それは宗教的寛容である。啓蒙思想かぶれのヨーゼフはこの問題を好んでもちだし、くりかえし攻勢に出た。だがハプスブルク家のカトリック信仰の守護者として、マリア・テレジアは決して妥協しなかった。ハンガリーやトランシルヴァニアでは、一七世紀末にハプスブルク家が征服・再征服した時点で、宗教の多様性が憲法に明記されていたが、それ以外の領土では信教の自由を許すわけにはいかなかった。彼女はカトリックの反宗教改革思想を信奉し、具体的な措置も講じてきたとはいえ、それ以上のことは望んでいなかった。この問題が再燃したのは、治世末期にモラヴィア地方にプロテスタント勢力が台頭してからだ。マリア・テレジアはすぐに解散させるつもりだったが、ヨーゼフは猛反発した。手紙の応酬が続き、マリア・テレジアはカトリックが帝政の柱の一つであることを忘れてはいけないと諭す。ヨーゼフは退位をほのめかして抵抗したが、結局は退位の意思を引っ込めた。一方で、マリア・テレジアも立場を変えていく。家庭内ならプロテスタント信仰を守ってもよい、ただし子どもはカトリック信仰で育てるべしとしたのだ。プロテスタント側がこの決定を公認への第一歩と解釈し、騒動を起こしたため、彼女もいよいよ強硬策に出ざるをえず、プロテスタントをハンガリーへ追放するよう命じた。

だがマリア・テレジアがどうしても納得できなかった、重大な問題がひとつあった。ポーランド分割案が、ポーランドを徐々に支配下に組み入れていたロシアのエカチェリーナ二世から提起されたのだ。フリードリヒ二世はすぐさまこれに賛同。七年戦争後に急接近した両国が、一七六九年に新たな同盟関係を結ぶと、ポーランド分割案の輪郭が明らかになった。宿痾というべき内紛によって弱体化したポーランドは、肉食獣のような欧州政治の両巨頭にとって格好の餌食だった。そもそもこの目論見にはオーストリアもまきこむ予定だったが、主権国家を分割するのは道徳に反すると考えるマリア・テレジアは拒絶した。ところがヨーゼフにそのような配慮はなく、カウニッツの後押しもあって分割支持を鮮明にした。分割が避けられなくなると、マリア・テレジアは必要に迫られて譲歩し、一七七二年八月五日、サンクトペテルブルク条約で分割が明記された。だがマリア・テレジアは翻意したわけではなく、カウニッツにこう説明している。

「二者が優位性を利用して罪なき者を抑圧するとき、第三の者は純然たる将来への配慮と、現在の便宜とのために、同じ不正を模倣し、くわわることができるし、必要でもあるという政治力学が、わたくしには理解できません」

彼女は息子フェルディナント大公への手紙でもこの問題にふれ、この忌まわしい分割が「わが治世全体の傷となる」ことを危惧している。

「どうぞ神様、死後にこのことがわたくしに大きな責めを負わすことがありませんように。この問題が頭を離れません。あなたに打ち明けます。このことが少しも頭を離れず、わたくしの心を占め、苦しめ、わずらわしているのです［…］」

フリードリヒ二世に嘲笑されても（「彼女は泣きながら、いつも奪った」）、マリア・テレジアは最後までキリスト教国の君主として行動し、その姿勢を保ったまま世を去った。一七八〇年秋から健康状態が悪化した。心臓は明らかに衰弱していた。肥満が進んで呼吸が苦しくなり、動くのが困難になった。衰えを自覚していた彼女は、当時のフランス大使、メルシー・アルジャントー伯に「健康状態が急変しています」と書き送った。一〇月一五日には遺書を完成させ、その中で「先祖やみずからの使命に不忠実な王族より、信心深い外国人に統治してもらいたい」とさえ書いている。名前こそあげていないが、ヨーゼフをさしていると思わざるをえない。最後の旅立ちが近づくなかで、心をさいなむ苦悩を隠すことができなかったのかもしれない。

一一月になると病状が悪化。病の進行にあらがうかのように、彼女は深い信仰に根ざした勇気を示す。苦しみのさなかにも仕事を続け、文書を処理し、署名した。二七日から二八日にかけての夜、もはや望みは失われたかに見えた。ベッドで休むよう勧められても、「眠りたくありません。死に不意打ちされたくありません。死と向き合いたいのです」と拒否した。マリア・テレジアはキリスト教的禁欲の高みに到達した。生涯における数々の戦いで示してきたのと同じように、勇ましく死に立ち向かった。最後の言葉がそれを物語っている。夜九時頃、呼びかけにこたえるかのように、彼女は椅子から立ち上がった。そして数歩あるくと長椅子に倒れこんだ。すぐにヨーゼフが駆けよった。「陛下、その姿勢ではいけません」。女帝は最後の力をふりしぼって答えた。「そうね。でもどうせ死ぬのだからいいでしょう」。彼女はほどなく息を引き取った。

マリア・テレジアは敵の攻撃にさらされて崩壊しかけた国を、不屈の意志によって救い出した。試練に直面すると勇気と行動力を示し、これを生涯つらぬいた。苦難の時代が去ると政務に没頭し、伝統と近代化のバランスをとることにたえず心をくだいた。その結果、絶妙の均衡を保つことに成功し、国民から愛され、長くその事績を讃えられることになった。その点で後継者とはきわめて対照的だ。一〇年の治世の間に、ヨーゼフ二世は母が辛抱強く築き上げたものを、「狭量な精神」によってほとんど破壊してしまった。「ドナウ連邦の母」と讃えられることになる母の遺産を救うのは、次男レオポルト二世の知性と妥協の精神だった。

◆原注

1　ルイ一四世率いるフランス軍やオスマン帝国と戦い、マルプラケでフランス軍を、ゼンタとベオグラードでトルコ軍を破った名将、サヴォイア公オイゲンのこと。

2　選挙人団は、ケルン、マインツ、トリールの各大司教の聖職者三名、ボヘミア王、ハノーファー選帝侯、ブランデンブルク辺境伯、プファルツ伯、ザクセン公、バイエルン公の俗人六名からなる九名で構成されていた。

＊参考文献

Badinter, Élisabeth, *Le Pouvoir au féminin. Marie-Thérèse d'Autriche, 1717-1780. L'impératrice-reine*, Paris, Flammarion, 2016.

Bled, Jean-Paul, *Marie-Thérèse d'Autriche*, Paris, Fayard, 2001; Paris, Tempus, 2012.

Mraz, Gerda et Gottfried, *Maria Theresia. Ihr Leben und ihre Zeit in Bildern und Dokumenten*, Munich, Süddeutscher Verlag, 1979.

Solberg-Rilinger, Barbara, *Maria Theresia. Die Kaiserin in ihrer Zeit. Eine Biographie*, Munich, C.H. Beck, 2017.

Tapié, Victor-Lucien, *L'Europe de Marie-Thérèse*, Paris, Fayard, 1973.

10 エカチェリーナ二世（一七二九～一七九六年）

啓蒙専制君主

ロレーヌ・ド・モー

エカチェリーナ二世の稀有な生涯は、同時代の人々を驚嘆させたように今日でもなお人々の心をとらえる。ロシア人でもなく、輝かしい将来とも無縁だったはずのこの若い女性が、皇帝（ツァーリ）として巨大な帝国の頂点に立ち、歴史にその名を刻んだ。アンハルト・ツェルプスト侯の公女として生まれたゾフィー・アウグステ・フリーデリケは、ロシア女帝エリザヴェータの後継者である皇太子ピョートルに嫁（とつ）いだ。だが、その奇癖や欠点を知るにつけ、夫は統治者にふさわしくないと考えるようになる。エカチェリーナは、皇帝の妻という二番手の役割におさまるつもりはなかった。だから、ロシアの信仰、言語、文化を熱心に学んだのだ。新たな祖国となったこの国で、自分は野心的な使命を負っていると感じていた。一七六二年、「エリザヴェータ女帝の崩御にともない、この年の初めにロシア皇帝に即位していた」ピョートル三世を廃位に追い込んで、最高権力者である皇帝となった彼女は、一七九六年に崩御するまでその座に君臨した。この剛腕がエカチェリーナ二世の伝説の礎となる。ヨーロッパ政界の中心人物として、彼女は人々の関心と賞賛を集めた。当時の人々はこの女帝を、バビロンを建国し、空中庭園を築いた神話の女王になぞらえて「北方のセミラミス」とよんだ。そのいっぽうで、ヴォルテールはその著作で「エカチェリーナ大帝」と称し、またサンクトペテルブルク駐在フランス大使だったセギュール伯爵は「女性偉人」［直訳すると女性である偉大な男性］とよんだ。これらの呼称は、彼女がいかに非凡で、当時の人々から「男まさり」と受けとめられていたかを物語る。権力を行使することに長けていた彼女の在位期間は長く、数々の特筆すべき出来事に彩られた三四年間であった。エカチェリーナ以降、女性がロシアを統治することはない。彼女が受けた教育や模範とした人々はもちろん、趣味や性格、感情、あるいは行動や野心をとおして浮かびあがるのは、女性でありながら自らの運命を切り開くために多大な努力を重ねた稀代の女性像である。それを自分でも意識していたことは次の言葉からもうかがえる。

「ああ、天がわたしにスカートの代わりに革製のよいズボンをあたえてくれていたら（中略）、きっとすべてにこたえることができただろうに」

権力掌握への道は政略結婚から始まった

一七四五年八月二一日、ピョートル皇太子の結婚式はサンクトペテルブルクの生神女誕生聖堂[1]への長い行列で始まった。そして舞踏会、仮面舞踏会、晩餐会、イタリア・オペラ、フランス喜劇、花火など、一〇日にわたって祝祭がくりひろげられた。六か月前のフランス王太子（ルイ一五世の長男）の成婚に触発されたこのイベントは、権力者が集まるせまい上流階級の社会に一六歳のエカチェリーナを投げ入れたのだ。それほど高い身分とはいえないアンハルト・ツェルプスト侯の長女が、このような栄誉ある盟約を結ぶことになろうとは、いったいだれが想像できただろうか。

ゾフィー・アウグステ・フリーデリケは、じつにありふれた幼少期を送った。プロイセン王に仕えるごくふつうの軍人だった父は、中年にさしかかってから、野心的で軽薄な若い女性、ホルシュタイン家のヨハンナ・エリーザベトを妻に迎えた。エカチェリーナは自身の子ども時代についてあまり語りたがらず、グリム男爵には「おもしろいことは何もなかった」と話している。父親は、シュテッテン（現在のポーランド北西部シュチェチン）に駐屯していたアンハルト・ツェルプスト歩兵連隊の指揮官だった。一七二九年、この地で未来の女帝が生まれたが、息子を望んでいた両親は落胆した。その後、四人の子どもが生まれたものの、成人したのはエカチェリーナと弟のフリードリヒ・アウグストだけだった。エカチェリーナは後年、フランス人家庭教師のカルデル嬢が果たした役割がいかに重要であったかをみとめ、自分がロシアに旅立つまでずっと世話をしてくれたこの女性に感謝の気持ちをこめて毛皮を送っている。カルデル嬢はラシーヌ、コルネイユ、モリエールを少女にあたえて読ませ、その知性を目覚めさせた。教え子には、あなたは洗練されたエスプリの持ち主ではない、と遠慮なく告げつつも、才気煥発な女性に育てようとした。ただし、本人もとくにすぐれた教養人というわけではなかった。のちに女帝は、この教師と自分に共通する「能力」について、辛辣なユーモアをまじえてこう語っている。

「先生はなにも学ばずにほとんどのことを知っていた。教え子のわたしも似たようなものだった」

女帝はこうして子ども時代に身につけた、自由闊達で熱意あふれる独学による知的鍛錬を続けることになる。

カルデル嬢はまた、教え子に人前でのふるまい方も教えた。少女の顎(あご)がとがりすぎていると判断し、顎を引くように勧めている。エカチェリーナは当時をふりかえって、自身の教育に不足があったことを軽妙な調子で指摘している。

「それはしかたがないことだ。なぜならわたしは近隣の小国の公子に嫁ぐように育てられ、そのために必要なことを教えられただけなのだから。わたしもマドモアゼル・カルデルも、まさかこんなことになるとは思ってもみなかったのだ！」

アンハルト・ツェルプスト侯妃の侍女だったプリンツェン男爵夫人は、公女の学業と成長をつぶさに観察した結果、彼女には特別な資質も才能もなく、将来は「ふつうの女性」になると確信した。こうして、ドイツの名家の幼い娘たちがそろっていだく夢、つまり夫となる人を見つけて王冠をいただくことを、この少女も夢見るようになった。

母方は「大きな可能性を秘めた」血筋であったため、ヨーロッパの支配階級の家系のみで構成されるサークルの狭き門が娘に開かれることが期待された。母方の伯父で病気で早世したホルシュタイン家のカール・アウグストは、生前結婚が決まっていたのだが、その許嫁(いいなずけ)がのちにロシア女帝となるエリザヴェータだった。独身をつらぬくことになるエリザヴェータは、この婚約者の思い出を哀切の念とともにいつまでも大切にしていた。こういった背景があったので、ツェルプスト侯の奥方は娘に好機が訪れたら逃すまいと考えた。一七四一年のクーデター[2]によるエリザヴェータ大公女の即位は、アンハルト・ツェルプスト家にとって一大転機となり、このときから一族にはロシア宮廷と直接の関係ができたのだ。エカチェリーナの母がエリザヴェータに祝辞を送ると、新女帝は、ホルシュタイン公爵［エカチェリーナの母にとっては従兄］と結婚してペーター・ウルリヒという名の息子をもうけていた、姉アンナの肖像画を所望したのだった。エリザヴェータがこの甥、すなわちホルシュタイン公ペーター・ウルリヒを後継者に選んだことで関係はさらに緊密になり、君主たちはツェルプスト侯の長女の運命に関心をもつようになった。君主たちが父親に立派な肩書をあたえたり肖像画を交換したりするのは、彼らが関心をもち、なにやら思惑があることを示す明らかな兆候なのだ。一七四二年七月、エカチェリーナの父はプロイセンの王から元帥に任命された。ダイヤモンドで飾られ豪華に額装された女帝の肖像画が、ベルリンのロシア大使館を通じて、アンハルト・ツェルプスト侯妃に贈られた。その返礼として、侯妃はフランス人画家ペーヌに娘の肖像画を依頼し、サンクトペテルブルクに送った。この絵はできばえこそもうひとつだったものの、みごとにその役割を果たしてみせた。丸顔にバラ色の頬、それに表情豊かで輝く目をもつこの娘は、自身の後継者の結婚相手にふさわしい、と女帝は喜んだ。というのも、許婚になろうとしている二人は親戚同士で、年齢も同じなら文化的背景も同じだったからだ。これなら二人の結婚はゆるぎないものになるにちがいなかった。

一七四三年暮れ、ピョートル大公［ペーター・ウルリヒはサンクトペテルブルクに来てからエリザヴェータ女帝の養子となり、ピョートルと名のった］の宮廷長官ブリュンマーからアンハルト・ツェルプスト侯妃に宛てて、ただちに娘をつれてサンクトペテルブルクに赴くように、ただし夫の同行は不要、という手紙がとどいた。ツェルプスト侯については、フランスから派遣されていたラ・シェタルディが「父親として影が薄い」「それなりに好人物だが、まれに見る愚かな男」だと評している。この結婚を実現させるための計画は秘密裡に進められ、ヨーロッパ政界の最高レベル、すなわちロシア女帝とプロイセン王の間で直接協議がおこなわれた。家柄としては中堅のツェルプスト家はちょうどよい落としどころになったのだ。フリードリヒ大王は、ロシア女帝の後継者がザクセンのいずれの姫君と結婚するのも避けたかった。エリザヴェータ女帝もやはり、二流の姫君なら意のままにできるだろうと考えたのだった。父から娘へ、旅立ちの前に短い覚え書きがわたされた。二度と会うことのない娘に向けて、ツェルプスト侯がみずからしたためた以下のような訓戒は、ひとつとして守られることはない、とは知る由(よし)もなかった。正教には改宗しないこと、夫の喜びを最優先すること、だれかと過度に親密な関係にならないこと、自分の小遣いは別にもっておくこと、そして政務には一切口をはさまないこと。娘は、父の「気高い助言」に感謝したが、実際には、母親ともどもこれとはまったく異なる思惑で行動することになる。顧問官のベストゥージェフが、これまでの同盟関係を転換する（ロシアがプロイセンやスウェーデンに歩みよることになる）今回の婚約に異をとなえたため、ツェルプスト侯妃は娘のために、反ベストゥージェフ派を自分のサロンに集め、不用意にも陰謀や策略を先導したのだ。軽率で不用心なこの母親は女帝の怒りを買っただけでなく、婚約まで危うくするところだった。しかし、まもなくエカチェリーナとよばれるようになる娘は、早くも最悪になった婚約者との関係など気にもとめず、野心の実現にむかって、自身がすべきことにとりかかっていたのである。

「あの人は未練もなくわたしの元を去ったことだろう。わたしとしては、その人柄を知った今、彼のことなどどうでもよかった。だが、ロシア皇帝の玉座には無関心でいられなかった」
新たな自分の国ロシアに足を踏み入れたときから、今やエカチェリーナ[4]とよばれるようになった娘は、自身の成功をみずからの手できずきはじめていたのだ。

ロシア宮廷を修業の場として――類まれなる女性の誕生

エカチェリーナは一五歳で、家族から、そして、いってみれば過去からも完全に解放された。この時すでに、のちに彼女の武器となる健全な判断力とすぐれた適応能力をそなえていた。サンクトペテルブルクに到着してすぐに、ロシア人になりたいと思うようになった。ロシア語とロシア正教に興味をもった彼女は、ドイツ的な言動で周囲の不興を買っていた婚約者との違いをあからさまに見せつけた。そんなエカチェリーナが頼りにした部屋付き女官のプラスコヴィア・ニキティシュナは、彼女にこの土地の慣習を教えこんだ。エリザヴェータ女帝の宮廷ですごす毎日は罠だらけだったが、そんなことは気にも留めなかった。

「これからは良いことなどなにも起こりそうに思えず、ただ野心だけがわたしを支えていた。心の奥底にある思いのおかげで、わたしは自分の力できっとロシアの女帝になるのだと信じて、それを一瞬たりとも疑うことはなかった」

やがて権力者となるこの女性の修業時代には、精神的自立と自信という二つの要素が結びつき、また互いに支えあっていたのだ。

最高権力を手にするために、エカチェリーナは精神を鉄のように鍛え、必要な武器を徐々に身につけていった。母親が本国に帰され、実家からはだれも招かれないサンクトペテルブルクでの孤独を、彼女はいとも簡単に克服し、男性的な活動である狩猟と乗馬にはげんだ。

「早朝三時に起きて、だれの手も借りずに、頭のてっぺんからつま先まで男物の衣服を身につけた。おかかえの老猟師が銃を手にして待っていた。海辺では漁師の小舟の用意が整っていた。銃を肩にかついだわたしたちは、徒歩で庭を横切った。猟師、わたし、猟犬、そして案内役の漁師が小舟にのりこんだ。そして、二ベルスタ［かつてロシアなどで使用されていた長さ（距離）の単位。一ベルスタは約一〇六七メートル］にわたって海まで伸びるオラニエンバウム［サンクトペテルブルク郊外の海岸沿いにある皇太子夫妻の避暑地］の運河へ、その両岸の海沿いに生える葦の中にいるカモを撃ちに行くのだった」

もう一つ男性のように楽しんだのが乗馬で、これはエリザヴェータ女帝とも共通していた。しかし、女帝はこれを大公妃の不妊の原因と見て、婦人用横乗り鞍を使用するよう求めた。エカチェリーナは言われたとおりに横乗り鞍を使う代わりに、改造した鞍とそれに合わせた衣装を作らせ、人前で騎乗する時は横乗りしているように見せかけるようにした。母親になることは、ロシア皇帝の座とつながるための暗黙の契約において絶対になしとげなければならない任務だった。ついにまっとうするにいたったものの、真の意味で母親になったわけではなかった。一七五四年、一〇年間の結婚生活と二度の流産をへて出産した息子は、パーヴェルと名づけられた。だがすぐに手許から引き離されたために、その後も母親らしい感情をいだくことは一切なかった。また、エカチェリーナは大量の読書をこなしながら、自身の政治観を形成していった。「憂愁と孤独の一八年間が、わたしに多くの本を読ませた」と、最高権力を手にするまでの長い形成期について語っている。アルドゥアン・ド・ペレフィクスが著した『大王アンリの歴史』が彼女の手本となった。アンリ四世は彼女の比類なき英雄でありつづけ、のちにその胸像をファルコネに作らせている。また、『高名貴女列伝』などブラントームの著作も読んだ。そして忘れてはならないのがピエール・ベールの大著『歴史批評辞典』で、これによって全般的な教養を高めた。こうして、歴史における偉大な君主の役割については、絶対的な原則や永遠の真理などないのだから適応しながら行動するのがよい、という自分なりの見解をきずいていった。またモンテスキューの『法の精神』によって、当時の主要な政治・社会問題にも精通するようになった。読書にくわえて執筆もした。書簡やさまざまな文章を、毎日生き生きと鋭い筆致で書いた。不幸な結婚生活の波乱に満ちた顛末を回顧録で明かし、計画や思索を紙に書きとめた。

また、ある種の恋愛観をいだくようになり、愛人の中に自分の運命の契機となるものを見出した。特定できただけでも二一人にのぼる愛人をもった彼女は、官能的快楽への嗜好を示す放蕩ぶりを見せてはいたが、自身の自立性は断固として守りぬいた。つまり、相手を選ぶのも捨てるのも彼女のほうだったのだ。エカチェリーナ二世とグリゴリー・ポチョムキン公のあいだでかわされた一、一六二通の手紙には、情熱的な恋慕と時事問題についての論評がいりまじっている。天才的な能吏、軍人であったポチョムキンは、女帝にとって欠くことのできない話し相手となったが、副官の役割から逸脱することはなかった。それ以前にも、エリザヴェータ女帝に閉じこめられた狭い世界の殻を破ってポーランドの問題に関心をもったのは、のちにその国の王となるポニャトフスキ伯爵を愛人にしたときだったし、グリゴリー・オルロフ――熱心で頼もしい青年で、一七六二年に息子をもうけた――を愛人にしたことは好機につながった。オルロフとは共謀したわけではないが、利害が一致した。そのころエカチェリーナは夫ピョートルの粗野な言動に耐えられなくなっていた。そして夫が、愛人のエリザヴェータ・ヴォロンツォヴァと結婚するために、自分を離縁するのではないかと恐れた。手本にするのはプロイセンだけだと明言し、エリート部隊である近衛軍を廃止しようとする皇帝ピョートルの軍事改革計画を、近衛将校のオルロフ兄弟は警戒していた。一七六二年六月、プロイセンとの平和条約の批准のために開かれた、四〇〇人が出席する外交的な晩餐会で、大きなテーブル越しにピョートル三世が妻を愚か者よばわりし、悪態をつくという出来事があった。こうして人々の面前で罵声を浴びせられたエカチェリーナだが、黙って耐えしのんでいただけではなかった。

オルロフ兄弟が行動を起こして夫が監禁されると、兄弟らにかつがれたエカチェリーナは躊躇なく帝位についた[5]。彼女の決意が陰謀を成功に導いたのだ。すでに君主の役割を引き受ける用意はできており、まったくあわてることはなかった。以下の彼女の政治信条は広く知られるようになる。

「政治とはすべて三つの言葉にもとづいている。それは、好機、推測、情勢である」

ロシアの元首として、彼女はこの信条を卓越した手腕で行動に反映させ、そして啓蒙専制主義と領土拡大計画をもっとも高いレベルで融合させたのだ。

専制君主エカチェリーナ二世　君主の権威と国威

エカチェリーナ二世がいだく自身のイメージと、彼女が描く帝国の構想を切り離して考えることはできない。権勢こそ、そのどちらにも共通する決定的な要素である。つまり、帝国の権力とはすなわち君主の威厳なのだ。上背はなかったが、一目見ただけで強い印象を受ける女性だった、と画家のエリザベート・ヴィジェ・ルブランが表現している。

「最初、陛下がとても小柄なことにたいへん驚きました。そのご高名と同じように背が高く、群を抜いて威厳のある方を想像していたのです。たいそう太っておいででしたが、今なお美しいそのお顔を、ふんわりとした白い髪がみごとにふちどっていました。（中略）小柄ではありましたが、公務ともなれば、高く掲げた頭、鋭い眼差し、統率する習慣からくるあの落ち着いた態度など、すべてにとても威厳があり、わたしには世界を統（す）べる女王に見えました」

そして、衣装が「シンプルで気品のある」ものであっても、帽子は「リボンではなく最高に美しいダイヤモンドで飾られて」いた。エカチェリーナ二世は人目を引くすべをこころえていた。カリスマ性があったことは疑う余地がない。それは、「わたしは人に好感をあたえるのだ。それが強みだった」と自身が端的に言うとおりだった。交渉などでの相手への効果はすさまじかった。フランス国王の特使であるセギュール伯爵などは、信任状を差し出す際に圧倒され、用意していたスピーチを忘れてしまい、即興で別のスピーチをするはめになったこともある。エカチェリーナは人を魅了することもあれば、威圧することもあった。相手を不安にさせるこの女性を、シュヴァリエ・デオン［フランスの外交官、スパイ］は以下のように描写している。

「自由奔放、熱烈、情熱的――輝く目に、射すくめるような、なにを考えているかわからない野獣のような眼差し。（中略）よく気がつき、愛想がよい。だが、近づいてこられると、つい後ずさりしてしまう。彼女はわたしに恐れをいだかせるのだ」

女帝が死去して半世紀ののち、彼女の驚くべき魅力について、専制君主制に反対していたことで知られるアレクサンドル・ゲルツェン［帝政ロシアの哲学者、作家］が語っている。

「女帝は（中略）四半世紀あまりにわたり、ヴォルテールやフリードリヒ二世から、クリミア・ハン国の君主（ハン）や（カザフ人の）首長にいたるまで、当時のすべての人々の心をとらえつづけた」

エカチェリーナは他人から何かを強要されて受け入れることもなければ、冷静さを失うこともなかったと、数多くの逸話が物語っている。一七六四年七月三日に、フリードリヒ二世の公使だったソルムス伯爵はこう記している。

「国民の側には多くの不満と動揺があり、対する女帝の側には、少なくとも見たかぎりでは、多くの勇気と確固たる意志がある。女帝はたいへん落ち着いた表情と堂々とした態度で、（リヴォニア［現在のラトヴィア東北部からエストニア南部にかけての地域］に向けて）当地を出発したが、じつはその二日前には衛兵隊で暴動が起きていたのだ」

一七八八年、ロシア・スウェーデン戦争[6]の勃発前夜、女帝は軍隊の人員不足に直面していた。すでにヨーロッパで武名をはせていたアンハルト伯が協力を申し出たが、その条件として総司令官の地位と最高指揮権を要求してきた。エカチェリーナがこれを断ると、伯爵は呆気にとられ、それなら「キャベツでも育てに行く［田舎に引きこもる、の意］」と言い放った。すると女帝は、「しっかり世話をしておやりなさい」と涼しい顔で答えたのだった。疑心暗鬼、肉体や精神の衰弱、倦怠感や落胆などは彼女には無縁だった。詩人のデルジャーヴィンが歌ったように、「交代することのない見張り番」なのだった。忍耐と勇気は、彼女の性格の大きな特徴であった。一七六五年七月には、その時おそらく妊娠していて体調が悪かったのだが、自身が命じた軍事演習を長時間馬に乗ったまま視察した。一七六八年には、帝国初となる天然痘の接種——ワクチンが発明される前におこなわれていた人痘種痘法——を受けた。ヴォルテール、ディドロ、ダランベールといった、交流のある啓蒙思想家たちからは、彼女が示したこの勇気ある模範に称賛が送られた。君主制に批判的であるはずの彼らは、改革者としてほめたたえることで、彼女が専制君主であることを隠蔽したのである。

そういった啓蒙思想家たちに触発された彼女は、自身の「立法委員会のための訓令（ナカース）」にもりこまれた改革計画に着手した。この文書に続いて立法議会の招集が決定された。女帝は、一六四九年以来おこなわれていなかった帝国の法律の成文化を実施し、「ロシアの現実」を尊重しつつも、法と風習の合理化および近代化に貢献したいと考えた。基本法の必要性と公益の存在を掲げてはいるものの、三権分立を行政的な観点からしか理解していなかった女帝は、広大なロシアの統治には専制政治しか適さないという信念をもちつづけた。しかし、この訓令は死刑と拷問を糾弾している点ではリベラルであり、それゆえにフランスでは発禁となった。しかし、「訓令」が実践に移されることはなく、これはたんなる夢物語で終わった。なかでもエカチェリーナは農奴制の廃止に失敗し、一七六八年には早くも議会の解散を選ぶにいたった。しかし、地方では行政改革を進めて貴族に大きな権限をあたえたいっぽうで、サンクトペテルブルクには市長、市評議会、議会（市会）を設けた。また、教育、文化、芸術の発展に心をくだいた彼女は、スモーリヌイ貴族女子学校を創設し、首都サンクトペテルブルクとその近郊では、埠頭や商業施設の整備、宮殿の建設、そして帝国公共図書館の設立など意欲的に建設事業を進めた。

職務を遂行するにあたって、彼女の行動指針は不変だった。それは、ルールを決めるのは自分だということだ。統治の達人であった彼女は、権力を他者と分かちあうことはしなかった。専制君主として、官僚や軍人だけでなくすべての臣民に対して完全な服従を求めた。ゆえに、諮問会議を設けたものの、これはたんなるお飾りだった。女帝はリーニュ公に、「わたしはいつだって諮問会議の意見に従っています、それがわたしの考えであるときは」と明かしている。彼女は一人で統治する。寵臣たち（ご承知のように、彼らは定期的に交代させられる）に補佐されたとしても、君主は彼女なのだ。理論上は臣民には請願する権利があっても、請願書を手わたすために通り道で待つことは禁じられており、これを破った場合はムチ打ちかシベリア送りの刑に処せられるのだ。反論を許さなかったばかりか、自分がつねに正しいと確信していたのだった。すべてを支配しようとするこの権力欲は、年とともに激しさをますのが統治者のつねである。一七七三年九月から一七七四年九月にかけて、自分はピョートル三世だ、と詐称した文盲のコサック、エメリヤン・プガチョフが、農民、農奴、遊牧民のバシキール人やタタール人をまとめて蜂起した。これはウラル山脈からヴォルガ川まで広がる大規模な反乱となった。暴徒プガチョフは檻に入れられてモスクワに連行され、斧で首をはねられ、四肢を切断された。エカチェリーナは恐怖によっても支配したのである。一七七四年、グリムにあてた手紙の中で彼女はこう書いている。

「申し上げますが、わたしにはあなたがおっしゃるようなあやまちはありません。なぜならわたしにはあなたのおっしゃるような資質はないからです。わたしはおそらく良い人間です。ふだんは穏やかですが、この身分ゆえに望むものは恐ろしいまでに望まねばならない、わたしの価値とはおよそそんなところです」

そして、セギュール伯には、彼女はこのように明言している。

「わたしはみずからのために原則をつくり、統治と行動の計画を立てたら、それをかならず守ります。一度表明したら、意志が変わることはありません」

こうして、一七六八年に、オスマン帝国との戦争を率いるピョートル・ルミャンツェフが、エカチェリーナの前で、トルコ軍のほうが圧倒的に兵力に勝ると懸念を口にしたときでも、女帝は戦争をあきらめなかった。そして、アゾフやチェシュメでロシアが勝利したことで、女帝が正しかったことが証明された。困難に直面しても彼女は平然としていた。革命によってフランス王政が倒されたときでも、激しく非難したが介入はしなかった。ロシアにいるフランス人に対しては、革命の疑いがあれば断罪し、容赦のない監視をおこなった。一七九六年には彼女はこう書いている。

「もしわたしがルイ一八世だったら、フランスを離れることはなかっただろうし、あったとしても、風や潮の流れに逆らってでもとっくに戻っていただろう。それに、国を離れるにしても戻るにしても、わたしという人間の意志の力のみにかかっていただろう」

そして、もし彼女がジョージ三世だったら、みすみすアメリカを失うようなことにはならなかっただろう！

エカチェリーナの外交政策は、つまるところすべてロシアの勢力強化のためだった。そして、その治世下には過去に例がないほど領土が拡大した。西はネマン川やドニエストル川まで国境を広げ、南方への征服はクリミアやクバーニ［アゾフ海の東側にあたる地域］だけにとどまらず、カフカス（コーカサス）のデルベント［カスピ海西岸に位置するロシア最南端の都市］やバクー［カスピ海西岸に位置するアゼルバイジャン共和国の首都］までおよんだ。ロシアとプロイセン、イギリス、デンマークの同盟である「北方体制」を整えたことにより、外交・軍事活動は活発になった。そのなかには、オスマン帝国との二度の戦争（一七六八～一七七四年、一七八七～一七九二年）、クリミア・ハン国の併合（一七八三年）、三度にわたるポーランド分割（一七七二、一七九三、一七九五年）、そして第一次ロシア・スウェーデン戦争（一七八八～一七九〇年）がある。彼女の帝国は大幅に拡大し、人口は二〇〇〇万人から三七〇〇万人へとふくれあがった。なかでも「ギリシア計画」は、以下のように度を越した気宇壮大な女帝の嗜好を表している。一七八二年、女帝は神聖ローマ帝国皇帝ヨーゼフ二世に、オスマン帝国のスルタンを追放して「古代ギリシア王制」を復興させたいという意向を伝えた。しかも、コンスタンティンというってつけの名前をもつ、自身の二番目の孫を王位につけたいというのだ。一七八三年には、古代ギリシア人がタウリカと名づけたクリミアの征服がその第一歩となった。

「わたしたちは、クリミア[7]での紛争をきっぱりと終わらせることを固く決意し、そのために、クリミア半島、タマン半島、クバーニ全域をわたしたちの帝国に併合する」

一七八七年、女帝は新たに獲得した領土へ壮大な巡幸をおこなった。ヘルソン［南ウクライナの都市］では、行列は「これはビザンティウム［イスタンブールの古名］への道である」と刻まれた巨大な凱旋門の下をくぐった。王（ハン）たちの都バフチサライでは、エカチェリーナ二世はギレイ家とよばれるこの王家の最後のハンの邸宅に宿泊した。そして、彼女はその戦略拠点となるセヴァストーポリ港を初めて目にした。この港からであれば、ロシア艦隊は三〇時間でコンスタンティノープルに到達できる。こうしてエカチェリーナは「クリミアはロシアのもの」という神話を作り上げた。しかし、この併合は治世で二度目となる露土戦争を引き起こした。一七八二年七月に、オスマン帝国が侵略者に退去を要求したからだ。血で血を洗う争いからは女帝の決意のほどが見てとれる。実際、ロシアは次から次へと勝利していった。一七八九年にはオチャーコフでロシア軍が守備隊と市民を虐殺。一七九〇年一二月一〇日にはドナウ川河口近くのイズマイール要塞を奪取し、トルコ側に二万六〇〇〇人の死者を出した。カフカスでは、若き指導者シェイフ・マンスール[8]が捕えられ、一七九四年にシュリッセリブルクの要塞で死亡した。一七九二年一月のヤッシー講和条約により、オチャーコフをふくめて南ブーフ川とドニエステル川にはさまれた土地が併合され、帝国は拡大した。オスマン帝国はまた、ロシアによるグルジア［現在のジョージア］の保護国化を受け入れ、それとひきかえにモルダヴィアとベッサラビアの領有権をえた。この決定的な領土拡大の末に、女帝は「ギリシア計画」の最後のアピールとしてオデッサに拠点をおくことを決めた。実現こそしなかったが、この計画は帝政ロシアの「東方の夢」、「新ビザンティウム」、あるいは「第三のローマ」の足がかりとなって、一九世紀を通じてロシアの政治思想と帝国主義をあと押しすることになったのである。エカチェリーナ二世は自分が生きた時代だけでなく、広大なこの帝国の運命にも大きな影響をあたえた。自身の非凡な運命を自覚していた彼女は、以下のように書いている。

「われわれの歴史ほど、すぐれた、あるいは偉大な人物を輩出する歴史はほかにありません。わたしはこの歴史が好きでたまらないのです」

エカチェリーナが、ロシアを超大国にするという偉業に自分の名前とその治世を刻みつけるために、あらゆることをおこなったのは明らかだ。ロシア「帝国」（一七二一年）を誕生させたピョートル大帝の政治や領土拡大の計画を発展させ、西洋と東洋の両地域における勢力拡大という使命を引き継いだのである。

情熱は権力の行使だけ？

いくつかの面では、女帝の習慣にはなんら特別なことはなかった。犬好きで――犬は日常生活で大切な役割を果たしていた――鳥も馬も好きだった。宮廷での生活はというと、冬宮殿の中心部の二階にある住まいはそれほど広くはなかった。日常は室内ですごすことが多く、朝は六時に部屋付きの女官長の助けを借りて手早く身支度をすませ、それから執務室に移動して濃いコーヒーを飲む。九時には寝室に戻り、そこで大臣や高官に接見する。髪と身なりを整えたあとは公式の化粧部屋に行く。孫たちや寵臣など少数の近しい人々が女帝のもとに集まる、宮廷ならではの朝の儀式である。午後一時からは一〇人ほどの陪食者とともに、現代人であれば昼食にあたる食事が始まる。煮込んだ牛肉に塩漬けのキュウリといった素朴な料理に、スグリのシロップを入れた水、そして医師たちに勧められたマデイラ・ワインやライン地方のワインを一杯飲む。それからエカチェリーナは刺繍の道具を手にすると、本を人に読ませてそれを聞く。午後は仕事を再開する。四時になると、冬宮殿と離宮のエルミタージュ宮殿を結ぶ長い回廊を通って、「美術館」を見に行くとともに「健康のための散歩」をする。偉大な君主の栄光といえば美しいものを所有することにある、とばかりに、女帝はクロザやショワズール公爵[9]のコレクションなど、ヨーロッパの卓越したコレクションを購入した。また、ディドロから全蔵書を買い取り、本人には気前よく年金支給付きの「司書」としての職務をあたえた。六時になると、エカチェリーナ二世は住まいに戻り、来客を迎え入れる。ゆっくりとサロンを歩きまわり、客に愛想よく言葉をかける。そののち、一〇ルーブルを賭けるホイスト、あるいはピケやボストン［いずれもトランプ遊び］といった賭け事に興じるのだ。彼女は以下のような「参加にあたって守るべき行動規則」を掲示させている。

「第一条　入場の際には帽子と剣をはずし、同様に称号や階級もはずすこと。

第二条　出自からくる特権をかさに着たうぬぼれや慢心、またこれに類する感情ももちこまないこと。

第三条　陽気でいること。ただし、物をこわしたり、傷つけたりはしないこと」

レセプションのある日（客の数によって「大・中・小」と分類される）以外は、夕食はなかった。一〇時頃、女帝は寝室に向かう。皇帝の関心のなさを反映して、宮廷生活はとりたてて華やかなものではなかった。フランス駐ロシア大使だったフランソワ＝ミシェル・デュラン・ド・ディストロフは、女帝について以下のような描写を残している。

「悲劇はお気に召さず、喜劇は退屈、音楽もお好きではなく、食卓にはひとかけらの気どりもない。賭け事は陛下にとって外面のため以外のなにものでもなく、庭園でもバラ以外はお好きではない。そして宮廷を建設し、それを支配することにしか関心がないのだ。なぜなら陛下は、統治するため、そしてこの世界に存在するために、情熱をもっておられるのだから」

老齢の専制君主は、じゅうぶん体力があることを示そうと躍起になった。しかし、一七九二年以降はみるみる体重がふえ、その脚はつねにむくんでいた。偏頭痛や胃痛にも悩まされた。アレクサンドル大公の私設秘書だったマソンはこう語る。

「宮廷の階段を上り下りしたり、着飾って一瞬でも人前に姿を見せたりすることは陛下にはひと仕事だった。それだけに、いつも若々しく健康的な姿でいようと努力し、セダンチェア［座った姿勢で乗った人を運ぶ箱型の輿］は使いたがらなかった」

歯は悪くなり、声はかすれ、顔色は赤みをました。それでもその堂々としたたたずまいと青く生き生きとした目は、以前と変わらぬ印象をあたえた。なかでも一七九六年の活動はめざましかった。トルコとの戦争もいったん終結し、今度は「インド計画」の第一段階であるペルシアへの遠征を開始した。「インド計画」とは、三八歳年下で最後の寵臣だったプラトン・ズーボフが構想したものだ。死の数日前には、画家のエリザベート・ヴィジェ・ルブランをよんで肖像画のモデルをする計画を立てていた。

「あなたに肖像画を描いてもらうべきだと強くすすめられるのですが、わたしはもういい歳です。

それでもみなが望むので、一回目として来週の今日に、あなたのためにポーズをとる時間を設けることにします」

しかし、一一月五日、女帝は卒中で意識不明となる。そして、身動きもせず無言で横たわり、最後の望みを言い残すこともできないまま、翌日息を引き取った。こうして、息子との対立は年を追うごとに激しくなっていたのに、後を継いだのは息子のパーヴェルだった。こうして、彼は父の非業の死をエカチェリーナのせいにして、けっして母帝を許さなかった。皇帝となったパーヴェルが最初にしたのは、父ピョートル三世の遺骸を棺から出して死者を戴冠させたのちに、両親の葬儀をとりおこなうことだった。こうして夫婦はグロテスクにも再び結ばれた。一二月五日、二つの棺はそろって、冬宮殿からロシア歴代皇帝の墓があるペトロパヴロフスク要塞に運ばれた。エリザベート・ヴィジェ・ルブランは、この奇妙な行進を見送っている。

「わたしは、まるで二階の桟敷席から見世物でも見るように、部屋の窓からこの陰鬱な儀式を見たのです。亡き皇帝の棺の前を、頭のてっぺんから足のつま先まで黄金の甲冑を身につけた近衛士官が守っていました。女帝の棺の前をいく士官は、鉄の甲冑しかつけていませんでした」

しかしエカチェリーナ二世の子孫は、亡き母親への反発に満ちたパーヴェル一世の思惑をそのまま放っておきはしなかった。密議が謀られ、パーヴェルは暗殺された。そして皇位はアレクサンドル一世にゆだねられた。女帝のお気に入りだった孫のアレクサンドルは、エカチェリーナ「大帝」の政治的遺産の強化につとめた。ヨーロッパ政治の舞台ではナポレオン戦争の末にロシアの優位性を確立した。いっぽうで、作家で旅行家でもあったヤン・ポトッキの「アジア体制」に賛同し、すっかり東洋の誘惑の虜になった。ポトッキは、ロシアが南方と東方へ勢力を拡大するべきだという拡張主義を理論化した。この理論は、一九世紀を通じて実現を先導し、対日強硬路線をとったニコライ二世がその最後の継承者となった。アンハルト・ツェルプストの小柄な姫君は、こうしてロシアに大原則を遺した。それはソヴィエト連邦の時代をへて今日まで引き継がれている。その原則とは、勢力拡大政策の追求はロシアが数世紀にわたってみずからに課す使命であり、強権的手法でユーラシアを支配する、というものだ。ただし、条件がある。それは「好機、推測、情勢」という三つを頼みとする術をこころえていることだ。

◆原注

1　のちのカザン聖堂。

2　近衛軍は、摂政アンナ・レオポルドヴナを倒してその息子である皇帝イヴァン六世を廃位し、ピョートル大帝とエカチェリーナ一世の娘、エリザヴェータを皇帝の座につけた。エリザヴェータは一七六一年に崩御するまでその座に君臨した。

3　最高権力者（外務大臣）であるアレクセイ・ベストゥージェフ（一六九三〜一七六六年）は、親オーストリア政策を推進し、宮廷を二派に分断して対立を生んだ。

4　ゾフィー・アウグスト・フリーデリケは結婚を機にロシア正教に改宗し、またいっそうロシア的なエカチェリーナに改名した。

5　一七六二年六月二八日、ピョートル三世はまず権力の座を追われた。逮捕に続いてロプチャ宮殿に軟禁され、ここで退位の署名を迫られた。そしてまもなく、どういう状況だったのか判然としないが、アレクセイ・オルロフと近衛兵たちによって殺害された。

6　スウェーデン王グスタフ三世は、国内では反対にあいながらも、イギリス、プロイセン、オランダの圧力をうけて一七八八年夏にオスマン帝国と同盟を結び、ロシアとの戦争（一七八八～一七九〇年）に突入した。だが、このとき女帝は軍隊の大半をすでにオスマン帝国に送りこんでいた。

7　第一次露土戦争（一七六八～一七七四年）が終結すると、それまでオスマン帝国の臣下だったクリミア・タタール人は、理論上は独立した。だが、住民の反発を抑えられなくなった君主（ハン）はエカチェリーナ二世の保護下に入った。

8　チェチェンの指導者シェイフ・マンスール（一七六〇～一七九四年）は、カフカス地方の人々をイスラムの旗の下に統合してロシアと戦ったが、一七九一年に捕らえられた。

9．ドゥニ・ディドロの仲介で手に入れた、ピエール・クロザ（一六六五～一七四〇年）とその子孫による素描と絵画の卓越したコレクションは、今もエルミタージュ美術館の至宝の重要な部分をしめている。一七七二年には、ルイ一五世の筆頭大臣でありながら失脚した、ショワズール公爵（一七一九～一七八五年）のコレクションを買いとった。

＊参考文献

Heller, Michel, *Histoire de la russie et de son empire*, traduit du russe par Anne Coldefy-Faucard, Paris, Flammarion, 1997.

Liechtenhan, Francine-Dominique, *Catherine II. Le courage triomphant*, Paris, Perrin 2021.

Meaux, Lorraine de (dir.), *Saint-Pétersbourg. Histoire, promenades, anthologie, dictionnaire*, Paris, Robert

Laffont, « Bouquins », 2003.
Meaux, Lorraine de, *La Russie et la tentation de l'Orient*, Paris, Fayard, 2007.
Mémoires de l'impératrice Catherine II écrits par elle-même, préface d'Alexandre Herzen, Londres, Trübner et Cie, 1854.
Montefiore, Simon Sebag, *Catherine the Great and Potemkin: The Imperial Love*, Phoenix, 2004.
Riasanovsky, Nicholas V., *Histoire de la Russie, des origines à 1996*, traduit de l'anglais par André Berelowitch, Paris, Robert Laffont, « Bouquins », 1994.
Waliszewski, Kazimierz, *Le Roman d'une impératrice. Catherine II de Russie*, Paris, Perrin, 2011.

◆編者略歴◆

アンヌ・フュルダ（Anne Fulda）
フィガロ紙の国外取材リポーター、「ポートレート」欄の責任者。CNewsの書評番組「本の時間」の司会をつとめている。『とりまきが多い大統領』（グラセ、1997）、『フランソワ・バロワン、ひかえめ目に見える政治家の実像』（JCラテス、2012）、『女たちの肖像』（プロン、2016）、『エマニュエル・マクロン、かくも完璧な若者』（プロン、2017）を上梓している。

◆訳者略歴◆

神田順子（かんだ・じゅんこ）…まえがき、1－3、5、7章担当
フランス語通訳・翻訳家。上智大学外国語学部フランス語学科卒業。共訳に、ビュイッソンほか『王妃たちの最期の日々』、ゲズ編『独裁者が変えた世界史』、バタジオン編『「悪」が変えた世界史』、ドゥコー『傑物が変えた世界史』、フランクバルム『酔っぱらいが変えた世界史』、ルドー『世界史を変えた独裁者たちの食卓』、フェラン『運命が変えた世界史』（以上、原書房）、監訳に、プティフィス編『世界史を変えた40の謎』（原書房）、ピエール＝アントワーヌ・ドネ『世界を喰らう龍 中国の野望』（春秋社）などがある。

田辺希久子（たなべ・きくこ）…4、9章担当
青山学院大学大学院国際政治経済研究科修了。翻訳家。最近の訳書に、グッドマン『真のダイバーシティをめざして』（上智大学出版）、共訳書に、ビュイッソン『暗殺が変えた世界史』、ソルノン『ロイヤルカップルが変えた世界史』、フランクバルム『酔っぱらいが変えた世界史』、ルドー『世界史を変えた独裁者たちの食卓』、フェラン『運命が変えた世界史』（以上、原書房）、コルナバス『地政学世界地図』（東京書籍）などがある。

清水珠代（しみず・たまよ）…6章担当
上智大学文学部フランス文学科卒業。訳書に、ブリザールほか『独裁者の子どもたち』、デュクレほか『独裁者たちの最期の日々』、ダヴィスほか『フランス香水伝説物語』（以上、原書房）、ランテルゲム『アンゲラ・メルケル――東ドイツの物理学者がヨーロッパの母になるまで』（東京書籍）、共訳書に、ラフィ『カストロ』、ブレゼほか『世界史を作ったライバルたち』、ルドー『世界史を変えた独裁者たちの食卓』、フェラン『運命が変えた世界史』（以上、原書房）などがある。

松尾真奈美（まつお・まなみ）…8、10章担当
大阪大学文学部文学科仏文学専攻卒業。神戸女学院大学大学院文学研究科英文学専攻（通訳翻訳コース）修了。翻訳家。共訳書に、ゲズ『独裁者が変えた世界史』、バタジオンほか『「悪」が変えた世界史』、ドゥコー『傑物が変えた世界史』、ソルノン『ロイヤルカップルが変えた世界史』、プティフィス編『世界史を変えた40の謎』（以上、原書房）などがある。

世界史を変えた女性指導者たち
上
クレオパトラからエカチェリーナ二世まで

●

2023年9月1日　第1刷

編者………アンヌ・フルダ
訳者………神田順子／田辺希久子
清水珠代／松尾真奈美
装幀………川島進デザイン室
本文・カバー印刷………株式会社ディグ
製本………東京美術紙工協業組合
発行者………成瀬雅人

発行所………株式会社原書房
〒160－0022　東京都新宿区新宿1－25－13
電話・代表 03(3354)0685
http://www.harashobo.co.jp
振替・00150－6－151594
ISBN978-4-562-07298-9